Vorwort

Innerhalb kurzer Zeit hat sich Moodle am gesamten Markt für E-Learning Plattformen einen festen Platz erarbeitet. Die Flexibilität und die einfache Handhabung führen immer häufiger zur Entscheidung für Moodle.

Unternehmen, Hochschulen und Schulen setzen Moodle heute in Schulungen, Seminaren, für Projektgruppen und zur Verbesserung der Kommunikation ein.

Das Besondere an Moodle ist die starke Betonung auf dem gemeinsamen Lernen in der Gruppe mit anderen Teilnehmer/innen, die große Flexibilität und einfache Bedienbarkeit. Martin Dougiamas, ein australischer Softwareentwickler, hat Moodle seit 1999 entwickelt, weil er mit den bestehenden Lernmöglichkeiten im Internet unzufrieden war.

Die DIALOGE Beratungsgesellschaft unterstützt den Einsatz durch Beratung, Schulung und technischen Support. Dabei ist unser erster Blick auf die pädagogische Anwendung und den Einsatzzweck gerichtet. Nicht die Technik macht guten Unterricht, sondern die Haltung des Lehrenden, der Kontakt zu den Lernenden und die Umsetzung eines Lernkonzeptes in einem Online-Kursraumsystem. Am Anfang sollte also eine Klärung der Lernziele und der Arbeitsmethoden stehen, nicht eine Auswahl von Techniken.

Dieses Handbuch gibt die handwerklichen Hilfen nunmehr in der dritten Auflage zur Umsetzung.

Die Funktionen von Moodle sind im Laufe der Zeit immer weiter gewachsen und daher ist es gut, den Wald als Ganzes immer wieder mal in den Blick zunehmen, wenn man häufig auf den ersten Blick nur Bäume sieht. Lehrende finden hier eine Übersicht über alle Funktionen im Kursraum.

Anfänger bei der Nutzung von moodle finden Orientierung und eine Einführung in die Grundprinzipien des praktischen Einsatzes und manch einer nutzt das Buch gezielt zum Nachschlagen.

Wir verwenden in diesem Buch die Begriffe Trainer/in und Teilnehmer/in als Bezeichnung für die Lehrenden und Lernenden und den Begriff Kurs für das Lernarrangement. Diese Begriffe werden auch in deutschen Texten für Moodle verwandt.

Auch in dieser Auflage ist das Buch nicht in der Lage alle Funktionen abzubilden und ausführlich darzustellen. Daher werden auch weiterhin die Online Foren auf http://moodle.de und http://moodle.org eine wichtige ergänzende Hilfe sein.

Ralf Hilgenstock Renate Jirmann Bonn, im Mai 2007

Ach ja, da gibt es immer noch die Frage: **Was bedeutet das Wort „Moodle" eigentlich?** Ursprünglich war Moodle das Akronym für „Modular Object-Oriented Dynamic Learning Environment" (also auf Deutsch: „Modulare objekt-orientierte dynamische Lernumgebung"). Heute ist Moodle ein Eigenname und viele der Anwender und Nutzer nennen sich „Moodler".

Inhalt

Ein erster Überblick

Moodle ist ein Lernmanagementsystem und stellt den Trainer/innen, Dozent/innen oder Lehrer/innen Kursräume zur Verfügung. In Moodle wird jede Form des Lernens „Kurs" genannt. Es gibt keine Unterscheidung zwischen „Seminar", „Training", „Lehrgang" oder anderen Bezeichnungen.

Moodle können Sie sich vorstellen wie ein Schulungsgebäude mit Kursräumen. In jedem Kursraum findet ein Kurs statt. Zu dem Kursraum haben die Teilnehmer/innen und Trainer/innen des Kurses Zutritt. Sie gestalten darin den Unterricht anhand eines selber erstellten Lehrplans und nutzen verschiedene Lernaktivitäten (Methoden) und Medien zum Lernen. Besonders wichtig ist die umfangreiche Möglichkeit zur Kommunikation untereinander und zur gemeinsamen Bearbeitung von Themen und Inhalten.

Der Kursraum ist immer Ausgangspunkt aller Aktivitäten und Ort, an dem alle Unterlagen und Materialien zur Verfügung gestellt werden.

Moodle wird auf einem Server mit Internetzugang installiert. In den meisten Fällen haben Sie als Trainer/in damit nichts zu tun, weil Ihr Unternehmen, die Schule, Hochschule oder Bildungseinrichtung dies bereits getan hat.

Hilfsmittel

Sie benötigen nun folgende Hilfsmittel:

- einen PC mit Internetzugang und einem Browser,
- einen Zugang zu Ihrem Moodle Kursraum,
- eine Planung für Ihren Online Kurs,
- Teilnehmer/innen Ihres Kurses.

Trainer/innen und andere Rollen in Moodle

Ihren Kurs können Sie selbstverständlich alleine leiten. Dennoch gibt es im Hintergrund einige Personen, die Ihnen wichtige Hilfestellung zur Verfügung stellen können.

Administration

- Administration. Der/die Administrator/in hat das Moodle Programmpaket installiert und ist für alle technischen Fragestellungen zuständig. Hierzu gehören besonders Einstellungen für Lernaktivitäten, das Installieren von Updates und die Bereitstellung von zusätzlichen Lernaktivitäten.

Kursverwaltung

- Kursverwalter/innen. Sie haben die Möglichkeit, weitere Kurse einzurichten und Trainer/innen zuzuweisen. Sie definieren die Anmeldeverfahren für Teilnehmer/innen.

Trainer/innen

- Trainer/innen der verschiedenen Kurse. Wir empfehlen die Einrichtung eines gesonderten Kurses für die Kommunikation und den Austausch der Trainer/innen. In einer Schule ist dafür das virtuelle Lehrerzimmer geeignet. Nutzen Sie die Möglichkeiten zum gegenseitigen Austausch von Erfahrungen, Ideen und Lerneinheiten.

- Co-Trainer/innen. Sie müssen Ihren Kurs nicht alleine leiten.

Co-Trainer/innen

- Die Teilnehmer/innen. Sie sind natürlich Ihre wichtigsten Partner/innen. Moodle bietet Ihnen sehr viele Möglichkeiten, einen interaktiven Lernprozess zu gestalten. Die Teilnehmer/innen sind natürlich nicht nur passive Konsumenten, sondern können auch aktiv in den Lernprozess eingreifen. Moodle bietet ihnen dazu die Möglichkeit und fordert Sie als Trainer/in auf, diese Optionen aktiv zu nutzen.

Teilnehmer/innen

- Moodle kennt eine zusätzliche Gruppe: die Gäste. Gäste können in öffentliche Kurse hineinschauen, aber keine Lernaktivitäten ausführen. Wenn Sie in Ihren Kursen Gästen keinen Zugang geben, können diese auch keinen Einblick nehmen.

Gäste

In den neueren Versionen von Moodle können die vorhandenen Rollen angepasst und neue Rollen hinzugefügt werden. Daher kann der Umfang der Rechte einer Rolle in den verschiedenen Installationen abweichen.

Neues Rollenmodell

Sie können jedoch auch auf die große Gruppe der aktiven Nutzer/innen von Moodle zurückgreifen. Unter www.moodle.de finden Sie Beispiele für die Gestaltung von Kursräumen und im Kurs „Servicezentrum" die Möglichkeit zum Austausch mit anderen Anwendern. In den Tauschbörsen werden Lerneinheiten zur Nutzung angeboten.

Moodle-Community

Möglichkeiten als Trainer/in

Machen Sie sich in Ruhe mit den Funktionen vertraut. Sie können danach gezielt die Funktionen auswählen, die für Ihre Ziele besonders wertvoll sind.

Als Trainer/in haben Sie alle Möglichkeiten zur eigenen Gestaltung des Kursraumes. Dies betrifft zunächst die Gestaltung der Inhalte und der Lernaktivitäten. Sie können durch Verschieben, Ein- oder Ausblenden der Blöcke das Aussehen des Kursraumes festlegen und durch Änderung der Grundeinstellungen gestalten. Der Kurs kann in einem Themenformat (einzelne thematische Blöcke gliedern den Kurs), im Wochenformat (für jede Kurswoche gibt es einen Block) oder im Kommunikationsformat (im Mittelpunkt steht ein Kommunikationsforum) gestaltet werden.

Zusätzlich können ein SCORM-Format für Lernpakete aus Autorensystemen oder ein LAMS-Format (für Kurseinheiten aus dem Learning Activity Management System) genutzt werden.

Wenn Sie sich mit den Funktionen im Kursraum vertraut gemacht machen, dann gestalten Sie Ihre Inhalte und Lernaktivitäten. Danach ist Ihre wichtigste und anspruchvollste Aufgabe die Betreuung und Begleitung der Teilnehmer/innen.

Kursübersicht

Auf der Startseite des Lernprogramms finden Sie grundlegende Informationen des Veranstalters und eine Kursübersicht. Die Kursübersicht befindet sich in einer Spalte unter der Überschrift „Kurse" oder in der großen Spalte in der Mitte. Zumeist werden Sie dort nicht direkt den Namen Ihres Kurses finden. Wenn der Veranstalter sehr viele Kurse anbietet, wäre dies zu unübersichtlich. Deshalb richtet er zumeist Abschnitte (Kategorien) ein, in denen dann die einzelnen Kurse aufgelistet sind.

Wo finde ich meine Kurse?

Startseite

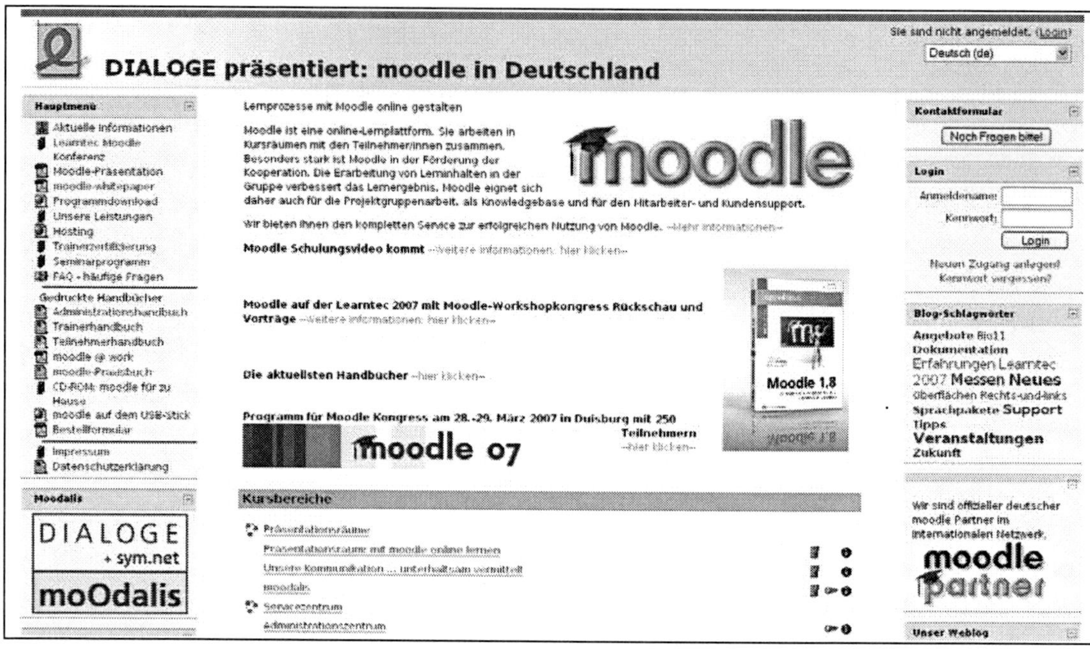

Kurs-Bereiche

Suchen Sie also zunächst nach der Kategorie, in der Sie Ihren Kurs vermuten oder die der Veranstalter Ihnen mitgeteilt hat, z.B. Fremdsprachen. Klicken Sie mit der Maus auf diesen Link. Schon wird die nächste Seite geöffnet. Hier finden Sie nun Ihren Kurs mit einer Kurzbeschreibung, dem Ankündigungstext (z.B. „Italienisch für Anfänger“) oder weitere Unterrubriken.

Einloggen

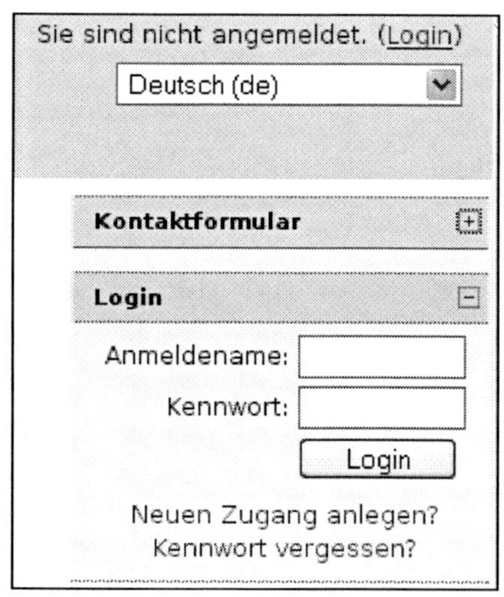

Als Trainer/in sind Sie bereits im Lernsystem angemeldet. Deshalb können Sie sich direkt einloggen. Auf der Startseite finden Sie einen Kasten mit der Überschrift „Login“ oder oben rechts einen Link mit dem Namen „Login“. Einen identischen Link finden Sie unten auf der Seite in der Mitte. Klicken Sie auf einen der Links. Sie kommen nun zu der Anmeldeseite. Tragen Sie dort Ihren Namen ein, mit dem Sie registriert worden sind und Ihr persönliches Passwort. Wenn Sie nun auf den Kasten „Login“ klicken, werden Sie bei Ihrer Lernplattform angemeldet. Das Programm weiß nun, dass Sie persönlich am PC sitzen und einen Ihrer Kurse besuchen wollen. Die nächste Seite ist wieder die Startseite. Nun finden Sie hier einen Kasten mit der Aufschrift „Meine Kurse“ und darin alle von Ihnen besuchten und geleiteten Kurse. Klicken Sie auf den Kursnamen. Sie werden direkt in den Kursraum geführt.

Warum muss ich mich eigentlich jedes Mal in dieser Weise anmelden?

An vielen Kursen kann nur eine beschränkte Anzahl von Personen teilnehmen. Diese haben sich beim Veranstalter angemeldet oder sind als Mitglied einer Organisation zur Teilnahme berechtigt. Viele Kurse sind gebührenpflichtig. Zu diesen Kursen erhalten nur angemeldete und zahlende Teilnehmer/innen Zugang. Über die vorgesehenen Verfahren der Anmeldung und Verwaltung von Teilnehmer/innen informiert Sie der Betreiber Ihrer Moodle-Seite (Administration und Kursverwaltung).

Nicht jede/r kann jeden Kurs besuchen.

Die Kursteilnahme erfolgt nicht anonym. Gerade wenn die Kommunikation im Kurs ein wichtiges Element der Kursgestaltung ist, sollten auch die Teilnehmer/innen sichtbar und identifizierbar sein. Daher ist eine Anmeldung wichtig. Das gleiche gilt für Sie als Trainer/in. Erst durch Ihre Anmeldung werden Sie mit Ihrer Rolle identifiziert. Als Trainer/in haben Sie die Möglichkeit den Kursraum zu gestalten. Das System muss Sie dazu als Trainer/in mit besonderen Rechten identifizieren. Dies erfolgt mit der Anmeldung.

Erst durch die Anmeldung erhalten Sie die besonderen Zugriffsrechte des/der Trainers/in.

Gestaltung des persönlichen Profils

Im persönlichen Profil können Sie weitere Informationen über sich für die Teilnehmer/innen zur Verfügung stellen. Füllen Sie dieses Profil vor Kursbeginn aus. Dazu dient auch ein kleines Bild von Ihnen. Wenn Sie ein digitales Portraitfoto haben, können Sie es in Ihr Profil einfügen. Es wird bei allen von Ihnen erstellten Forenbeiträgen gezeigt. So lange Sie kein Bild zur Verfügung gestellt haben, wird ein Standardsymbol gezeigt.

Aus der Sicht der Teilnehmer/innen ist es interessant zu wissen, wer mit Ihnen als Trainerin oder Trainer arbeitet. Wie in einer Vorstellungsrunde können hier alle, Trainer/innen und Teilnehmer/innen, Informationen über sich mitteilen, damit sie ein vielfältigeres Bild voneinander bekommen.

Das persönliche Profil: mit wem habe ich es hier zu tun?

Die Beschreibung zur eigenen Person ist für die Kursteilnehmer/innen sehr wichtig. Es ist die erste Gelegenheit, den/die Trainer/in kennen zu lernen und eine persönliche Einschätzung zu bekommen.

Beschreiben Sie wer Sie sind, welche Aufgaben und Funktionen Sie haben, welche Beziehung und Kompetenz Sie im Hinblick auf Ihre Themen haben und was Ihnen bei der Gestaltung der Lernprozesse wichtig ist. Ihr persönliches Profil ist in allen Ihren Kursen sichtbar. Wenn Sie in mehreren Kursen tätig sind, ist es nicht möglich, in jedem Kurs ein anderes Profil einzustellen. Zu den Inhalten jedes einzelnen Kurses können Sie in der Kursbeschreibung, im Nachrichtenforum auf der Kursseite, der Zusammenfassung im ersten Block oder einer gesonderten Arbeitsunterlage weitere Informationen zur Verfügung stellen.

Denken Sie daran, dass auch die Teilnehmer/innen untereinander vertraut werden und zu Beginn der Zusammenarbeit ihr eigenes persönliches Profil ausfüllen sollten.

Am oberen Rand des persönlichen Profils befinden sich Reiter (Tabs) für den Zugriff auf die Bearbeitung des Profils, bereits verfasste Forenbeiträge und einen Bericht über Aktivitäten im Kursraum (nur für Trainer/innen sichtbar).

Profil bearbeiten

Hinweis: Das Profil wird in allen Ihren Kursen unverändert angezeigt. Sie können Ihr Portrait jederzeit leicht ändern. Die folgenden Felder stehen zur Verfügung:

Formularfelder für das persönliche Profil

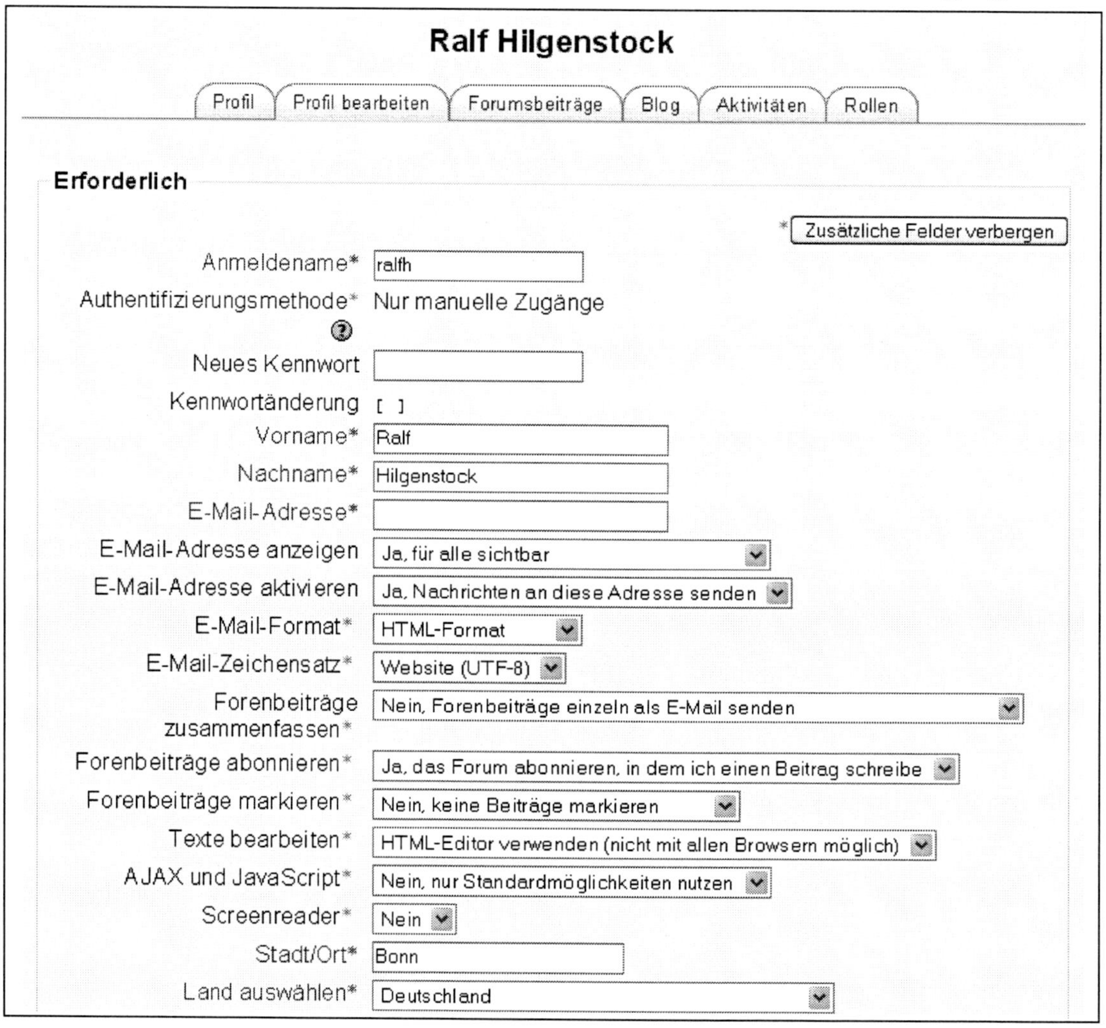

Die Felder: **Vorname, Nachname** und **E-Mail-Adresse** haben Sie bereits beim Login ausgefüllt. Prüfen Sie diese Daten auf jeden Fall auf Richtigkeit.

E-Mail-Adresse anzeigen: Wählen Sie aus, ob Ihre E-Mail-Adresse für andere unsichtbar, nur für Kursteilnehmer sichtbar oder auch Gästen im Kurs angezeigt werden soll.

E-Mail aktivieren: An eine inaktive E-Mail werden keine Benachrichtigungen verschickt. Wenn Sie auf den Button „Zusätzliche Felder anzeigen“ klicken, werden weitere Eintragsoptionen angezeigt.

E-Mail-Format: Moodle kann Ihnen über alle neuen Informationen im Kurs eine Nachricht per E-Mail zustellen. Hier stellen Sie ein, ob diese im Textformat oder formatiert im HTML-Format zugesandt wird.

E-Mail-Zeichensatz: Falls Sie Ihre E-Mails mit einigen kryptischen Zeichen an der Stelle von Buchstaben bei Ihnen ankommen, können Sie hier den Zeichensatz für den E-Mail-Versand umstellen. Ändern Sie die Einstellungen im Zweifel solange, bis die Mails gut lesbar bei Ihnen eintreffen.

Forenbeiträge zusammenfassen: Zusendung jeder einzelnen Benachrichtigung, einer täglichen Zusammenfassung aller vollständigen Beiträge (Digest) oder einer Zusammenfassung nur der Überschriften.

Foren abonnieren

Forenbeiträge abonnieren: In vielen Kursen gibt es mehrere Foren zu verschiedenen Themen. Sie entscheiden, ob Sie von den Foren E-Mails über neue Beiträge erhalten wollen. Mit dieser Einstellung legen Sie fest, ob Sie automatisch beim Schreiben einer Nachricht in dem Forum für den Versand von E-Mails eingetragen werden wollen. Als Trainer/in sollten Sie diese Option in jedem Fall aktivieren. Sie erhalten damit Informationen über die Aktivitäten der Teilnehmer/innen, selbst wenn Sie gerade nicht im Kurs sind.

Forenbeiträge markieren: Forenbeiträge können nach dem Lesen automatisch als „gelesen“ gekennzeichnet werden. Mit der Einstellung definieren Sie, ob neue Beiträge automatisch als ungelesen markiert werden.

Textbearbeitung

Texte bearbeiten: Wenn Sie einen Text bearbeiten wollen, können Sie dazu einen komfortablen WYSIWYG-Editor verwenden. Damit formatieren Sie Ihre Texte genauso einfach wie mit Ihrer Textverarbeitung. Andernfalls erhalten Sie ein einfaches Formular für den Texteintrag.

AJAX und JavaScript: falls Sie diese Option aktivieren können, stehen Ihnen im Kursraum einfache Möglichkeiten zur Umgestaltung durch Verschieben von Blöcken und Lernaktivitäten zur Verfügung. Diese Option muss durch die Administration freigegeben werden.

Screenreader: Umschaltung der Ansicht auf eine Darstellung, die auch durch Screenreader interpretiert werden kann.

Stadt/Ort: Ihr Wohnort oder Arbeitsplatz.

Land: Ihr Herkunftsland

Zeitzone: Die Zeitzonen berücksichtigen die Umstellung für Sommerzeit/Winterzeit in verschiedenen Zeitzonen. Voraussetzung hierfür ist eine Aktivierung durch die Administration.

Bevorzugte Sprache: Hier wählen Sie die Sprache, in der Menus und Hilfedateien angezeigt werden. Als Trainer/in können Sie bei den Kurseinstellungen eine Spracheinstellung für den Kursraum vornehmen. Diese Festlegung überschreibt die Einstellungen in dem persönlichen Profil. Das ist besonders für Sprachkurse oder Kurse mit internationaler Zusammensetzung interessant.

Bevorzugtes Theme: Wenn die individuelle Auswahl von Gestaltungsvorlagen (Themes) durch die Nutzer von den Administrator/innen freigegeben wurden, können Sie hier zwischen verschiedenen Darstellungsformen auswählen. Andernfalls ist die Auswahloption für Sie nicht sichtbar. Einstellungen von Themes in den Einstellungen für den Kursraum haben Vorrang vor Ihrer persönlichen Auswahl oder der der Teilnehmer/innen.

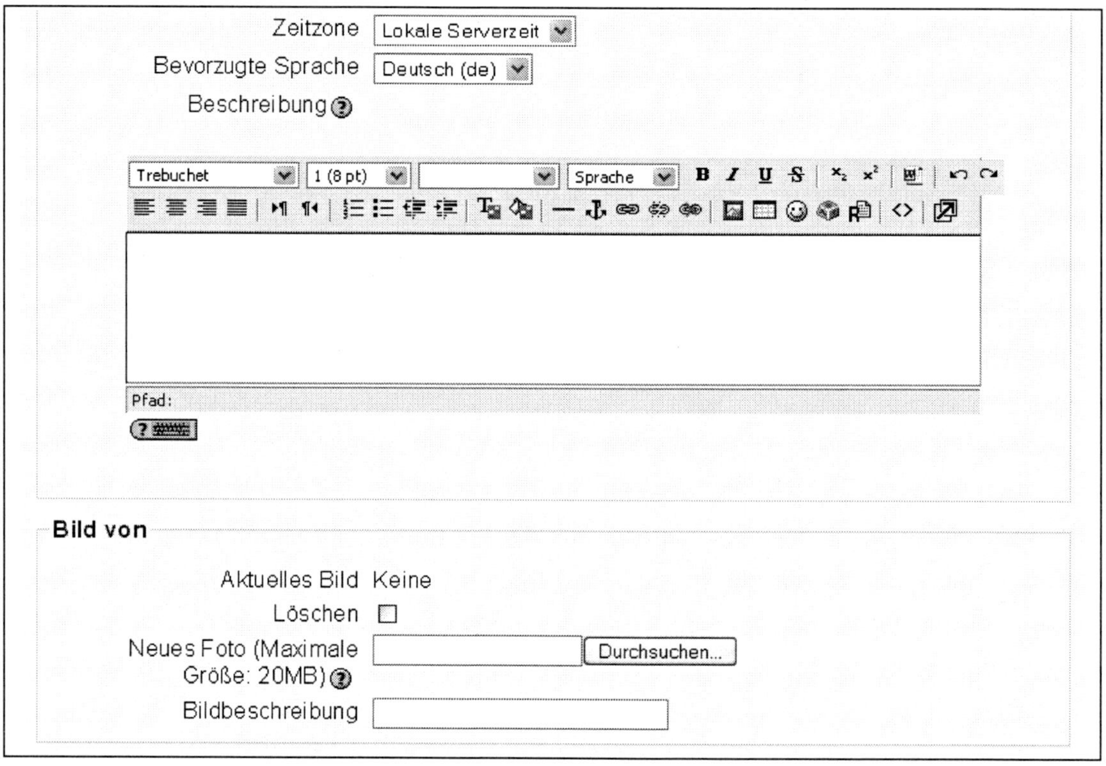

Ihre persönliche Vorstellung

Beschreibung: Stellen Sie sich hier mit einem Text selber vor. Dieses Feld darf nicht leer bleiben, sonst kann evtl. ein Fehler angezeigt werden. Falls Sie keinen Text eintragen wollen, geben Sie ein Leerzeichen oder einen Punkt ein, andernfalls erhalten Sie später eine Fehlermitteilung.

Die nachfolgenden Felder enthalten freiwillige Angaben. Wenn Sie hier keine Einträge vornehmen, werden im Portrait entsprechende Felder einfach ausgelassen.

Ein Bild einfügen

Neues Foto: Hier können Sie ein digitales Foto von Ihnen hochladen, das künftig bei Ihren Diskussionsbeiträgen in allen Ihren Kursen gezeigt wird. Geeignet sind Bilder mit den Dateiformaten JPG oder PNG. Prüfen Sie, wo auf Ihrem PC ein geeignetes Bild liegt und klicken Sie auf „Durchsuchen", um den Dateipfad und die Datei auszuwählen. Danach ist diese Datei für die Übertragung auf den Server vorgemerkt. Mit einem Klick auf das Fragezeichensymbol) im gelben Kreis erhalten Sie weitere Hilfeinformationen.

Bildbeschreibung: Dieses Feld enthält einen Text, der angezeigt wird, falls das Bild nicht dargestellt werden kann (sog. Alt-Tag).

Webseite: Eigene Webseite.

ICQ-Nummer: ICQ ist ein so genanntes Messaging-Programm. Damit können Sie mit Bekannten und Freunden, während Sie online sind, ein elektronisches Geprä ch (Chat) führen. Falls Sie über eine ICQ-Registration verfügen und diese den anderen Kursteilnehmer/innen zur Verfügung stellen wollen, tragen Sie die Nummer hier ein.

Weitere Informationen finden Sie im Internet (z.B.: http://www.icq.com/products/whatisicq-ger.html).

Skype, AIM, Yahoo, MSN: tragen Sie hier die Identifikationsnummern oder Namen für Ihren Zugang zu anderen Messaging-Diensten oder die Skype-Internettelefoniefunktion ein. Im Profil erscheint dann ein Link, um mit Hilfe des entsprechenden Dienstes Kontakt zu der Person herzustellen.

Die folgenden Informationsfelder sind für die Kursteilnehmer/innen nicht sichtbar. Der/die Trainer/in kann diese Daten jedoch einsehen.

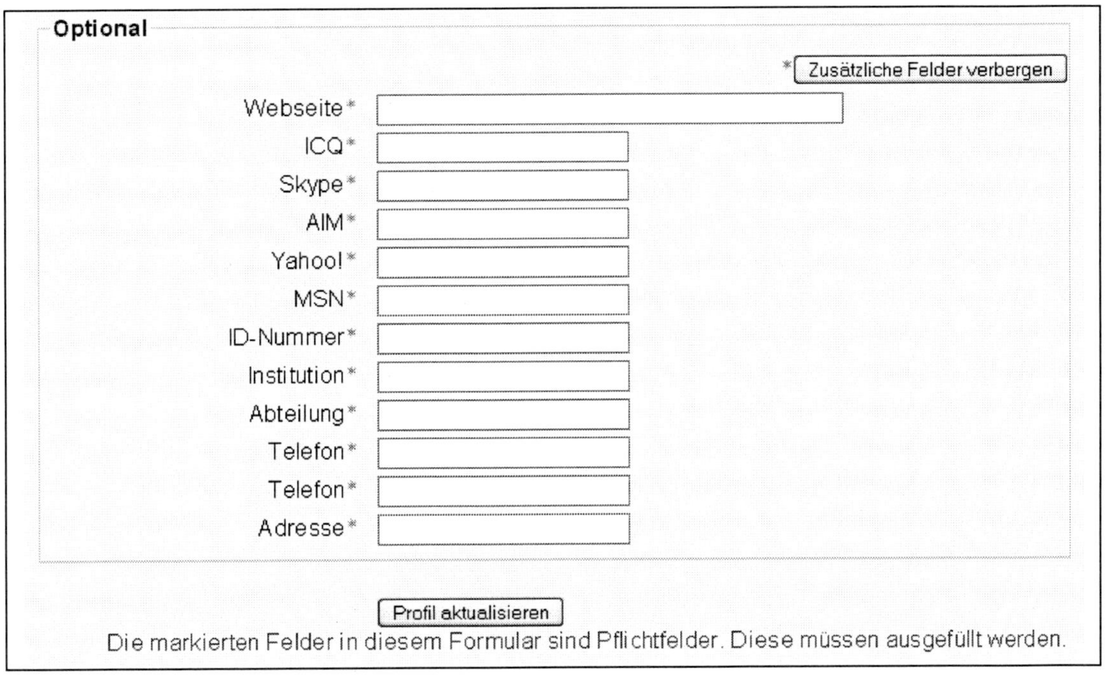

ID-Nummer: Dieses Feld kann für Ihre Teilnehmernummer, Kundennummer, Personalnummer oder die Matrikelnummer (an Hochschulen) genutzt werden.

Telefon: Ihre Telefonnummern

Adresse: Ihre Postanschrift

Klicken Sie auf „Profil aktualisieren“, um die Daten zu speichern und Ihr Porträtfoto hochzuladen. Das Hochladen des Bildes kann je nach Dateigröße und der Schnelligkeit Ihrer Internetverbindung einige Minuten dauern.

Jetzt noch abspeichern

Rot markierte Felder sind Pflichtfelder. Werden sie nicht ausgefüllt, so erhalten Sie beim Klick auf „Weiter“ eine Fehlermeldung.

Aufbau der Kursseite

Kursseite

Verschaffen Sie sich einen Überblick auf Ihrer Kursseite. Blöcke ein- und ausblenden

In diesem Abschnitt finden Sie Informationen über die verschiedenen Elemente einer Kursseite. Die Gestaltung von Moodle ist so flexibel, dass nur die gerade genutzten und aktiven Elemente angezeigt werden. Daher können in Ihrem Kurs einzelne Elemente gerade nicht sichtbar sein.

Die verschiedenen Kästen auf der Kursseite werden als Blöcke bezeichnet. Jeder Block hat eine Überschrift, die den Inhalt charakterisiert. Darunter finden sich verschiedene Links, die für Ihre Teilnahme am Kurs hilfreich sind. Probieren Sie die Links aus, um sich einen Überblick zu verschaffen. Sie können die Lage der einzelnen Blöcke für jeden Kurs individuell festlegen.

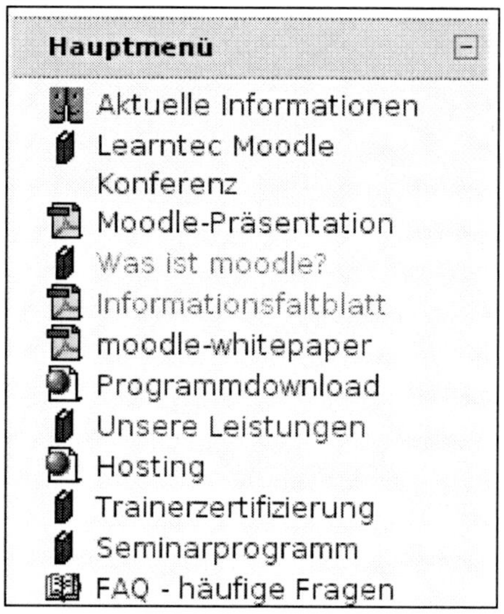

Wenn neben der Überschrift der Blöcke kleine Minus-/Plus-Zeichen angezeigt werden, können diese auf- und zugeklappt werden. Informationen in den Blöcken, die derzeit nicht benötigt werden, können so zeitweilig ausgeblendet werden.

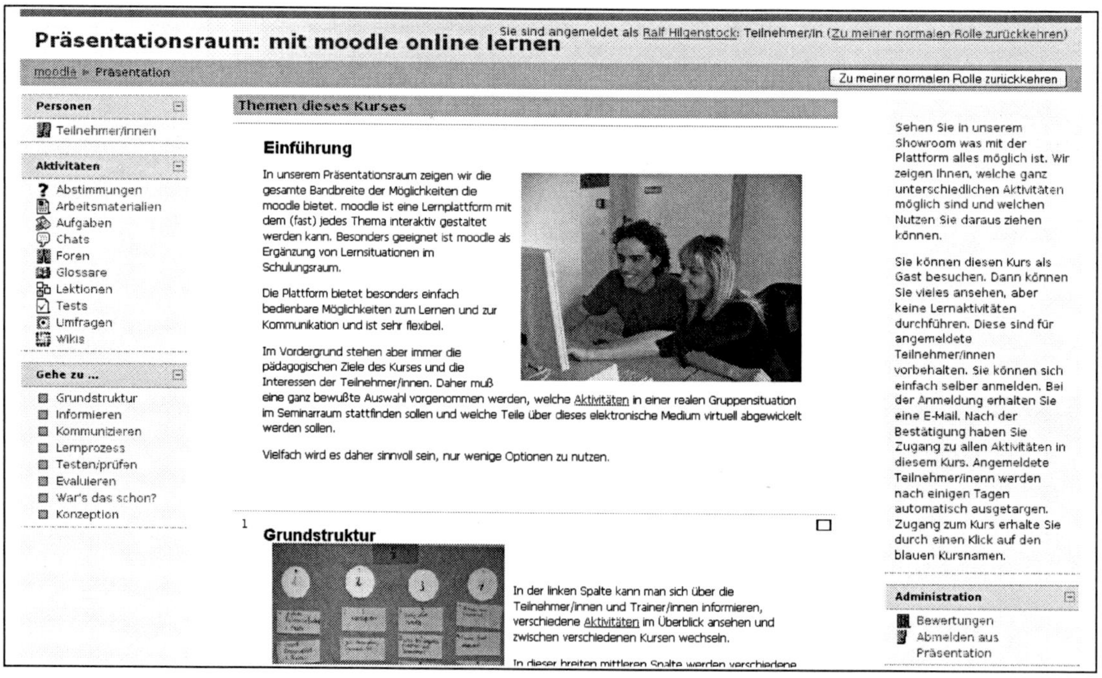

Spalten, Nachrichten, Aktivitäten, Kalender

Ein Blick auf die Kursseite zeigt zunächst schmale Spalten auf der linken und rechten Seite. In diesen Spalten finden Sie verschiedene Blöcke mit Links zu Übersichten, Aktivitäten, einer Suchfunktion und z.B. eine Nachrichtenspalte, wo Ihre neuesten Informationen an die Gruppe stehen (Nachrichtenforum der Kursleitung). Zusätzlich gibt es eine Spalte mit aktuellen Informationen aus dem Kurs. Alle Neuerungen seit Ihrem letzten Besuch werden angezeigt. So können Sie sich schnell einen Überblick über neue Diskussionsbeiträge, neue Aktivitäten und Termine machen.

Block	Inhalt
Personen	Teilnehmer/innen und Trainer/innen, eigenes Profil bearbeiten
Suche	Volltextsuche in den Forumsbeiträgen
Kalender	Terminübersicht im Kurs
Bald aktuell	Die nächsten Termine im Kalender. Angezeigt werden alle Termine aus den eigenen Kursen.
Kurszusammenfassung	Ausschreibungstext des Kurses
Onlinenutzer/innen	Anzeige der gerade im Kurs befindlichen Teilnehmer/innen
Themen	Schneller Zugriff auf die einzelnen Themenblöcke des Kurses
Meine Kurse	Übersicht über aktuell von Ihnen belegte und geleitete Kurse
Administration	Wichtige Funktionen zur Einrichtung und Verwaltung des eigenen Kurses
Aktivitäten	Übersicht über die Inhalte der verschiedenen Lernaktivitäten im gesamten Kurs
Neueste Nachrichten	Informationen der Kursleitung
Neueste Aktivitäten	Übersicht über alle Aktivitäten und Veränderungen seit Ihrem letzten Besuch.
Testergebnisse	Anzeige der besten Ergebnisse eines Tests.
Mitteilungen	Nachrichten des Messengers.
Beschreibung für Startseite	Anzeige des Ankündigungstextes für den Kursraum.
Blocknamen	Direkter Sprung zu den verschiedenen Abschnitten oder Wocheneinheiten des Kurses.
Glossarblock	Anzeige von wechselnden Glossarinhalten in einem Block.
HTML	Anzeige eines frei definierten Inhalts in einem Block. Zur Texteingabe steht der Editor zur Verfügung.
Zugriff auf RSS-Feeds	Zentral definierte RSS-Seiten können hier mit den Überschriften dargestellt werden, z.B. Nachrichten von www.spiegel.de in der Übersicht.

Weitere Blöcke werden laufend entwickelt und können bei Ihnen zusätzlich installiert sein. Zusätzliche Informationen über die Funktionen der Blöcke finden Sie im Abschnitt „Mit Blöcken im Kursraum arbeiten".

Meine Kurse

Ihre Kursübersicht

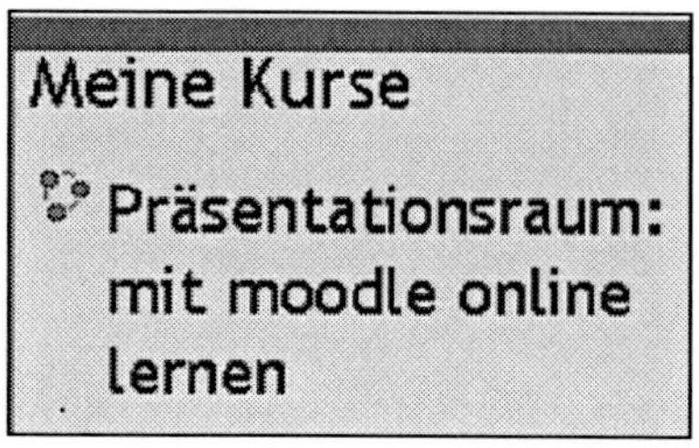

Diese Übersicht wird nach dem Login auf der Startseite und in jedem Kurs angezeigt. Sie können durch einen Klick auf einen Kurs direkt in einen anderen Kurs wechseln, für den Sie als Teilnehmer/in angemeldet sind oder in dem Sie Trainer/in sind. So lange Sie nur in einem Kurs registriert sind, wird auch nur dieser angezeigt. Ein Klick an dieser Stelle ist der schnellste Weg, um zwischen einzelnen Kursen hin- und her zu wechseln.

Kalender

Aktuelle Terminübersicht

Der Kalender gibt Ihnen einen Überblick über aktuelle Termine. Die nächsten Termine werden mit ihren Überschriften angezeigt. In der Monatsübersicht sind die Tage mit Terminen farbig markiert. Dargestellt werden in unterschiedlichen Farben Termine des Veranstalters (globale Termine), Termine Ihrer Kurse, persönliche Termine und Termine einer Arbeitsgruppe in Ihrem Kurs.

Wenn Sie mit der Maus über einen Termin fahren und dort einen Moment verharren, öffnet sich ein kleines Fenster mit einem Kurzhinweis auf den Termin an diesem Tag.

Administration

Das Administrationsfenster ermöglicht Ihnen Zugang zu wichtigen Steuerungsoptionen im Kurs. Auch für Teilnehmer/innen gibt es ein Administrationsfenster mit den Funktionen „Bewertungen" und „aus dem Kurs austragen".

Bearbeiten ein-/ausschalten: Wechselt zwischen dem Ansichtsmodus und dem Bearbeitungsmodus für den Kursraum. Im Bearbeitungsmodus können Lernaktivitäten eingefügt oder verändert werden.

Einstellungen

Einstellungen: legt die Grundeinstellungen für den Kurs fest. Hier finden Sie u.a. den Ausschreibungstext der Veranstaltung.

Rollen zuweisen: Hier weisen Sie Nutzer/innen des Kurses Rollen und damit Berechtigungen zu.

Gruppen: Anlegen und Bearbeiten von Gruppen im Kursraum.

Sicherung: Sicherung des Kurses z.B. für die Wiederherstellung in einem anderen Kurs.

Wiederherstellung: Import eines Kurses, der mit Sicherung z.B. in einer anderen Moodle-Installation erstellt wurde, in den aktuellen Kursraum.

Import: Diese Funktion erlaubt es Trainer/innen, komplette Kursinhalte eines anderen Kurses der gleichen Installation in den neuen Kursraum zu übernehmen. Die Schritte Sicherung und Wiederherstellen werden in einem Vorgang abgewickelt.

Zurücksetzen: ermöglicht Ihnen, die von Teilnehmern eingegebenen Kursinhalte aus dem Raum zu löschen, um den Raum mit anderen Nutzer/innen weiter zu verwenden.

Berichte: zeigt statistische Auswertungen über die Kursnutzung.

Fragen: können hier direkt, unabhängig von Tests eingegeben und später in Tests verwendet werden.

Bewertungsskalen: Übersicht über im Kurs nutzbare Bewertungsskalen, Möglichkeit zur Anlage eigener Bewertungsskalen.

Dateien: Zugriff auf das Datenverzeichnis des Kurses, Option zur Anlage von Unterverzeichnissen und zum Upload von Dateien.

Bewertungen: Ergebnisse der Bewertungen der Teilnehmer/innen aus verschiedenen Lernaktivitäten.

Statistiken: Übersicht über die Aktivitäten der Teilnehmer/innen.

Abmelden aus: erlaubt die Abmeldung aus dem Kurs.

Aktivitäten

Vielfältige Aktivitäten möglich. Im Block „Aktivitäten" werden die in Ihrem Kurs genutzten Aktivitäten gezeigt.

Was tun Teilnehmer/innen in Kursen und Seminaren? Sie hören oder lesen Informationen, sie diskutieren mit anderen, sie üben neuen Lernstoff anzuwenden und nehmen an Tests und Prüfungen teil. Für diese Schritte im Lernprozess verwenden wir den Begriff „Aktivitäten". Moodle bietet eine große Zahl unterschiedlicher Aktivitäten zur Auswahl an. In jedem Kurs werden nur einige davon genutzt. Als Trainer/in wählen Sie die passenden Lernaktivitäten aus. Nur diese werden in der Übersicht auch angezeigt.

Navigation im Kursraum

Jederzeit schnell navigieren

In einem Kursraum können viele Aktivitäten und Möglichkeiten eingerichtet werden. Dabei kann man auch schon mal die Übersicht verlieren. Sie finden jederzeit links oben eine Navigationszeile mit Informationen darüber, wo Sie sich gerade befinden. In der Zeile steht zuerst der Name der Startseite (in der Abbildung „Start"). Danach steht die „Kurzbezeichnung" Ihres Kurses (zu finden unter: Administration - Einstellungen - Kurzname auf der Kursseite, in der Abbildung „Rechtschreibung"). Dann folgt die Art der Lernaktivität, in der Sie gerade arbeiten (z.B. Foren) und danach der Titel der Aktivität, den Sie bei der Erstellung selber als „Name" eingetragen haben („Diskussion der Arbeitsverteilung" auf unserer Abbildung). Durch Anklicken eines der Bereiche können Sie sofort an die jeweilige Stelle springen. Der Klick auf „Rechtschreibung" führt zur Kursseite, der Klick auf „Foren" zu einer Übersicht aller Foren im aktuellen Kursraum.

Weitere Erläuterungen und Hilfen

Über 500 zusätzliche Hilfeinformationen verfügbar

An manchen Stellen finden Sie ein kleines Fragezeichen in einem gelben Punkt. Wenn Sie dieses Zeichen anklicken, öffnet sich ein Fenster mit einem Informations- und Anleitungstext. Schließen Sie das Fenster durch den entsprechenden Button „Fenster schließen".

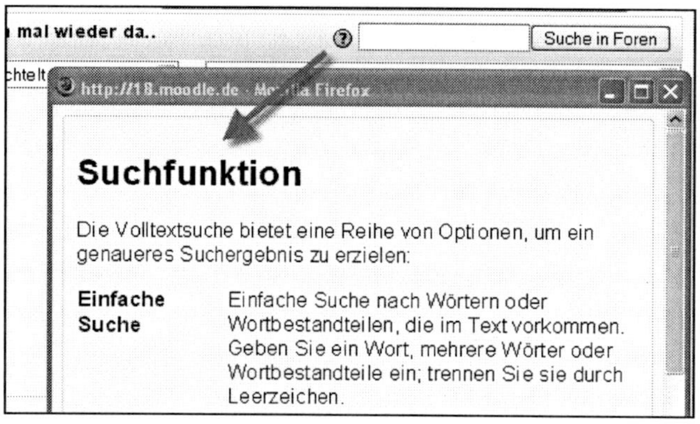

Moodle zeichnet sich durch eine große Zahl von Hilfeinformationen für Trainer/innen aus. Die meisten Hilfedateien finden Sie bei den Einstellungen für die Lernaktivitäten.

Moodle-Dokumentation

Auf vielen Seiten finden Sie unten einen Link „Moodle-Dokumentation für diese Seite". Damit rufen Sie das zentrale internationale Dokumentationswiki auf. Dieses steht in verschiedenen Sprachen zur Verfügung und zeigt Ihnen kontextabhängig zusätzliche Informationen an. Die angezeigte Sprache hat der Administrator ausgwählt. Am umfangreichsten ist die Dokumenation in den Sprachen englisch und spanisch. Die aktuellste Version ist die englische Fassung.

Wenn Sie weitergehende Hilfen benötigen, finden Sie viele Informationen in diesem Handbuch. Sicher hilft Ihnen der Systemadministrator für Ihr Moodle weiter. Nutzen Sie zusätzlich die Möglichkeiten unter www.moodle.de im Kurs „Servicezentrum" oder auf der englischsprachigen Seite www.moodle.org. Im Kurs „Using Moodle" finden Sie Hilfe auch zu schwierigen Problemen.

Was ist öffentlich, wer sieht was?

Wenn ich in einem Seminarraum sitze und Gespräche führe, habe ich immer den Überblick, wer gerade zuhört. Was öffentlich ist und was unter vier Augen gesagt wird, kann ich mit einem Blick erfassen. Im Online-Seminarraum gibt es auch Stellen, an denen ein Vier-Augen-Gespräch geführt werden kann. Das meiste findet jedoch für alle Teilnehmer/innen oder die Gruppenmitglieder bei der Gruppenarbeit sichtbar statt.

Gäste

Gäste können in Ihrem Kurs alles sehen, was auch für Teilnehmer sichtbar ist. In den meisten Kursen sind jedoch keine Gäste zugelassen. Gäste können nicht alle Aktivitäten aufrufen. In den Kurseinstellungen legen Sie fest, ob Gäste den Kursraum betreten dürfen.

Teilnehmer/innen

Die Teilnehmer/innen sehen, wer gerade im Kurs arbeitet, welche Beiträge im Forum geschrieben, welche Beiträge im Chat gemacht wurden und in Prüfungsformen auch, welche Arbeiten abgegeben wurden. Moodle bietet eine große Zahl von Prüfungsmöglichkeiten an. In einigen ist vorgesehen, dass Teilnehmer/innen die Prüfungsarbeiten anderer Teilnehmer/innen kommentieren oder untereinander bewerten (Workshop). Diese Form des kollegialen Feedbacks dient der Unterstützung und umfasst auch die Möglichkeit, Prüfungsarbeiten nach den Rückmeldungen noch einmal zu überarbeiten.

In manchen Kursen findet **Gruppenarbeit** statt. Die Aktivitäten innerhalb der Gruppen können je nach Einstellung des Trainers nur für die Gruppenmitglieder oder für alle Kursteilnehmer/innen sichtbar sein. Sie können dies in Ihrem Kurs einstellen.

Gruppenarbeit

Sie als Trainer/in haben den Gesamtüberblick. Sie sehen, welche Beiträge in Foren oder im Chat geschrieben werden und welche Übungsaufgaben eingereicht wurden oder welche Ergebnisse bei Tests erzielt wurden. Sie können und sollten Rückmeldungen zu den Einträgen geben. Wenn bei Prüfungen Dateien zur Bewertung abgegeben wurden, können Sie als Trainer/in diese öffnen und lesen.

Als Trainer/in haben Sie den Gesamtüberblick

Das Modul Dialog wurde durch den wesentlich flexibleren **Messenger** (Mitteilungen) ersetzt. Wenn Sie in früheren Versionen das Dialog-Modul genutzt haben, sind die Inhalte der Dialoge beim Update automatisch in den Messenger übernommen worden. Diesen finden Sie in einem Block mit dem Namen „Mitteilungen". Nachrichten zwischen einzelnen Teilnehmer/innen im Messenger sind auch für Sie als Trainerin einsehbar.

Dialoginhalte jetzt im Block „Mitteilungen"

Sie können zusätzlich alle Aktivitäten Ihrer Teilnehmer/innen nachvollziehen. In einem Protokoll wird dies gespeichert. Sie sehen, wann die Teilnehmer/innen sich mit welcher Aktivität befasst haben. Dadurch können Sie Teilnehmer/innen erinnern, die seit längerem nicht mehr im Kurs waren oder eine Aktivität, die im Kurs wichtig ist, noch nicht bearbeitet haben.

Alle Aktivitäten werden protokolliert

Nichts, was jemand im Kurs tut, bleibt ganz geheim. Als Trainer/in haben Sie einen genauen Überblick über die Aktivitäten der Teilnehmer/innen. Mit Hilfe der Statistiken können Sie nachvollziehen, wer wann was im Kurs getan hat.

Datenschutz und Sicherheit

Der Datenschutz ist ein wichtiges Anliegen. Jeder Mensch hat ein Recht auf seine Privatsphäre und den Schutz personenbezogener Informationen. In Kursen haben Teilnehmer/innen z.B. oft die folgenden Fragen:

Fragen der Teilnehmer/innen

Wer weiß, dass ich an diesem Kurs teilnehme?

Das ist nicht anders wie bei jedem Kurs an einer Volkshochschule. Der Veranstalter kennt die Anmeldungen, der Kursleiter hat eine Teilnehmerliste und jede/r andere Teilnehmer/in sieht, wer im Kurs teilnimmt. Jede/r bestimmt selber, wie bei einer Vorstellungsrunde, welche Informationen er/sie über sich an andere weiter gibt. Wenn der Kurs öffentlich ist und auch den Zugang von Gästen erlaubt, sind diese Informationen auch den „Gästen" zugänglich.

Wer kann die Diskussionsbeiträge lesen?

In öffentlich zugänglichen Kursen, in die sich jeder eintragen kann oder der Zugang für Gäste erlaubt ist, sind die Beiträge öffentlich für jeden sichtbar. Jede/r hat nun selber die Verantwortung dafür, was er/sie veröffentlicht. Prinzipiell bewegen Sie sich in einem öffentlichen Bereich und können nicht erkennen, wer die Diskussionsbeiträge liest. In nicht sichtbaren Gruppen haben nur die Teilnehmer/innen der Gruppe und der/die Trainer/in Zugriff.

Wer kennt die Ergebnisse meiner Tests und Prüfungen?

Sie legen als Trainer/in fest, ob die Ergebnisse von Tests und Prüfungen für die Teilnehmer/innen sichtbar sind.

Was geschieht mit meinen Daten (Diskussionsbeiträgen, eingereichten Arbeiten) nach dem Ende des Kurses?

Jetzt haben Ihre Teilnehmer/innen Sie aber erwischt. Denn diese Befürchtungen können Sie nicht so einfach entkräften. Sie können die Beiträge aller Teilnehmer/innen bis zum Sankt Nimmerleinstag speichern. Gehen Sie also offen mit dem Thema um. Erklären Sie, welche Arbeiten dauerhaft/längerfristig gespeichert werden. Eventuell gibt es Aufbewahrungsfristen, die eingehalten werden müssen. Diskussionsbeiträge können meist gelöscht werden, wenn der Kursraum für die Teilnehmer/innen geschlossen wird. Manche Kursteilnehmer/inen nutzen gerne die Möglichkeit, nach dem offiziellen Ende des Kurses noch einmal Diskussionsbeiträge nachzulesen.

Sagen Sie das Löschen nicht nur zu, tun Sie es auch. Wir löschen z.B. in unseren Präsenzseminaren Videoaufnahmen am Ende des Seminars im Beisein der Teilnehmer/innen. Damit sind diese sicher, im nächsten Seminar nicht als Anschauungsobjekt herhalten zu müssen.

Weitere Informationen für Teilnehmer/innen finden Sie im Moodle-Teilnehmerhandbuch.

Virenschutz beim Einsatz von Moodle

Wenn Sie mit Moodle arbeiten, besteht keine Gefahr, dass Sie sich Viren automatisch auf Ihren PC laden. Beim Betrachten der einzelnen Seiten werden keine Dateien auf Ihrem Rechner gespeichert und geöffnet, die gefährlich sein könnten.

In den meisten Kursen werden Dateien zum Download angeboten. Dazu werden Dateien in Ihrem Kurs hinterlegt, die Sie sich anschauen oder auf Ihrem eigenen PC abspeichern können. Diese Dateien können theoretisch Viren enthalten. Wir empfehlen jedem Nutzer des Internets, einen aktuellen Virenscanner auf dem eigenen PC zu installieren, um die Gefahr zu reduzieren. Sie können jedoch mit ganz einfachen Mitteln die Gefahr selber verringern.

Tipps zum Schutz vor Viren

Achten Sie immer auf folgende Hinweise:

- Öffnen Sie keine Dateien, deren Herkunft Ihnen nicht bekannt ist. Das gilt insbesondere bei Dateianhängen von unverlangt zugesandten E-Mails.
- Stellen Sie Ihr E-Mail-Programm so ein, dass angehängte Dateien nicht automatisch geöffnet werden.
- Wenn auf Ihrem PC plötzlich Fenster geöffnet werden, die Ihnen unbekannt sind, schließen Sie diese wieder mit dem „x" oben rechts.
- Wenn Sie beim Öffnen einer Datei (z.B. Textdatei (Dateiendung .doc) Präsentationsdatei (Dateiendung .ppt oder .pps), Tabellenkalkulation (Endung .xls oder xlt)) gefragt werden, ob ein Makro gestartet werden soll, klicken Sie im Zweifel auf „nicht ausführen". Makros sind kleine Programme, die auf Ihrem Rechner ausgeführt werden. Wenn Sie über die Herkunft der Datei nicht genau Bescheid wissen, können Sie damit viele Gefahren ausschalten.

Im Normalfall erhalten Sie von Moodle regelmäßig E-Mails mit neuen Ankündigungen oder Informationen über Diskussionsbeiträge aus Ihrem Kurs. Diese E-Mails enthalten keine Viren. Falls in einer E-Mail, z.B. einem Diskussionsbeitrag aus einem Forum ein Dateianhang angekündigt ist, dann wird dieser nicht mit der E-Mail an Sie versandt. Es besteht also kein Virenrisiko. Um den Dateianhang zu lesen oder zu nutzen, müssen Sie sich zuerst in Ihren Kurs begeben und dort den Dateianhang starten.

Version 1.5

Ab der Version 1.5 von Moodle ist es möglich, ein Virenschutzprogramm zusätzlich zu installieren. Dieses Programm prüft beim Hochladen der Dateien automatisch, ob die Datei von einem Virus befallen ist. Fragen Sie bei der Administration oder der Kursverwaltung nach, ob ein solches Programm innerhalb von Moodle installiert ist. Trotz der Installation eines solchen Programmes gibt es keine absolute Sicherheit. Berücksichtigen Sie in jedem Falle die oben genannten Hinweise.

Als Trainer/in sollten Sie sich angewöhnen, jede Datei, die Sie in einen Kursraum laden, selber auf Viren mit einem eigenen Prüfprogramm zu kontrollieren. Seien Sie ein Vorbild. Gehen Sie mit einem aktuellen Virenprüfprogramm auf Nummer sicher.

Ich und die Teilnehmer/innen

Der Kontakt zwischen Ihnen und den Teilnehmer/innen ist für den Lernerfolg von ausschlaggebender Bedeutung. Für die Teilnehmer/innen ist es wichtig, dass sie sich nicht alleine fühlen und dass ihre Fragen, Anliegen und Interessen am Lerninhalt ernst genommen werden.

Womit tun sich Teilnehmer/innen schwer?

Verschiedene Untersuchungen zeigen immer noch ganz zentrale Probleme des E-Learnings in den Feldern: technischer Zugang, Orientierung und Feedback, sowie Anwendung der Lerninhalte am Arbeitsplatz und die Schaffung von Rahmenbedingungen, die ein effektives online Lernen unterstützen. Sehen wir uns die Punkte genauer an.

Technik

Technische Zugangsprobleme: Teilnehmer/innen, die gar nicht erst in einen Kursraum kommen, haben keine Chance zur Teilnahme. Geben Sie von Anfang an die wichtigsten Informationen in verständlichen Worten, damit jede/r leicht in den Kursraum findet. Verwenden Sie in Ihrem Kursraum nur solche Medien, die von den Teilnehmer/innen auch sicher genutzt werden können. Tondateien erfordern nicht nur einen funktionsfähigen Lautsprecher am PC oder ein Headset (Kopfhörer), sondern zugleich einen Arbeitsplatz, an dem man in Ruhe Tondateien hören kann. Videofilme sind große Dateien. Teilnehmer/innen mit ISDN-Zugang oder Modem haben kaum eine Chance diese Medien zu nutzen. Wenn Sie dennoch solche Medien verwenden wollen, können Sie diese auf CD speichern und den Teilnehmer/innen direkt schicken. In manchen Unternehmen und Verwaltungen sind Java-Script-Funktionen deaktiviert.

Schnelle Hilfe bei Problemen sicher stellen

Stellen Sie sicher, dass Ihre Teilnehmer/innen zu Beginn bei technischen Problemen sofort Unterstützung erhalten. Diese Hilfe kann von Ansprechpartnern in Ihrer Institution geleistet werden. Erster Ansprechpartner sind jedoch in den allermeisten Fällen Sie als Trainer. Je nach dem EDV-Kenntnisstand Ihrer Teilnehmer/innen können unterschiedliche Fragen auftauchen. Auf viele Fragen gibt dieses Handbuch oder das Teilnehmerhandbuch für Moodle Auskunft. Stellen Sie die häufig bei Ihnen auftauchenden technischen Fragen in einer FAQ-Liste zusammen. Stellen Sie diese den Teilnehmer/innen zur Verfügung. Tauschen Sie diese mit anderen Trainer/innen aus.

Übersichtliche Kursräume

Orientierung: Stellen Sie sicher, dass die Teilnehmer/innen einfach in den Kursraum kommen und sich dort schnell zurecht finden. Ein Kursraum mit wenig Informationen und einer einfachen Struktur ist zu Beginn besser als eine Gestaltung mit allen möglichen Optionen, in dem sich die Teilnehmer/innen „verlieren". Geben Sie zu Anfang ganz genaue Hinweise, was wo zu finden ist und was zu tun ist.

Die erste Aufforderung kann sein, das eigene persönliche Profil auszufüllen und ein Digitalfoto einzustellen. Machen Sie klar, welche Informationen im Profil zur Verfügung gestellt werden sollten. Ihr eigenes Profil sollte dafür vorbildlich gestaltet sein.

Sorgen Sie zu Anfang für Kommunikation unter den Teilnehmer/innen. Lassen Sie alle Teilnehmer/innen in einem Forum sich zu einem Thema äußern. (Bsp.: Welche Fragen/Themen interessieren mich in diesem Seminar besonders?) Geben Sie schnell Feedback.

Feedback: ist eine ganz zentrale Qualität im Online lernen. Feedback bedeutet für den zunächst alleine am Rechner sitzenden Teilnehmer, dass er/sie wahr- und ernst genommen wird. Sprechen Sie die Teilnehmer/innen direkt und persönlich an. Nutzen Sie Lob und konstruktive Anregung als Feedback. Viele Menschen sind sich unsicher in der Kommunikation im Kurs: Was darf ich sagen? Wie muss ich es formulieren? Muss ich es druckreif schreiben? Geben Sie hier durch Informationen und den eigenen Stil Orientierung.

Feedback hilft den Teilnehmer/innen sich selber und die Anforderungen besser einzuschätzen.

Übertragbarkeit der Lerninhalte auf den Arbeitsplatz: Online Lernen wird für die Teilnehmer/innen sinnvoll, wenn sie merken, es nützt für die Arbeit ganz direkt. Stellen Sie sich als Trainer/in auf die Arbeitsplatzsituation und die Herausforderungen der Teilnehmer/innen ein. Wenn Sie sich nicht sicher sind, fragen Sie in den Foren des Kurses nach. Geben Sie konkrete Anregungen zur Übertragung des Lerninhaltes auf die Alltagssituationen. Sie haben mit Moodle die Kommunikationsmöglichkeiten. Nutzen Sie diese.

Setzen Sie lebensnahe Beispiele ein.

Welche Rahmenbedingungen unterstützen ein Lernen am Arbeitsplatz?

Berücksichtigen Sie das Lernumfeld der Teilnehmer/innen.

Viele Arbeitsplätze sind für das Lernen nicht geschaffen. Dauernder Kundenverkehr und Störungen machen ruhiges Lernen schwer. Zudem bekommen die Kolleg/innen nicht mit, dass man sich gerade auf etwas konzentrieren möchte und unterbrechen das Lernen immer wieder. Sie können als Trainer/in hier nur wenig beeinflussen. Sprechen Sie mit den Auftraggebern ab, wie Rahmenbedingungen für störungsreduziertes Online-lernen geschaffen werden können, schaffen Sie kurze Lerneinheiten und geben Sie Tipps für die Lerner. Zu den Tipps gehören: Absprachen mit Kolleg/innen, Umstellen des Telefons, schließen der Bürotür, Wechsel in ein anderes Büro, das gerade nicht genutzt wird oder Aufstellen eines Schildes: „Bitte nicht stören! Nehme gerade an Seminar teil."

Die hier benannten Gründe gehören zu den wichtigsten Ursachen für das Abbrechen von Online-Seminaren. Durch einen engen Kontakt zu den Teilnehmer/innen können Sie hier einiges bewirken.

Dies macht jedoch auch deutlich: Online-Seminare sind für den/die Trainer/in nicht mit der Vorbereitung des Seminarraums abgeschlossen. Die Teilnehmer/innen benötigen Unterstützung und Betreuung, damit der Lernerfolg nachhaltig eintritt.

Das Seminar fängt nach der Vorbereitung des Kursraumes erst an.

Teilnehmer/innen haben unterschiedliche Erwartungen und Vorlieben beim Lernen. Es gibt Teilnehmer/innen, die wollen gerne Dinge entdecken und andere wünschen Struktur und Anleitung. Das gilt auch für den Umgang mit Moodle. Die DIALOGE Beratungsgesellschaft hat ein ausführliches Teilnehmerhandbuch für Moodle erstellt. Darin finden Teilnehmer/innen alle wichtigen Informationen. Viele Fragen, die vor einem Kurs und in dessen Verlauf entstehen, können hier beantwortet werden.

In Moodle haben Sie guten Kontakt zu den Teilnehmer/innen. Man bleibt grundsätzlich nicht anonym. Einige Beispiele: Alle Forenbeiträge werden mit Namen und Bild gekennzeichnet. Glossareinträge können mit Autoren und Bild gezeigt werden. Chat und Dialog ermöglichen weitere Kommunikationsmöglichkeiten. Bei allen Prüfungstools (Test, Übung, Aufgabe, Workshop) sind für Sie die handelnden Personen sichtbar und bei Abstimmungen können die Entscheidungen sichtbar gemacht werden.

Mit Moodle entsteht keine Anonymität.

Moodle stellt eine Vielzahl von Kommunikationsmöglichkeiten zur Verfügung. Die Kommunikation erfolgt jedoch schriftlich. Für Ihre Teilnehmer/innen kann es daher hilfreich sein, wenn Sie zu bestimmten Zeiten telefonisch oder persönlich (Sprechzeiten) erreichbar sind.

Auch telefonische Sprechstunden anbieten.

Mit E-Mail auf dem Laufenden bleiben.

Die Kommunikation innerhalb des Kurses wird im Regelfall per E-Mail an die Kursteilnehmer versandt. Die Teilnehmer/innen erhalten automatisch die Forenbeiträge per E-Mail. Ohne in den Kursraum zu gehen, bleiben sie so auf dem Laufenden. In den Einstellungen des persönlichen Profils können die Teilnehmer/innen festlegen, ob sie jede Mail einzeln oder eine tägliche Zusammenfassung erhalten wollen.

RSS- Feed

RSS: Really simple Syndication

Eine alternative Option ist der RSS-Feed. RSS steht für „Really Simple Syndication". Es erlaubt Inhalte von Webseiten zu verfolgen, ohne die Webseite selber aufzurufen. Manche Browser erlauben die Anzeige der RSS-Feeds in einem Fenster. Damit können Sie z.B. die aktuellsten Nachrichten der Zeitschrift „Die Zeit" oder des „Spiegels" mit den Überschriften und Kurzinfos im Browser ansehen. Wenn eine Nachricht für Sie interessant ist, klicken Sie diese an und Sie werden mit der Webseite verbunden.

Diese Option können Sie auch in Moodle nutzen. Wenn die Administration RSS in Ihrem Moodle-System freigeschaltet hat, finden Sie z.B. in Foren das orangefarbene RSS-Symbol RSS. Wenn Sie diese Option in Ihrem Kurs zur Verfügung stellen wollen, können Sie bei der Einrichtung der Foren die Option aktivieren oder in der Übersichtsansicht der Foren die RSS-Funktion bestätigen.

Danach finden Sie auf der Übersichtsseite jedes Forums oben das RSS-Symbol. Wenn man die RSS-Funktion nutzen möchte, muss man nur noch den Link, der hinter dem Symbol liegt, in den RSS-Reader oder die RSS-Funktion des Browsers übernehmen. Weitere Informationen zu RSS finden Sie unter www.rss-verzeichnis.de.

Mitteilungen an einzelne Personen verschicken - Messaging

Zur direkten Kommunikation zwischen einzelnen Teilnehmer/innen und den Trainer/innen steht der Mitteilungsdienst (Messenger) zur Verfügung. Das Prinzip ist einfach. Sie wählen eine/n Teilnehmer/in aus, senden ihm/ihr eine Nachricht. Ist der/die Teilnehmer/in im Kursraum, öffnet sich ein Pop-Up-Fenster mit der Nachricht und er/sie kann sofort antworten. Ist er/sie nicht im Kursraum, so wird nach einem frei definierten Zeitraum eine E-Mailnachricht versandt.

Das Mitteilungsfenster wird auf der Kursseite in der linken oder rechten Spalte als Block angezeigt. Mit einem Klick auf die Zahl hinter dem Namen werden vorhandene Mitteilungen seit dem letzten Besuch auf der Seite angezeigt. Im Eingabefenster kann eine Nachricht verfasst und mit „Mitteilungen senden" versandt werden.

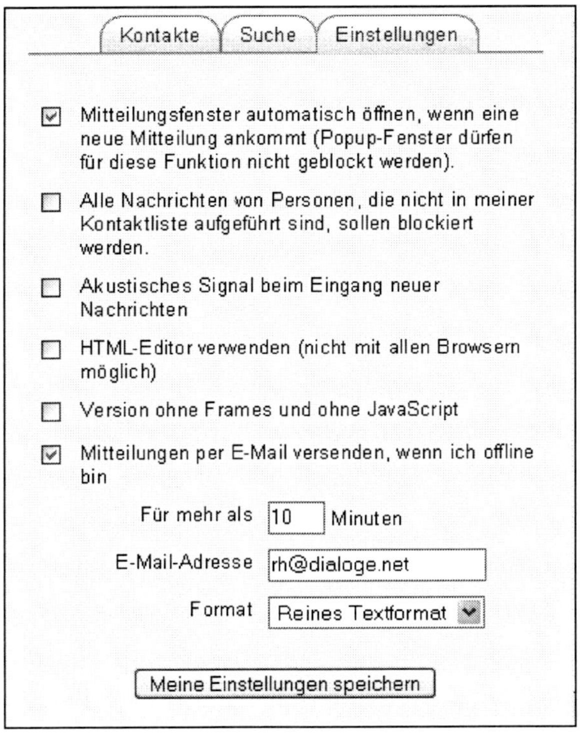

Einstellungen

Wenn man auf Mitteilungen klickt, geht ein Fenster mit drei Auswahloptionen auf,

- „**Kontakte**“ (Eingetragene Kontakte, die gerade online oder offline sind),
- „**Suche**“ (mit der Option Teilnehmer/-innen als Kontakt aufzunehmen oder in füheren Mitteilungen nach Schlagworten zu suchen) und
- „**Einstellungen**“ (Festlegen von Grundeinstellungen).

Unter „Einstellungen“ legen Sie fest,

- ob neue Nachrichten in einem Pop-Up-Fenster geöffnet werden sollen, wenn Sie auf der Kursseite sind,
- ob Sie Nachrichten von Personen annehmen wollen, die nicht in Ihrer Kontaktliste verzeichnet sind,
- ob eine akustische Benachrichtigung erfolgen soll,
- der Editor zur Verfügung gestellt werden soll und
- ob Sie per E-Mail benachrichtigt werden wollen, wenn Sie eine Nachricht erhalten, aber gerade nicht im Kursraum sind.

Geben Sie zusätzlich an, wie lange (in Minuten) abgewartet werden soll, bevor die E-Mail-Nachricht verschickt wird, an welche E-Mailadresse die Nachricht versandt werden soll und wie sie formatiert werden soll.

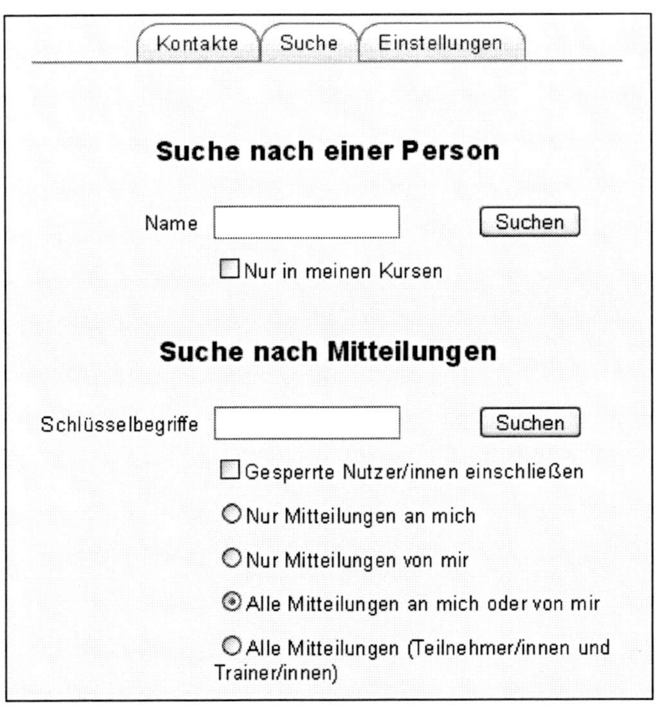

Suche

Im Suchfenster können Sie eine Person suchen, um ihr eine Nachricht zu senden oder nach älteren Mitteilungen suchen, die bereits früher versandt wurden. Gesperrte Nutzer/innen (grünes Smiley) sind Personen, die von Ihnen keine Nachrichten erhalten wollen oder die Sie gesperrt haben, damit Sie von ihnen keine Nachrichten erhalten.

Das Ergebnis einer Suche nach Namen wird mit einer Liste der Ergebnisse angezeigt. Mit dem Klick auf den Namen wird das Fenster zum Erstellen einer Nachricht geöffnet. Das erste „helle (weiße) Smiley“ fügt die

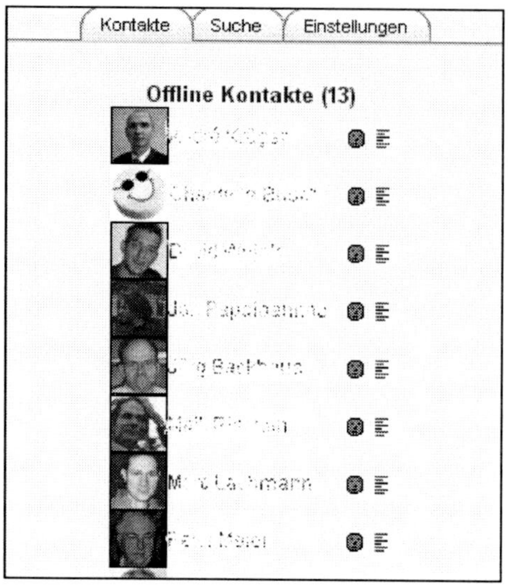

Person der eigenen Kontaktliste hinzu. Das zweite „braun/orangene Smiley" entfernt den Kontakt zu dieser Person und das Symbol der angedeuteten Textzeilen sucht bisherige Nachrichten zwischen Ihnen und dieser Person. Das „grüne Smiley" sperrt den Nachrichtenempfang von dieser Person.

Kontakte

Im Kontaktefenster sehen Sie, welche Personen, die Sie als Kontakte eingefügt haben, gerade online sind. Mit einem Klick auf den Namen können Sie der Person eine Nachricht senden, das „braun/-orangene Smiley" entfernt die Person von der Kontakteliste und das Symbol mit den angedeuteten Zeilen zeigt die bisherigen Nachrichten zwischen Ihnen und der anderen Person an.

Verschiedene Moodle-Versionen unterscheiden

In diesem Buch ist immer wieder die Rede davon, dass eine bestimmte Funktion in einer Moodle-Version verfügbar ist. Als Trainer/in kann ich jedoch nicht direkt erkennen, welche Version ich gerade nutze. Es gibt ein paar indirekte Erkennungsmöglichkeiten.

Version 1.5: Das Modul Datenbank steht nicht zur Verfügung

Version 1.6: Im Kursraum steht Ihnen oben neben dem Bearbeitungsbutton ein zweiter Button „Teilnehmeransicht" zur Verfügung.

Version 1.7: An Stelle des Buttons „Teilnehmeransicht" sehen Sie ein Auswahlfeld für verschiedene Rollen. Im Block Administration finden Sie an Stelle der Links „Teilnehmer/innen" und „Trainer/innen" den Link „Rollen zuweisen" und das Trainer/innenforum entfällt.

Version 1.8: In den Eingabefeldern sind Pflichtfelder mit Sternchen markiert und es existiert unter dem Texteditor ein Symbol zur Anzeige von Tastatur-Shortcuts. Viele Funktionen aus 1.8 sind in späteren Versionen von 1.7 ebenfalls verfügbar gemacht worden.

Was passiert eigentlich in Moodle technisch betrachtet?

Moodle verwaltet die meisten Informationen in einer Datenbank auf einem Server. Beim Aufruf einer Kursseite werden alle Informationen aus der Datenbank ausgelesen und für den Browser aufbereitet. Dateien oder Bilder werden auf dem Server in einem speziellen Ordner für jeden Kursraum abgelegt und von dort geladen.

Damit eine Datei im Kursraum genutzt werden kann, muss sie vom Trainer oder dem Teilnehmer vom eigenen PC auf den Server geladen werden. Dies erfolgt alles direkt im Kursraum.

Der Server ist letztlich nichts anders als ein PC, der ständig über das Internet erreichbar ist. Durch ein spezielles Kommunikationsprogramm (Serversoftware z.B.

Apache) und ein Verfahren zum Datenaustausch (Protokoll TCP-IP) kann man vom eigenen Computer über das Internet auf Informationen zugreifen, die auf dem Server gespeichert sind.

Nach Ihrem Login auf dem Server durch Eingabe Ihres Anmeldenamens und Kennworts gibt Ihnen die Datenbank Zugriff auf die Kursräume. Damit Sie sich nicht bei jedem Seitenaufruf neu anmelden müssen, wird auf Ihrem PC ein sog. Cookie hinterlegt, mit dessen Hilfe Moodle automatisch Ihre Identität erkennt.

Den Kursraum einrichten

Die Gestaltung des Kursraums erlaubt eine ganze Reihe von Festlegungen, die für den Verlauf des Kurses und die Orientierung der Teilnehmer/innen wichtig sind.

Der Kursraum ist variabel gestaltbar

Im leeren Kursraum finden Sie zu Beginn drei Spalten. In den schmalen linken und rechten Spalten können Sie verschiedene Blöcke mit Zusatzinformationen und Navigationsmöglichkeiten oder den Kalender anordnen. In der breiten mittleren Spalte befinden sich später die konkreten Lerninhalte des Kurses.

Im Block „Administration" finden Sie unter „Einstellungen" die Möglichkeit, Grundeinstellungen für den Kurs vorzunehmen und die Kursausschreibung zu verfassen. Im Folgenden finden Sie Erläuterungen zu den verschiedenen Einstellungsfeldern.

Einstellungen

Bereiche: Rubrik, in der der Kurs angezeigt wird (diese Anzeige erscheint nur bei Administratoren oder Kursverwaltern). Meist werden die verschiedenen Kurse in Rubriken verwaltet, um einzelne Kurse leichter zu finden (Z.B. Rubrik: Sprachen, Unterrubrik: Italienisch, Kurs: Italienisch für Kenner).

Vollständiger Name: Vollständige Kursbezeichnung. Wird auf der Kursstartseite angezeigt und im Kursverzeichnis.

Kurzbezeichnung: wird in der Navigationszeile angezeigt und erlaubt einen schnellen Wechsel auf die Kursseite aus einer Lernaktivität.

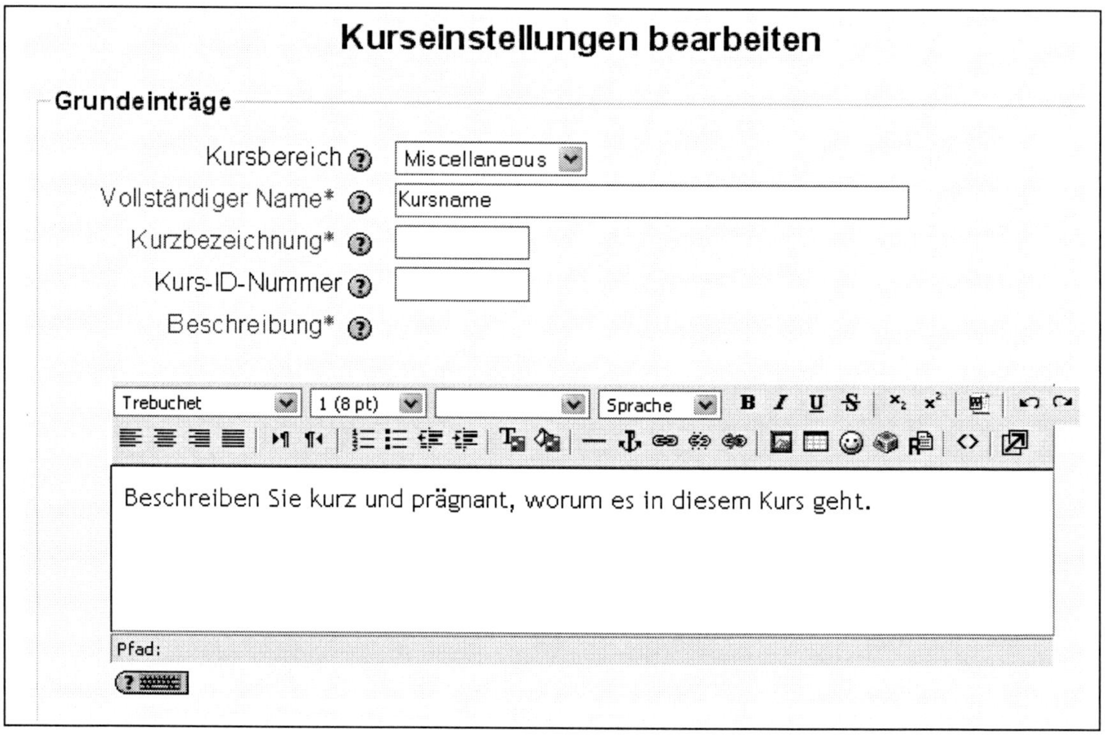

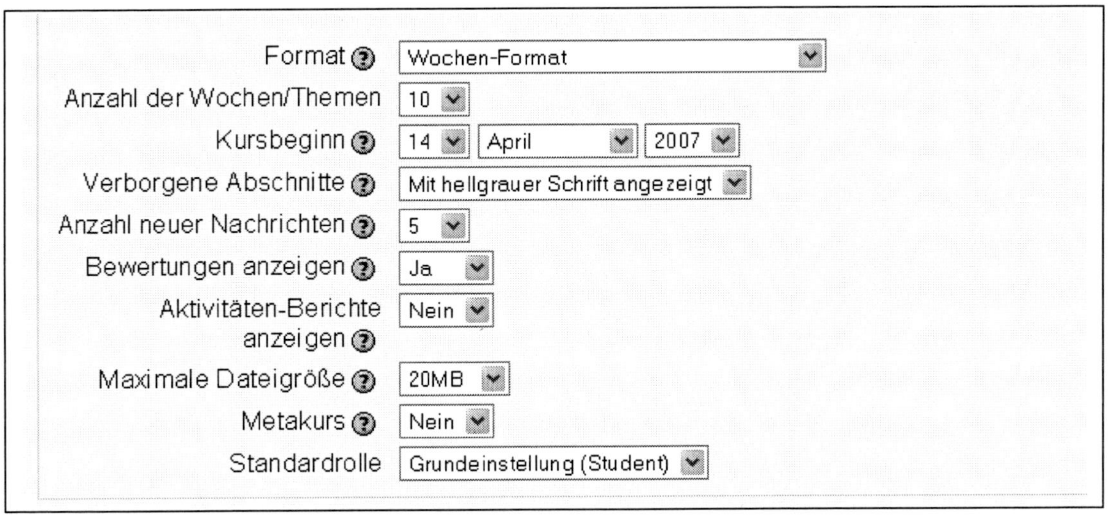

Kurs-ID-Nummer: dient der Synchronisation mit externen Datenbanken (evtl. vorhandenen Eintrag bitte nicht abändern).

Beschreibung: Kursausschreibungstext.

Format: Legt das Grundformat des Kursraums fest. **Wochenformat** mit einem Block für jede Kurswoche. **Themenformat** mit Blöcken für verschiedene Teilthemen oder Kurse, die nicht nach Kurswochen strukturiert werden. **Soziales Format** stellt ein Forum in den Mittelpunkt des Kursraums.

Verschiedene Basisformate des Kursraums

Wöchentliches Format	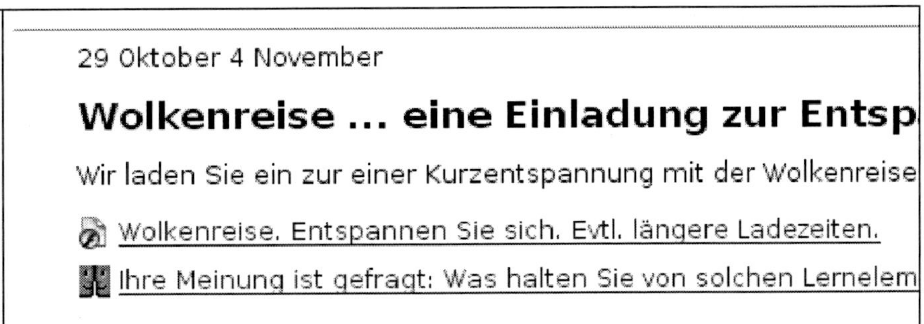
Themenformat	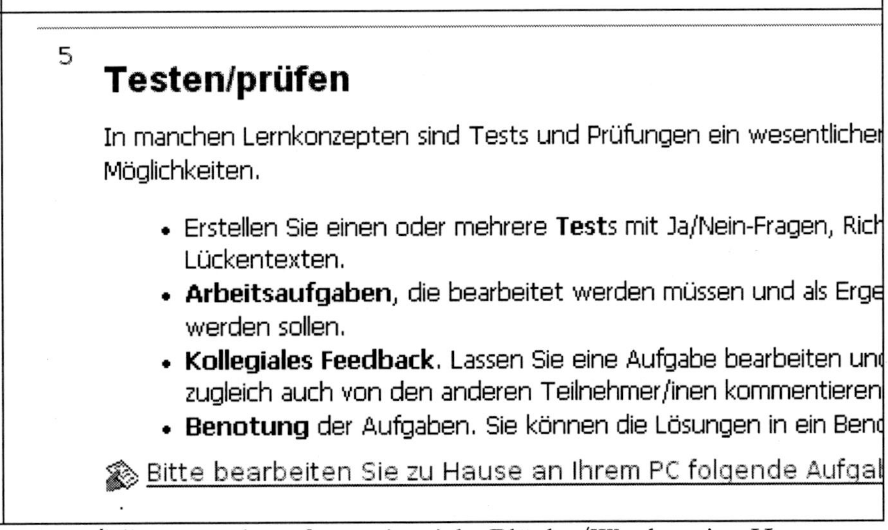

Anzahl der Wochen/Themen: legt fest, wie viele Blöcke/Wochen im Kursraum angelegt werden. Die Option ist nur im Wochen- und Themenformat relevant.

Kursbeginn: Starttermin für den Kurs

Verborgene Abschnitte: Sie können im Kursraum Kursblöcke oder Lernaktivitäten verbergen. Hier legen Sie fest, ob verborgene Elemente für Teilnehmer/innen völlig unsichtbar oder grau abgeschwächt angezeigt werden. Die abgeschwächte

Anzeige kann z.B. im Wochenformat genutzt werden, um Ferienwochen auszublenden. Sie haben im Kursraum die Möglichkeit, die Sichtbarkeit einzelner Abschnitte oder Lernaktivitäten zu definieren.

Anzahl neuer Nachrichten: Legt die Zahl der mit Überschriften angezeigten Nachrichten im Nachrichtenblock fest. Der Nachrichtenblock weist auf Beiträge aus dem Nachrichtenforum der Trainerin hin.

Bewertungen anzeigen: zeigt den Teilnehmer/innen im Block „Administration" ihre Bewertungen an. In Kursen ohne Benotungen kann diese Option abgeschaltet werden.

Aktivitätenberichte anzeigen: legt fest, ob die Statistik über die letzten Nutzungen des Kursraums für die Teilnehmer/innen sichtbar sind. Alle Aktivitäten im Kursraum werden aufgezeichnet. Dazu gehören Informationen, wer wann was gemacht hat. Diese Informationen können für die Teilnehmer/innen mit dieser Einstellung zugänglich gemacht werden.

Maximale Dateigröße: Legt fest, wie groß maximal Dateien sein können, die in den Kurs geladen werden können. Bei den einzelnen Lernaktivitäten können weitere Beschränkungen vorgenommen werden. Die angezeigte Höchstgröße ergibt sich aus Administrationseinstellungen und Festlegungen in den Servereinstellungen (php.ini-Einstellungen). Hierauf haben Sie als Trainer/in keinen weiteren Einfluss.

Meta-Kurse mit Teilnehmer/innen aus mehreren Kursen

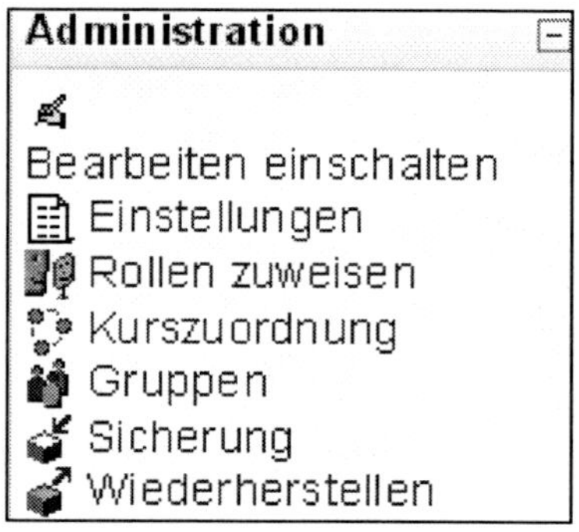

Meta-Kurs: Ein Kurs kann als Meta-Kurs eingerichtet werden. Im Meta-Kurs können Teilnehmer/innen aus mehreren Kursen zusammengeführt werden. Ein Beispiel: Sie haben im Unternehmen vier Seminare zum gleichen Thema durchgeführt und wollen nun den Erfahrungsaustausch der Teilnehmer/innen fördern. Definieren Sie dazu einen neuen Kurs als Metakurs und binden Sie in diesen Meta-Kurs die vier Seminare ein. Automatisch sind dadurch alle Teilnehmer/innen aller vier Kurse Mitglied im neuen Meta-Kurs. Die Metakursfunktion steht nur zur Verfügung, so lange keine Teilnehmer/-innen einzeln im Kurs eingetragen wurden. Selbstverständlich können Sie mit Hilfe der Metakursfunktion auch eine Klasse in mehrere Metakurse eintragen.

Dazu ein Beispiel aus der Schule. Der Klassenlehrer richtet einen Kurs mit allen Schülern der Klasse ein und pflegt die Daten (Zu- und Abgänge). Die Fachlehrer für Englisch, Mathematik und Biologie richten ihren Kursraum als Metakurs ein und wählen den Kursraum des Klassenlehrers aus. Automatisch sind damit alle Schüler der Klasse auch in den Fachräumen eingetragen. Änderungen in der Zusammensetzung der Klasse müssen nur vom Klassenlehrer eingepflegt werden und werden automatisch in allen Fachräumen berücksichtigt.

Die Kursauswahl erfolgt nach der Definition des Kurses als Metakurs unter ‚Einstellungen' innerhalb des Administrationsblock im dann neu angezeigten Feld „**Kursauswahl**".

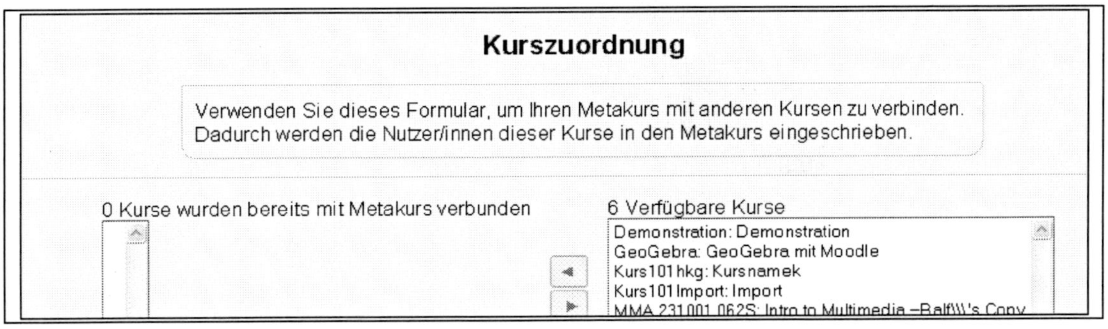

Standardrolle: mit der ein neuer Nutzer im Kurs eingetragen wird (im Regelfall Teilnehmer/in).

Anmeldeverfahren: Standardverfahren für den Zugang der Teilnehmer/innen zum Kurs.

Einschreibungsmöglichkeit: definiert, ob und in welchem Zeitraum eine Einschreibung möglich ist. Eine Höchstzahl kann nicht festgelegt werden.

Teilnahmedauer: Mit dieser Einstellung legen Sie fest, wie lange die Teilnehmer/innen den Kurs nutzen können, z.B. bei Kursen, in denen jederzeit ein Neubeginn möglich ist. Nach Ablauf der entsprechenden Zeitdauer werden die Teilnehmer/innen automatisch aus dem Kursraum ausgetragen. Die Einstellung „unbegrenzt" deaktiviert den Modus.

Nachrichten zum Teilnahmeende: legt fest, ob bei einer beschränkten Teilnahmedauer der Teilnehmer kurz vor Ende benachrichtigt wird, dass dieTeilnahmedauer abläuft.

Gruppenmodus: legt fest, wie die Gruppenfunktion für den Kurs eingerichtet wird. „Getrennte Gruppen" bedeutet, dass die verschiedenen Gruppen für die Teilnehmer/innen untereinander nicht sichtbar sind. „Sichtbare Gruppen" erlaubt den Mitgliedern einer Gruppe, die Aktivitäten der anderen Gruppen zu beobachten.

Übergreifend: erlaubt, die zuvor gewählte Einstellung für Gruppen standardmäßig auf alle Lernaktivitäten des Kursraums zu übernehmen.

Verfügbarkeit: legt fest, ob Teilnehmer/innen den Kursraum bereits betreten können.

Zugangsschlüssel: den Teilnehmer/innen beim ersten Zutritt zum Kursraum eingeben müssen, um Ihre Zutrittsberechtigung nachzuweisen. Dieser Zugangsschlüssel wird nur einmalig von jedem Teilnehmer benötigt und er kann jederzeit abgeändert werden.

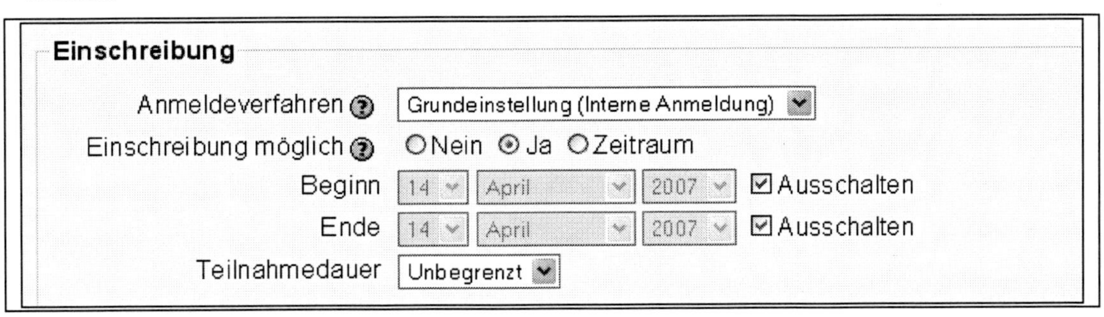

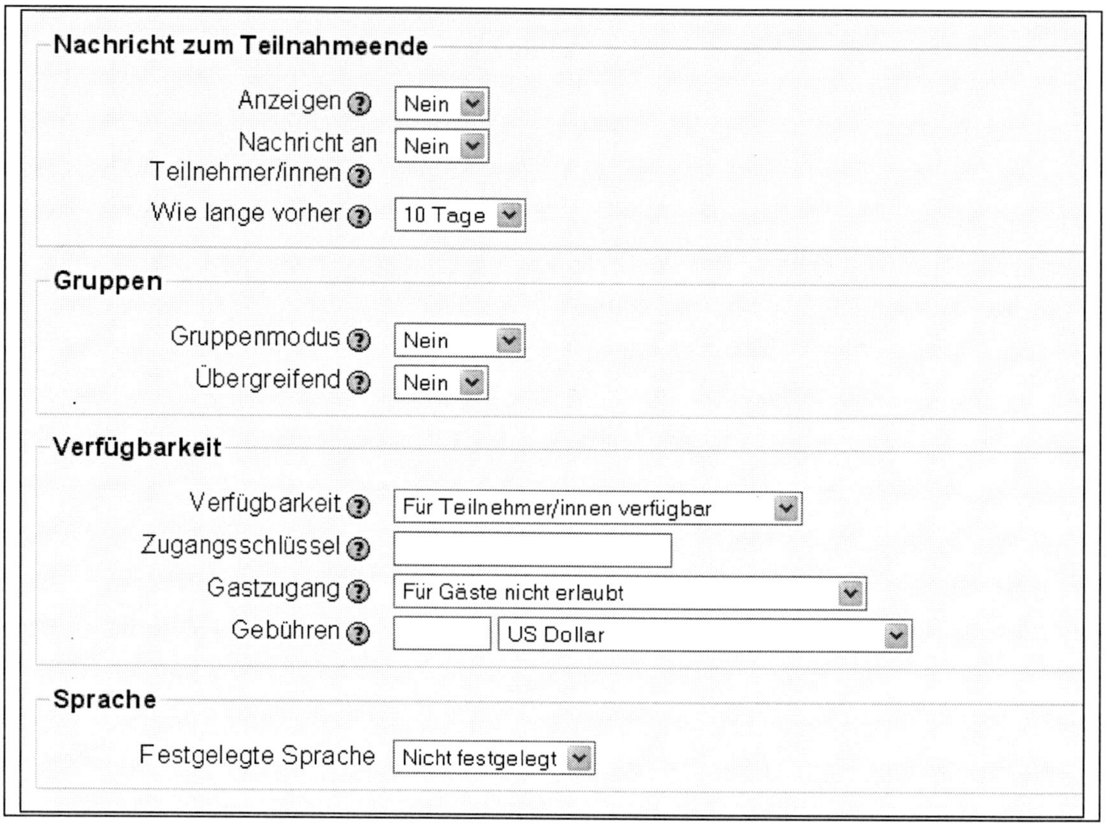

Gastzugang: Die Standard-Einstellung lautet „Gäste nicht erlaubt“. „Zugang für Gäste ohne Schlüssel“ erlaubt jedem den Zugang zum Kursraum. Er wird damit öffentlich einsehbar. Gäste können Einblick nehmen, aber Lernaktivitäten nicht durchführen. Die Einstellung „Gäste zulassen, die einen Schlüssel haben“ erlaubt den Zugang nach Eingabe des Zugangs-Schlüssels.

Gebühren: Diese Einstellung ist für gebührenpflichtige Kurse, wenn der Zugang von der Zahlung der Teilnahmegebühr abhängig ist. Eine Gebührenzahlung über Paypal ist von der Administration einrichtbar.

Festgelegte Sprache: ermöglicht die Auswahl einer Sprache als verbindliche Vorgabe im Kursraum. Alle Bezeichnungen und Menus werden in dieser Sprache angezeigt. Andere Einstellungen der Teilnehmer/innen in deren Profil werden ignoriert. Diese Einstellung eignet sich z.B. für Sprachkurse oder bei internationalen Nutzergruppen, die sich auf eine Arbeitssprache verständigt haben, Moodle verfügt über zwei deutsche Sprachversionen. Die Standardversion „de“ nutzt eine „Sie“-Ansprache; die Version „de-du“ nutzt das „Du“ als Ansprache.

Festgelegtes Theme: Wählen Sie hier aus, welche Oberflächengestaltung (Farben) im Kursraum gezeigt werden sollen. Diese Einstellung steht nur zur Verfügung, wenn sie von der Administration freigegeben wurde. Teilnehmerspezifische Themes werden ignoriert, wenn Sie hier ein Theme festlegen.

Formulierung des Ankündigungstextes

Der Ankündigungstext wird unter „Einstellungen“ in der „Beschreibung“ festgelegt. Nutzen Sie auch die Möglichkeiten der Formatierung und der Integration von grafischen Elementen in die Kursbeschreibung.

Der Text ist jederzeit auch für Nicht-Kursteilnehmer/innen sichtbar und kann im Kursraum im Block „Kurszusammenfassung“ angezeigt werden.

Ausschreibung extern

In den meisten Fällen ist der Ankündigungstext fertig, bevor der Kursraum angelegt wird. Manchmal wird er auch zu Werbezwecken genutzt. Dann ist es wichtig, dass er informativ ist und den potenziellen Teilnehmer/innen eine Entscheidungshilfe gibt.

Wichtige Informationen für den Ausschreibungstext

Folgende Informationen sind für Teilnehmer/innen wichtig:

- Kursinhalte
- Zielgruppe für die Teilnahme
- Teilnahmevoraussetzungen
- Teilnahmegebühren
- Zeitdauer/Zeitaufwand, erwartete Leistungen der Teilnehmer/innen
- Abschlussprüfungen, Zertifikate o.ä.

In der Darstellung des Kurses werden auch die Namen der Trainer/innen angezeigt. Dies erlaubt einen Zugriff auf das jeweilige persönliche Profil. Damit können Interessierte sich einen Überblick über die Kompetenzen der Kursleiter/innen verschaffen.

Ansichts- und Bearbeitungsmodus aktivieren

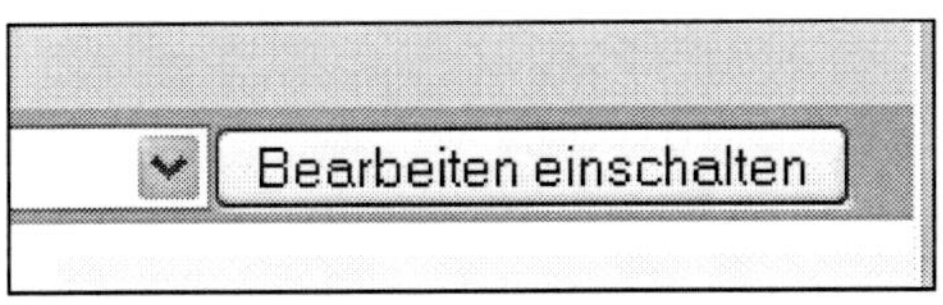

Im Kursraum finden Sie als Trainer/in den Button „Jetzt bearbeiten“ rechts oben oder im Menu „Administration“ einen entsprechenden Link. Damit wechseln Sie vom Ansichtsmodus in den Bearbeitungsmodus. Mit dem danebenstehenden Button (in Version 1.6 wechseln Sie in die Teilnehmeransicht) bzw. das Auswahlmenu wechseln Sie in die Sichtweise, die andere Nutzer auf den Kurs haben. So können Sie den Kurs z. B. aus dem Blickwinkel der Teilnehmer betrachten.

Im **Bearbeitungsmodus** können Sie Lernaktivitäten einrichten, anpassen, deaktivieren oder löschen. Nach dem Wechsel in den Bearbeitungsmodus erscheinen in jedem Feld des Kursraums zusätzliche Gestaltungselemente.

In den Blöcken der rechten und linken Spalte finden Sie zum Teil andere Elemente als in den Kursblöcken (mittlere Spalte). Die jeweilige Eigenschaft wird durch Anklicken des Symbols ausgelöst.

Rechte/linke Blöcke | Kursabschnitte		**Kursinhalte**	
	Sichtbarer Block unsichtbarer Block		Sichtbare Lernaktivität/ unsichtbare Lernaktivität
×	Löschen des Blocks	×	Löschen der Lernaktivität
↑ ↓ ← →	Verschieben des Blocks nach unten, nach oben nach rechts oder nach links	← →	Einrücken des Links zur Lernaktivität
	Anzeige aller Themen-/Kursblöcke	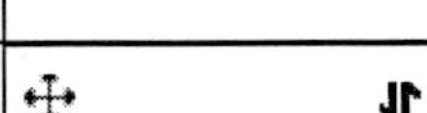	Verschieben der Lernaktivität an eine andere Stelle gekreuzte Doppelpfeile

Rechte/linke Blöcke | Kursabschnitte		Kursinhalte	
	Anzeige eines Themas		
	Diesen Abschnitt als aktuell hervorheben		Bearbeiten der Lernaktivität
	Ein- und Ausblenden der Blockanzeige		Gruppeneinstellung für die Lernaktivität keine Gruppenaktivität sichtbare Gruppen nicht sichtbare Gruppen

Verschieben der Lernaktivitäten

Beim Verschieben von Lernaktivitäten wird nach dem Anklicken des Doppelpfeils () der Kursraum neu angezeigt. An allen Stellen, an denen die Lernaktivität nun eingefügt werden kann, erscheint ein Kästchen mit einer gestrichelten Umrandungslinie ( ). Klicken Sie in das Kästchen an der Stelle, an der Sie Ihre Lernaktivität einfügen wollen.

Wenn Sie gekreuzte Doppelpfeile ( ) sehen, können Sie die Lernaktivität einfach mit der Maus auf eine andere Position verschieben und dort wieder loslassen. Das gleiche können Sie auch mit Blöcken tun, wenn Sie diese im Überschriftbereich anklicken und mit der Maus verschieben. Damit Sie diese Funktion nutzen können, muss sie von der Administration aktiviert werden (AJAX aktivieren) und im eigenen Profil die Einstellung „AJAX und Java-Script" aktivieren.

Am rechten Rand des Lernblocks finden Sie weitere Symbole zum Markieren der Lerneinheit als aktuelle Lerneinheit (dient der einfacheren Orientierung bei Kursen mit vielen Lernaktivitäten oder Blöcken), dem Ausblenden von Blöcken und zum Verschieben der Lernblöcke innerhalb des Kurses zu einer früheren/späteren Einheit.

Beim Verschieben von Blöcken oder Lernblöcken in vertikaler Richtung erfolgt mit jedem Klick eine Verschiebung um eine Position nach oben oder unten.

Wenn Sie auf der rechten oder linken Seite keine Blöcke anordnen, verbreitert sich die mittlere Spalte nach der Deaktivierung des Bearbeitungsmodus.

Texte mit dem Editor bearbeiten

An vielen Stellen können Sie zur Eingabe und Formatierung von Texten den WYSIWYG-Editor verwenden.

Der Text kann von Ihnen mit Hilfe der Buttons formatiert werden. Die Formatierung entspricht weitgehend den Zeichen, die Sie bereits von Ihrer Textverarbeitung her kennen. Wählen Sie hier die Schriftart, die Schriftgröße und verschiedene Formatvorlagen. In der anschließenden Tabelle finden Sie die einzelnen Symbole und ihre Bedeutung.

Zeichen	Bedeutung	Zeichen	Bedeutung	Zeichen	Bedeutung
B	Bold: fette Schrift	*I*	Italic: schräggestellte Schrift	U	unterstrichen
~~S~~	durchgestrichen	x_2	Text tiefgestellt	x^2	Text hochgestellt

Zeichen	Bedeutung	Zeichen	Bedeutung	Zeichen	Bedeutung
	kopieren		ausschneiden		einfügen
	MS-Word -> HTML-Text		rückgängig		zurück zur letzten Aktion
	linksbündig		zentriert		rechtsbündig
	Blocksatz		Text von links nach rechts		Text von rechts nach links. z.B. für arabische Schriften
	nummerierte Aufzählung		Aufzählung		Einzug verkleinern
	Einzug vergrößern		farbiger Text		Farbe des Hintergrundes
	Linie einfügen		Link einfügen / nicht durch Glossar verlinken		Link löschen
	Grafikdatei einfügen		Tabelle einfügen		Smiley einfügen
	Spezielles Zeichen einfügen	<>	Umschalten auf Eingabe von HTML-Code		Eingabefenster vergrößern
	Suchen/Ersetzen				

Ab der Version Moodle 1.5 ist es möglich, einzelne Symbole in der Gesamtadministration auszublenden. Diese Funktionen sind dann nicht mehr verfügbar und für Sie nicht sichtbar.

Einige Symbole erfordern eine zusätzliche Erläuterung:

Zeichen	Kurzbeschreibung	Weitere Informationen
	MS-Word ➔ HTML-Text	Nutzen Sie diese Option, um Texte aus MS-Word (mit Ausschneiden und Einfügen) zu übernehmen. Die speziellen Formatierungen von Word werden dabei angepasst. Diese Option kann ebenfalls für Excel-Dateien oder für HTML-Seiten genutzt werden.
	Einen Link einfügen	Sie können einen Text mit einem Link zu einer anderen Internetseite verbinden. Wenn die Leser diesen Link anklicken, werden sie zu dieser anderen Seite verwiesen. Markieren Sie den Text, den Sie bereits geschrieben haben und mit einem Link verbinden wollen. Klicken Sie auf das Symbol „Link einfügen". Im neuen Fenster können Sie unter URL eine Internetadresse einfügen. Diese beginnt immer mit „http://" (!). Unter „Titel" kön nen Sie eine Erklärung zu dem Link eingeben, der beim Darü berfahren mit der Maus angezeigt wird. Mit „Ziel" können Sie auswählen, ob beim Anklicken die verbundene Seite in einem neuen Fenster oder im gleichen Fenster angezeigt werden soll. Bestätigen Sie zum Abschluss mit OK.
	Link entfernen	Markieren Sie einen Link und entfernen Sie die Verbindung zu der verlinkten Seite wieder durch einen Klick auf das Symbol „Link entfernen".

Zeichen	Kurzbeschreibung	Weitere Informationen
	Bild einfügen	Sie können in den Text ein Bild an einer beliebigen Stelle einfügen. Klicken Sie auf das Symbol „Bild einfügen". Im neuen Fenster können Sie ein Bild von einer Online-Quelle mit Hilfe einer URL-Adresse eintragen, eine Datei, die bereits in Moodle abgelegt wurde, auswählen (im Dateibrowser auswählen) oder von Ihrem PC auswählen. Diese Datei wird mitten im Forumstext angezeigt und kann positioniert werden (rechts, links, mittig). Schließen Sie mit OK das Einfügen eines Bildes ab. Eine Bilddatei, die mit der Anhang-Funktion ausgewählt wird, wird am Ende des Beitrags eingefügt.
	Smiley einfügen	Mit einem Klick auf das Symbol erhalten Sie eine Übersicht über häufig gebrauchte Smilies und die Tastatureingaben. Nach dem Absenden des Beitrages wird diese Tastatureingabe in ein Smiley-Symbol umgewandelt.
	Spezielles Zeichen einfügen	Hier wählen Sie Sonderzeichen aus. Klicken Sie das gewünschte Zeichen in der Auswahltabelle einfach an.
<>	Umschalten auf HTML-Code	An Stelle der Formatierung mit den hier vorgegebenen Funktionen, können Sie auch Text mit Hilfe von HTML-Codes eingeben. HTML (hyper text markup language) ist ein Satz grundlegender Formatierungsregeln, die von Internetbrowsern verstanden und umgesetzt werden können.
	Editor vergrößern	Mit einem Klick auf dieses Symbol wird das Eingabefenster vergrößert. In der vergrößerten Ansicht erscheint eine zusätzliche Symbolzeile für die Gestaltung von Tabellen. Wenn Sie mit der Eingabe im vergrößerten Editor fertig sind, klicken Sie auf das Verkleinern-Symbol, um zum normalen Bearbeitungsfenster zurückzukehren. 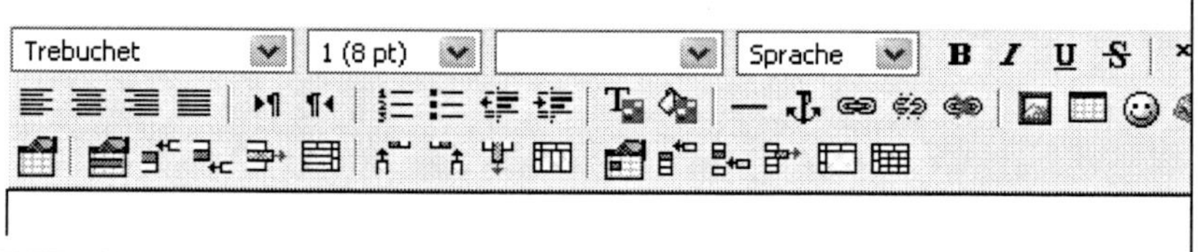

Spätere Veränderungen an fertigen Texten oder Lernaktivitäten

Änderungen sind jederzeit möglich

Sie können Texte und Einstellungen in Ihrem Kursraum jederzeit ändern. Melden Sie sich dazu in Ihrem Kursraum an und aktivieren Sie den Bearbeitungsmodus. Wählen Sie das Element aus, das Sie bearbeiten möchten (Klick auf das Symbol „Schreibende Hand"). Ändern Sie die Einstellungen und Texte und speichern Sie danach die Änderungen ab.

Achtung: Einstellungen bei Wikis können z. T. später nicht mehr geändert werden. Es ist auch möglich, nachträglich Aufgabenstellungen oder Bewertungskriterien nach dem Beginn von Prüfungen zu ändern. Dies sollten Sie vermeiden, um die Teilnehmer/innen nicht zu verwirren.

Vorbereitung der Lerneinheiten

Für die meisten Lernaktivitäten lautet das Prinzip: Die Planung der Lernaktivitäten erfolgt zunächst einmal außerhalb des Kursraumes.

Diese Arbeitsschritte sind wichtig!

Nutzen Sie die folgenden Fragen als Orientierungshilfe:

- Was ist das Lernziel? Was will ich erreichen?
- Welche Lerninhalte gibt es? (Fachziele, methodische Ziele, soziale Ziele)
- Welches Material (Texte, Links, Medien, Arbeitsblätter) wird benötigt?
- An welcher Stelle im Kurs wird es genutzt?
- Welche Vorinformationen und Anleitungen benötigen die Teilnehmer/innen dafür?
- Welche Art von Lernaktivität ist geeignet, um das Lernziel zu erreichen?
    - Kursraum als Trainer/in betreten
    - Bearbeitungsmodus aktivieren
    - Lernaktivität auswählen
- Text, der als Link auf Kursseite zu sehen sein soll, in der ersten Zeile eintragen.
- Beschreibung (Anleitung, Bearbeitungshinweise) ausfüllen
- Einstellungen zur Lernaktivität ausfüllen
- Inhalte bereitstellen oder zusätzliche Einstellungen je nach Lernaktivität vornehmen
- Abspeichern der Einstellungen. Danach steht die Lernaktivität zur Verfügung.

Sie können die Lernaktivitäten im Kursraum vorbereiten und bis zum geeigneten Zeitpunkt vor den Teilnehmer/innen verbergen. Im Kursraum finden Sie im Bearbeitungsmodus hinter jeder Lernaktivität das „Augen"-Symbol). Durch einen Klick auf das Symbol stellen Sie die Lernaktivität auf „unsichtbar" ( ) für die Teilnehmer/innen. Für Sie als Trainer/in ist die Lernaktivität grau abgeblendet noch sichtbar. Diese Einstellung korrespondiert mit den Kurseinstellungen im Bereich Administration zur Sichtbarkeit von verborgenen Elementen. Hier können Sie festlegen, wie verborgene Aktivitäten für Teilnehmer/innen angezeigt werden (völlig unsichtbar oder ebenfalls hellgrau abgeblendet).

Lernaktivitäten verbergen, bis sie gebraucht werden.

Übersicht über Arbeitsunterlagen und Lernaktivitäten

Moodle stellt verschiedene Lernaktivitäten zur Verfügung. Damit Sie den Überblick behalten, finden Sie hier eine Übersicht mit einer Kurzbeschreibung. Die meisten Lernaktivitäten sind Inhalt des Grundpaketes.

Bezeichnung	**Symbol**	**Kurzbeschreibung**
Abstimmung		Alle Teilnehmer/innen stimmen zu einer Frage ab. Die Funktion kann auch zur Vorbereitung der Gruppenbildung genutzt werden.
Arbeitsmaterialien		Sie können hier Dateien hinterlegen: zum Lesen (z.B. Word-Texte, Powerpoint-Präsentationen, PDF-Dateien, Informationsseiten, Links zu Webseiten), zum Hören (Audio-Dateien), zum Sehen (Video-Dateien) oder Computer-Programme zum Ausprobieren. Hier können Dateien in jedem Format hinterlegt werden. Integriert werden können auch Medienpakete im IMS Content Package Format (IMS-CP).
Aufgabe		Sie geben eine Aufgabenstellung, die die Teilnehmer/innen (zu Hause) bearbeiten.
Buch		Textinformationen in Buchform mit Kapiteln und Unterkapiteln. (Zusatzmodul)
Chat		Im Chat treffen Sie sich mit Teilnehmer/innen und diskutieren zur gleichen Zeit (synchron). Meist wird ein Zeitpunkt für Chat-Diskussionen vorgeschlagen. Alle Teilnehmer/innen, die zu diesem Zeitpunkt im Kurs sind, können mit Ihnen und den anderen Teilnehmer/innen Gespräche führen und erhalten direkt Antworten.
Datenbank		Die Datenbank erlaubt es Informationen in strukturierter Weise abzulegen und zu präsentieren. Im Unterschied zum Glossar ist die Gestaltung frei. Datenbankinhalte können auch von Teilnehmer/innen hochgeladen werden. Daher eignet sich die Datenbank auch als Dateiablageinstrument.
Feedback		Zusatzmodul zur Befragung von Teilnehmer/innen oder zur Durchführung von Evaluationen. Im Unterschied zum Modul Umfrage frei gestaltbar.
Forum		Diskutieren Sie mit Teilnehmer/innen und anderen Trainer/innen über die Inhalte Ihres Kurses. Die Diskussion findet zeitversetzt (asynchron) statt. Sie können jederzeit Fragen und Beiträge einstellen. Die anderen Mitglieder im Kurs können, wenn sie wieder den Kurs besuchen, Ihren Text lesen und eine Antwort abgeben.

Bezeichnung	Symbol	Kurzbeschreibung
Text oder Überschrift		Textinformationen im Kursabschnitt zur kurzen Beschreibung von Abschnitten oder Lernaktivitäten oder als strukturierende Zwischenüberschrift.
Glossar		Das Glossar ist ein Wörterbuch. Es kann fertig zum Nachschlagen bereitgestellt werden oder wird von den Teilnehmern im Verlauf des Kurses gemeinsam erstellt. Häufig wird das Wörterbuch auch genutzt, um häufig gestellte Fragen (FAQ= frequently asked questions) zu beantworten.
Lektion		In den Lektionen teilen Sie Lernstoff in kleine Abschnitte auf. Nach jedem Abschnitt können die Teilnehmer/innen zur nächsten Einheit wechseln oder erhalten eine Fragestellung. Je nachdem, wie sie die Frage beantwortet haben (z.B. richtige oder falsche Antwort) werden die Teilnehmer/innen zu einem anderen Lernabschnitt geführt.
SCORM/Lernpakete		Schnittstelle zum Import von Lerneinheiten aus Autorensystemen. Die Lernpakete müssen den SCORM-Standard oder den AICC-Standard erfüllen.
Test		Dies ist ein klassischer Test mit unterschiedlichen Fragestellungen zum Ankreuzen (Multiple-Choice), zum Ergänzen von unvollständigen Sätzen (Lückentest) oder zum Eintragen einzelner Wörter als Antwort.
Umfrage		In der Umfrage geben die Teilnehmer/innen Feedback zum Kurs und zu ihrer Einstellung zum online-Lernen.
Wiki		Im Wiki können die Teilnehmer/innen gemeinsam und mit Ihnen an Texten schreiben ohne Dateien auszutauschen. Sie klicken auf einer Seite des Wiki auf „Bearbeiten“, verändern oder ergänzen den Text und speichern ihn ab. Schon ist er für alle Teilnehmer/innen zur weiteren Bearbeitung sichtbar.
Workshop		Der Workshop erweitert die Möglichkeiten des Aufgabenmoduls. Teilnehmer bearbeiten eine Aufgabe und nehmen eine Selbsteinschätzung mit Hilfe eines Bewertungs- oder Kriterienrasters vor. Zusätzlich geben Sie jedoch den Teilnehmer/innen Musterlösungen (z.B. aus früheren Kursen) zur Kommentierung. Die Arbeit der Teilnehmer/innen wird von anderen Teilnehmer/innen kommentiert. Mit Hilfe diese Kommentare können die Teilnehmer/innen ihre Aufgabenlösung noch einmal kritisch durchsehen und verbessern.

Die Vielzahl von Aktivitäten macht die Übersicht nicht einfach. Die folgende Tabelle zeigt die verschiedenen Aktivitäten in der Übersicht und macht die Nutzungsmöglichkeiten transparenter.

Das pädagogische Konzept von Moodle erlaubt bei verschiedenen Aktivitäten nicht nur eine pädagogische Funktion, sondern zugleich mehrere Nutzungsmöglichkeiten.

Pädagogische Funktionen der Lernaktivitäten

In der Spalte „Feedback" sind Feedback durch andere Teilnehmer/innen und durch den/die Trainer/in gemeint.

Lernaktivitäten	**Information**	**Kommunikation**	**Kooperation**	**Prüfung**	**Selbstreflexion**	**Feedback**
Abstimmung	•		•			•
Arbeitsmaterialien	•					
Aufgabe				•		
Blog	•	•	•		•	•
Buch	•					
Chat		•	•			•
Datenbank	•		•			
Feedback			•	•		•
Hot-Potatoes				•	•	
Mitteilungen-Block		•	•			•
Einführungstext	•					
Forum	•	•	•			•
Glossar	•		•		•	•
Journal		•			•	•
Lektion	•			•	•	
SCORM/Lernpaket	•			•		
Test				•		
Umfrage					•	•
Wiki	•	•	•		•	•
Workshop				•	•	•

Arbeitsunterlagen und Lernaktivitäten bereitstellen

Lernaktivitäten sind der Mittelpunkt Ihres Kurses. In diesem und den folgenden Abschnitten erläutern wir, wie Sie Lernaktivitäten in Ihrem Kurs einrichten und gestalten. Neben der Erklärung aller Einstellungen geben wir Hinweise für die aktivierende Nutzung der Aktivitäten.

Nicht alle Aktivitäten sind Bestandteil des Basispakets von Moodle. Einige der beschriebenen Lernaktivitäten sind zusätzliche „Add-On"s. Der Administrator Ihres Moodle kann darüber hinaus festlegen, welche Lernaktivitäten zur Verfügung stehen. Die Übersicht der aktivierten Module finden Sie auf Ihrer Kursseite im Bearbeitungsstatus im Feld „Aktivitäten anlegen".

Grundprinzipien

Einige Grundprinzipien gelten für nahezu alle Aktivitäten.

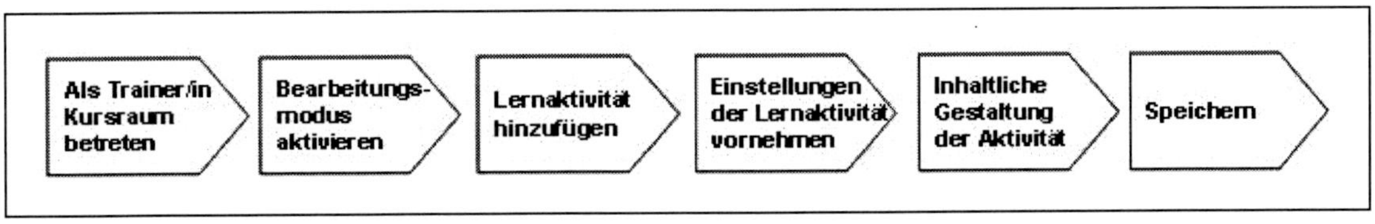

Als Trainer/in Kursraum betreten
Bearbeitungsmodus aktivieren

Um die Kursseite zu bearbeiten, müssen Sie als Trainer/in im jeweiligen Kurs eingeloggt sein. Ihnen steht jetzt ein zusätzlicher Button rechts oben „Bearbeiten einschalten" zur Verfügung. Alternativ können Sie den Bearbeitungslink im Admi-nistrationsmenu auf der Kursseite nutzen. Der Link aktiviert den Bearbeitungsmodus für den Kurs.

Im Bearbeitungsmodus haben alle Blöcke und Elemente zusätzliche Symbole erhalten. Diese sind im Abschnitt „Ansichts- und Bearbeitungsmodus aktivieren" erläutert. Wir konzentrieren uns hier auf die Lernaktivitäten.

Lernaktivität hinzufügen

Zuerst wählen Sie in der mittleren Spalte **„Arbeitsmaterial anlegen"** oder **„Aktivität anlegen"** die gewünschte Aktivität aus.

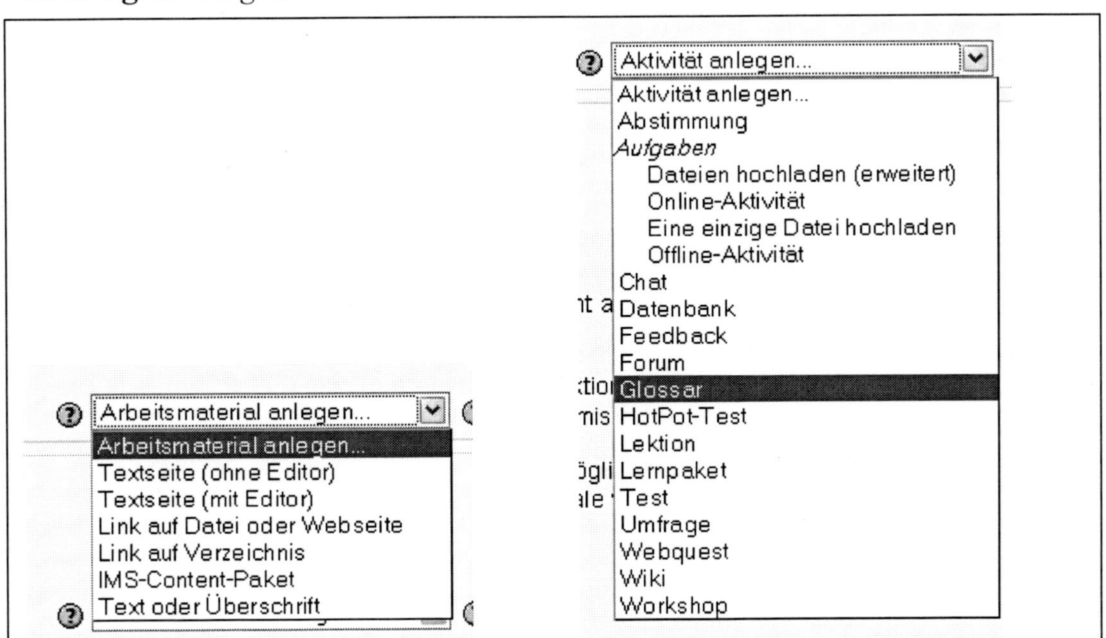

Einstellungen der Lernaktivität vornehmen

In dem neuen Fenster geben Sie im ersten Feld die Bezeichnung für die Lernaktivität ein, die später auf der Kursseite als Link für die Teilnehmer erscheinen soll. Bei Arbeitsmaterialien kann dieser Text z. T. als (Zwischen-)Überschrift genutzt werden.

Das Feld zur Beschreibung stellt die Information für die Teilnehmer/innen dar, was sie zu tun haben oder wozu die Aktivität dient. Sie wird zudem in der Übersicht nach Lernaktivitäten (Block: Aktivitäten) angezeigt.

In den weiteren Feldern stehen zusätzliche Einstellungen zur Verfügung, die für jede Aktivität anders sind. Informationen hierzu finden Sie in den Details weiter unten. Am Ende des Fensters speichern Sie Ihre Einträge mit „Speichern" ab und damit ist die Aktivität zumeist im Kurs verfügbar.

Inhaltliche Gestaltung der Aktivität

Bei den Aktivitäten „Test", „Workshop", „Wiki" und einigen anderen sind nun noch weitere Schritte vorzunehmen. Auch dazu später mehr. Der Workshop besteht zudem aus verschiedenen Phasen, die im Verlauf des Workshops nacheinander aktiviert werden müssen.

Auswahlfenster „Arbeitsmaterial anlegen"

Arbeitsmaterialien sind Texte und Dateien für die Nutzung innerhalb des Kurses. Sie haben verschiedene Optionen zur Auswahl:

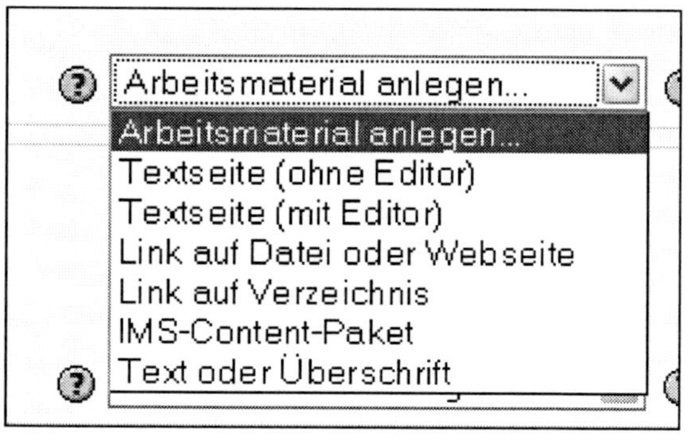

- **Textseite (ohne Editor):** Eingabe von Text mit der Möglichkeit, verschiedene Spezialformatierungskonzepte bei der Formatierung zu verwenden.
- **Textseite (mit Editor):** Text mit Editor oder HTML-Formatierungen erstellen.
- **Link auf Datei oder Webseite:** Einbindung einer Datei (z.B. im Word-, Powerpoint, PDF, OpenOffice-Format, Audio-Datei, Videodatei).
- **Link auf Verzeichnis:** Verzeichnis mit mehreren Dateien zur Auswahl.
- **IMS Content-Paket:** importiert Inhalte, die im Format IMS Content Package zur Verfügung stehen
- **Text oder Überschrift:** fügt Text auf der Kursseite ein (für Überschriften oder Zusammenfassungen) .

Erstellen einer Textseite (ohne Editor)

Die Textseite erlaubt die einfache Eingabe von (nicht formatiertem) Text.

Einstellungen

Name: Bezeichnung auf der Kursseite als Link zu dem Text.

Beschreibung: Kurzinformation über den Text. Diese wird nur in der Übersicht der Arbeitsmaterialien angezeigt.

Text-/Webseite: hier steht der eigentliche Inhalt.

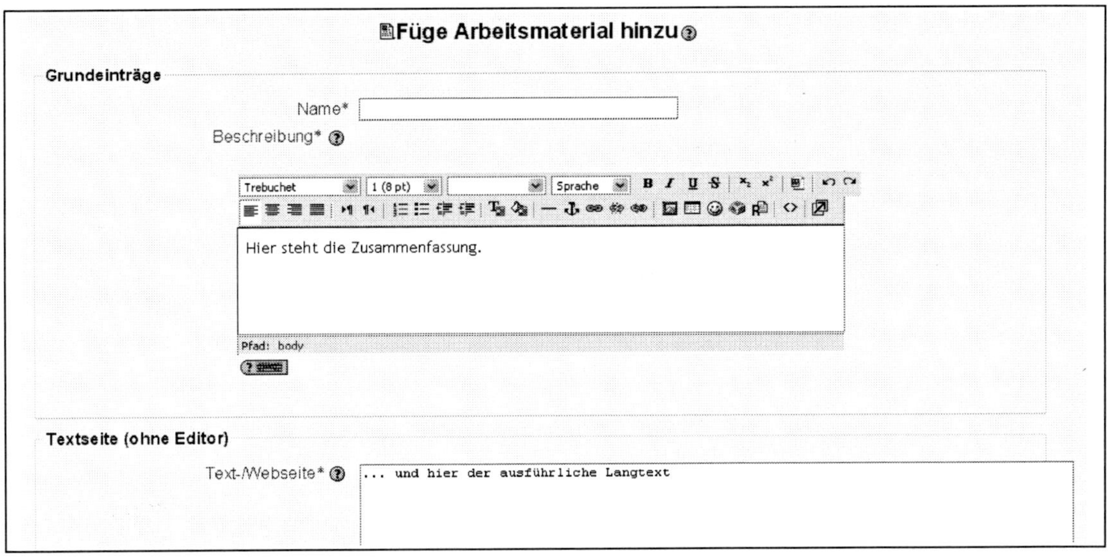

Format: Hier können Sie alternative Formatierungen für den Text auswählen. Sie haben die Möglichkeit, Ihren Text in unterschiedlicher Weise zu formatieren. Nach dem Speichern wird der Text entsprechend interpretiert und in eine Bildschirmansicht umgewandelt.

- Moodle Text-Format: unformatierter Text wie in E-Mails. Webadressen oder eingegebene E-Mail Adressen werden erkannt und in Links umgewandelt. Tastatur-Smilies werden in entsprechende Symbole umgewandelt.
- HTML-Format: Formatierung im HTML-Code
- Reines Text-Format: Hier kann Text mit HTML-Formatanweisungen eingegeben werden. Zeilenschaltungen werden im Unterschied zum HTML-Format erkannt und umgesetzt.
- Wiki-Format: Formatierungsanweisungen aus Wikis werden erkannt und umgesetzt. Informationen unter http://erfurtwiki.sourceforge.net/FormatierungsRegeln.
- Markdown-Format: Ist ein alternatives Konzept zur Formatierung von Texten. Die Texte werden in HTML-Text umgewandelt, ohne zuvor HTML-Codierungen eingeben zu müssen. Informationen unter: http://daringfireball.net/ projects/markdown.

Fenster: mit dieser Einstellung legen Sie fest, wie der Text angezeigt wird. Sie können wählen, ob im gleichen Fenster oder einem neuen Pop-Up-Fenster und in welcher Größe der Text gezeigt wird. Bei neuen Fenstern können Sie zusätzlich wählen, ob die Fenstergröße angepasst werden kann und welche zusätzlichen Werkzeug- und Menuleisten des Browsers angezeigt werden.

Sichtbar für Benutzer/innen: Bei der Erstellung der Seite können Sie festlegen, ob die Seite angezeigt oder ausgeblendet werden soll. Diese Funktion ist hilfreich, wenn Sie bereits Inhalte vorbereiten wollen, die aber erst zu einem späteren Zeitpunkt sichtbar gemacht werden sollen.

Erstellen einer Textseite (mit Editor)

Hier können Sie Texte unter Verwendung des WYSIWYG-Editors eingeben und formatieren. Zur Verwendung des WYSIWYG-Editors finden Sie im Abschnitt „Texte mit dem Editor bearbeiten“ weitere Informationen. Alternativ kann der Text auch in HTML formatiert werden.

Einstellungen

Die Einstellungen sind identisch mit dem vorherigen Abschnitt (Erstellen einer Textseite).

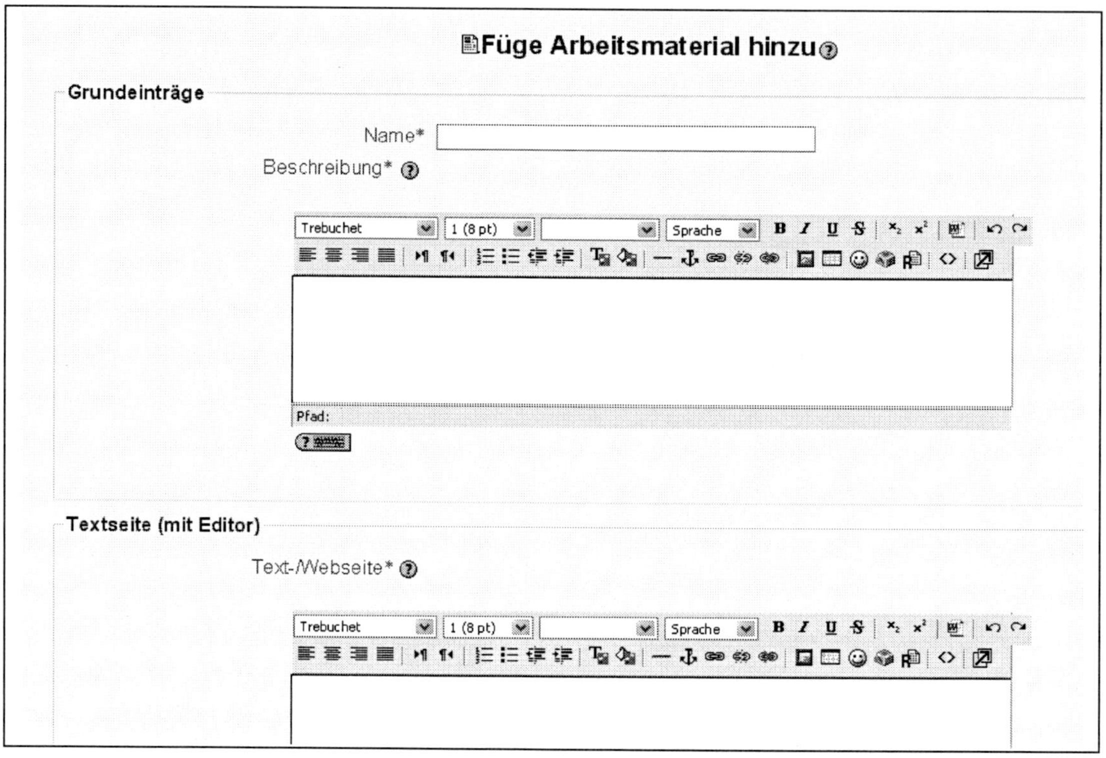

Link auf Datei oder Webseite

Als Arbeitsmaterialien können Sie auf eine Webseite verlinken oder Dateien in jedem beliebigen Dateiformat zur Verfügung stellen. Dateiformate müssen auf den PC's der Teilnehmer/innen gelesen werden können. Dateien müssen entweder auf einem Internetserver zur Verfügung stehen oder von Ihrem PC in ein Verzeichnis Ihres Kurses hochgeladen werden.

Einstellungen

Name: erscheint als Link auf der Kursseite.

Beschreibung: erscheint im Anzeigefenster oberhalb des Dokuments. Dieses Feld eignet sich z.B. für Aufgaben, Bearbeitungshinweise und Zusatzinformationen zum Dokument.

Ort: bezeichnet die Internetadresse, unter der das Dokument zu finden ist. Wenn Sie die Adresse kennen, auf der das Dokument im Internet abgelegt ist, können Sie die Adresse direkt eintragen. Tragen Sie eine vollständige Adresse beginnend mit „http://..." ein.

Dieses Prinzip des Hochladens von Dateien wird auch in anderen Lernaktivitäten genutzt.

Sie können auch eine Datei auf Ihrem PC auswählen und in Ihr Moodle hochladen. Klicken Sie dazu auf den Button „Datei wählen oder neu hochladen". Zunächst sehen Sie alle Dateien und Verzeichnisse, die für Ihren Kurs bereits auf dem Server abgelegt wurden. Mit „Auswahl" können Sie eine dieser Dateien für den Kurs auswählen. Liegt die Datei noch auf Ihrem PC, so wählen Sie „Eine Datei hochladen" und suchen Sie die Datei aus dem entsprechenden Verzeichnis Ihres PC's aus. Über „Durchsuchen" erhalten Sie ein Explorerfenster. Nach der Auswahl und Bestätigung der Datei ist diese im Fenster angezeigt. Wählen Sie nun „Diese Datei hochladen", um die Datei auf den Server zu übermitteln. Je nach Dateigröße und Geschwindigkeit ins Internet kann dieser Vorgang einige Minuten dauern.

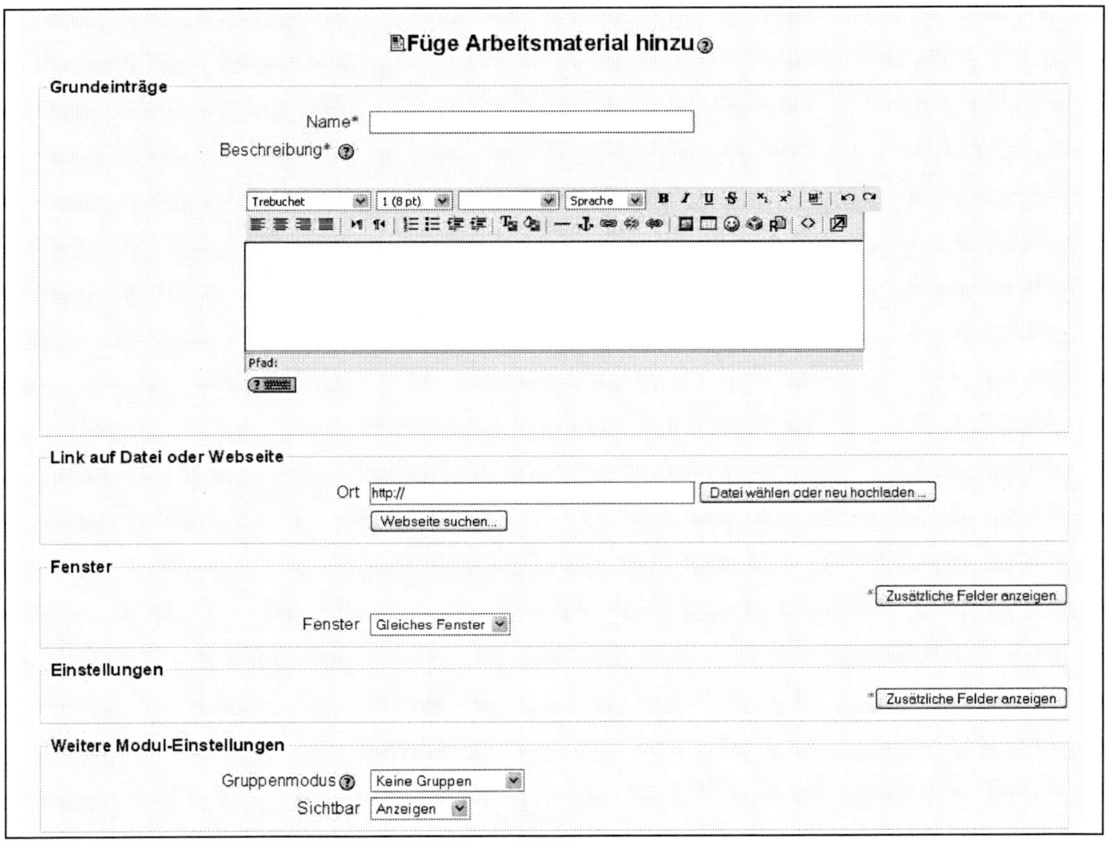

Danach befinden Sie sich wieder im Auswahlfenster mit den Dateien Ihres Kurses. Suchen Sie die gerade hochgeladene Datei aus und klicken Sie an der rechten Seite auf „Auswahl". Danach wird die Datei mit Ihrem Namen im ursprünglichen Eingabefenster eingetragen.

Webseite suchen: Hiermit werden Sie automatisch mit www.google.com verbunden, um im Internet eine Seite zu finden, die als Arbeitsunterlage angezeigt werden soll. Kopieren Sie die Webadresse der gegfundenen Seite anschließend in das Feld „Ort:".

Datei auf CD/DVD: Stellen Sie eine Verlinkung zu einer Datei auf einer lokalen Datenquelle, z. B. einer CD, her. Damit können Sie im Kursraum auch große Datenquellen, z.B. Multimediadateien bereitstellen, deren Download zu langwierig wäre. Erstellen Sie dazu zunächst einen Datenträger, z.B. eine CD oder DVD, mit allen Dateien, die später den Teilnehmer/innen zur Verfügung gestellt werden. Wählen Sie dann die Datei von diesem Datenträger aus, wenn Sie Arbeitsmaterialien anlegen.

CD/DVD mit großen Dateien im Kurs

Funktion muss zuvor durch Administration freigegeben werden.

Geben Sie den Teilnehmer/innen eine Kopie der CD/DVD. Die Teilnehmer/innen müssen beim Aufruf der Datei im Kursraum einmalig angeben, auf welchem Laufwerk die CD/DVD zur Verfügung steht. Danach werden diese Dateien von diesem Laufwerk aufgerufen.

Fenster: hier legen Sie fest, wie Ihre Datei den Teilnehmer/innen angezeigt wird.

Achten Sie darauf, dass Sie nur solche Datei-Typen nutzen, die von den Teilnehmer/innen auch auf ihrem PC gelesen werden können. Wenn Sie eine Word-Datei zur Verfügung stellen, müssen Ihre Teilnehmer/innen Word als Textverarbeitung auf Ihrem PC installiert haben (oder eine andere Textverarbeitung, die Word-Dateien lesen kann). Wenn Sie sich bei manchen Formaten nicht sicher sind (z.B. Powerpoint-Dateien, Adobe-PDF-Dateien oder MindMaps von MindManager), ob die Teilnehmer/innen diese nutzen können, dann sollten Sie einen zusätzlichen Hinweis geben, wo Hilfsprogramme aus dem Internet geladen werden können, mit denen die-

Teilnehmer/innen können nur solche Dateiformate nutzen, für die sie entsprechende Anwendungsprogramme auf dem eigenen PC verfügbar haben.

se Dateien gelesen werden können, ohne das gesamte Programm installieren zu müssen (z.B. Powerpoint-Viewer, Acrobat-Reader oder MindManager-Viewer).

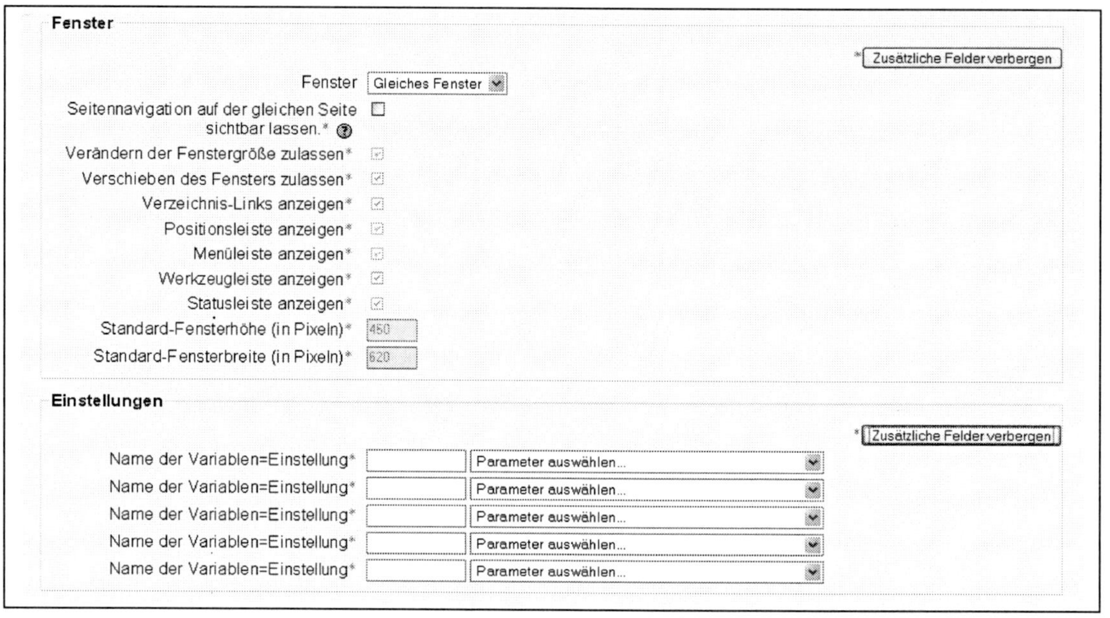

Download von Viewer-Programmen zum Betrachten von Dateien, deren Programme man nicht installiert hat.

Sie finden bei Bedarf der entsprechenden Viewer unter folgenden Adressen:

Powerpoint-Viewer:
http://www.microsoft.com/downloads/details.aspx?familyid=428D5727-43AB-4F24-90B7-A94784AF71A4&displaylang=de.

Acrobat-Reader: http://www.adobe.com/de/products/acrobat/readstep2.html.

Mindmanager-Viewer:
http://www.mindjet.com/de/download/mindmanager_viewers/index.php?s=2.

Das Öffnen von Dateien in einem Fenster von Moodle führt manchmal zu Problemen beim Aufruf auf dem PC Ihrer Teilnehmer/innen, z.B. wenn Sie ein Pop-Up-Fenster ausgewählt haben und auf dem Teilnehmer/innen-PC ein Pop-Up-Blocker installiert ist, um unerwünschte Werbeeinblendungen zu unterbinden. In der Regel wird eine Informationszeile am oberen Rand des Browserfensters oder ein Informationstext auf der Moodle-Seite angezeigt.

Sollten Ihre Teilnehmer/innen von Problemen berichten, bitten Sie sie, den Pop-Up-Blocker abzustellen oder die Pop-Up's temporär für die Moodle-Seiten zuzulassen. Die Einstellungen sind je nach Browser unterschiedlich.

Pop-Up-Blockfunktionen können durch verschiedene PC-Programme gesteuert werden. Dazu gehören Browser (Menu Extras-Einstellungen oder Extras Pop-Up-Blocker), Plugins im Browser (z.B. Google Suchmenus), Virenprüfprogramme oder Firewalls. Manche Anwender haben unbeabsichtigt Pop-Up-Funktionen an verschiedenen Stellen aktiviert. Die Suche nach den entsprechenden Ursachen ist manchmal nicht ganz einfach, jedoch nicht durch Moodle verursacht.

Einstellungen: Hier finden Sie zusätzliche Parameter, die Sie beim Aufruf der Webseite an die URL anhängen können, z.B. um die Seite mit Zugangsdaten zu öffnen.

Link auf ein Verzeichnis

Sie können den Teilnehmer/innen auch ein komplettes Verzeichnis mit Dateien zur Verfügung stellen. Legen Sie erst in der Administration Ihres Kurses unter Dateien ein Verzeichnis an und speichern Sie darauf die Dateien, die Sie zur Verfügung stellen wollen. Weitere Informationen zur Verwaltung von Dateien und Ordner finden Sie im Abschnitt „Dateiverwaltung".
Legen Sie dann die neue Aktivität: „Verzeichnis anzeigen" an.

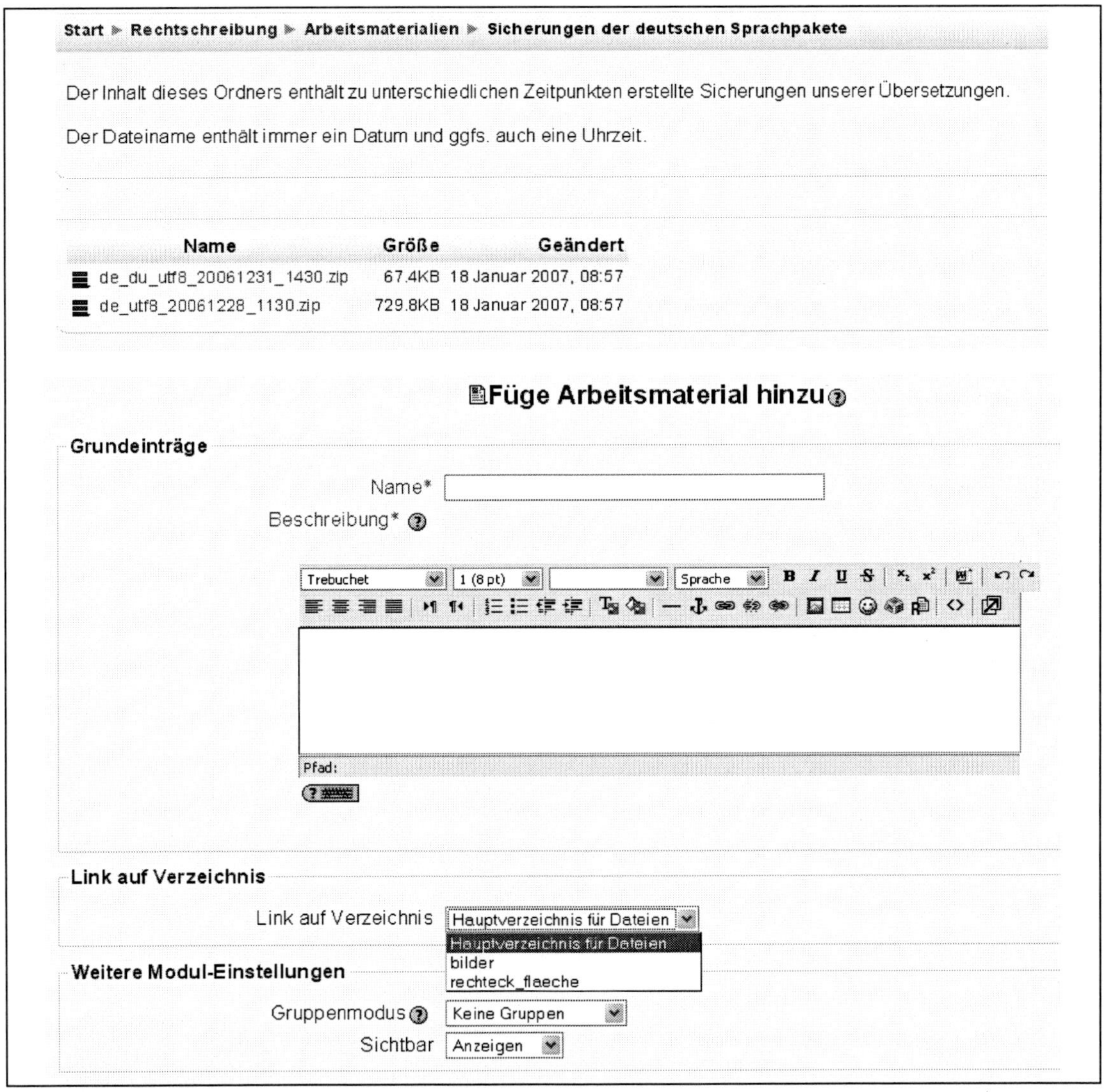

Verzeichnis im Kursraum

Name: bezeichnet wiederum den Titel des Links zum Verzeichnis auf der Kursseite.

Einstellungen

Beschreibung: bietet Ihnen Raum für eine Texterklärung zu den Inhalten des Verzeichnisses und was die Teilnehmer damit anfangen sollen.

Link auf ein Verzeichnis: ermöglicht Ihnen, das Verzeichnis auszuwählen. Hier werden alle Verzeichnisse angezeigt, die Sie für Ihren Kurs bereits angelegt haben. Erstellen Sie zunächst über das Administrationsmenu – „Dateien" einen Ordner und laden Sie die gewünschten Dateien in diesen Ordner. Stellen Sie dann dieses Verzeichnis für die Teilnehmer/innen zur Verfügung.

Achtung!

Legen Sie die Dateien nie im Hauptverzeichnis Ihres Kurses ab, da die Teilnehmer/innen dann Zugriff auf alle Dateien haben. Wenn Sie ein Verzeichnis ausgewählt haben und darin Unterverzeichnisse angelegt sind, haben die Teilnehmer/innen auch Zugriff auf diese Unterverzeichnisse.

IMS-Content-Paket

Verschiedene Autorensysteme erlauben die Erstellung von Inhalten als Contentpaket im Standard des IMS Global Learning Consortium. Hierbei handelt es sich um durchklickbare Inhalte auf mehreren Seiten. Sie sind ähnlich den SCORM-Lernpaketen. Im Unterschied zu SCORM-Paketen erlauben IMS Content-Pakete jedoch keine Durchführung und Erfassung von Tests. Sie sind also auf reine Inhaltsdarstellung beschränkt.

IMS Content-Pakete werden immer mit einer externen Software (z.B. eXeLearning - http://www.eXeLearning.de) erstellt und dann als Zip-Datei in den Kursraum hochgeladen.

Einstellungen

Name: Titel auf der Kursseite.

Beschreibung: Einführungstext für Teilnehmer/innen.

Ort: Auswahl und hochladen des Paketes als Zip-Datei. Moodle entpackt die Zip-Datei immer eigenständig und legt die Dateien am korrekten Ort ab.

Fenster: Anzeige im gleichen Fenster oder als Popup.

Navigationsmenu an der Seite: Zeigt das Navigationsmenu aus dem Content-Paket an der Seite an.

Inhaltsverzeichnis: Zeigt statt des Navigationsmenus ein Inhaltsverzeichnis an.

Navigationsbuttons: zum Vor- und Zurück-Scrollen.

Untermenuseiten überspringen: erlaubt, Unterseiten beim Betrachten auszulassen.

Aufwärtsbutton: ermöglicht ein Zurückgehen auf eine frühere Seite.

Text oder Überschrift

Im Bereich Arbeitsunterlagen finden Sie die Auswahloption „Bezeichnung einfügen". Gemeint sind damit alle Texte, die auf der Kursseite direkt als Erläuterungs- und Einführungstext zur Verfügung gestellt werden.

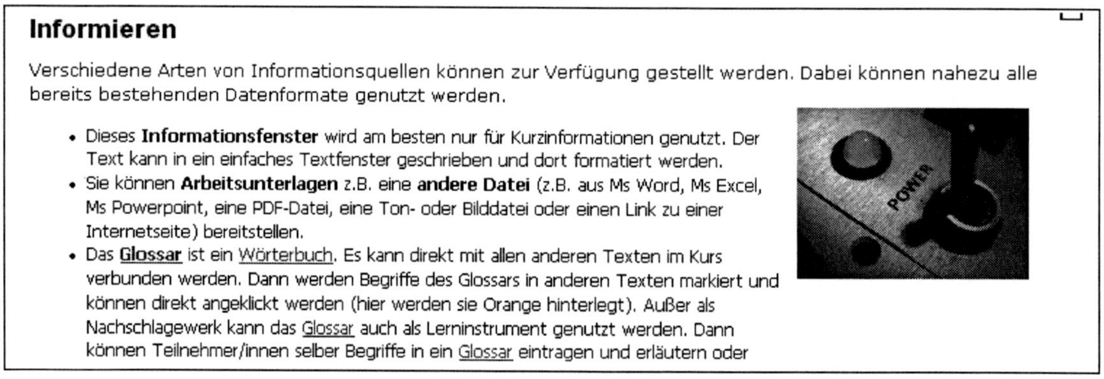

Einführungstext im Kursraum

Diese Texte geben Informationen über eine Lerneinheit oder beschreiben das Curriculum des Kurses. In manchen Kursen werden die Texte sehr ausführlich genutzt. Andere Trainer/innen nutzen diese nur, um eine Überschrift über die Lerneinheit einzusetzen. Nach dem Aufruf dieser Option erhalten Sie ein Texteingabefenster für Ihren Text. Der Texteditor erlaubt Ihnen alle Formatierungen. Nach dem Speichern steht der Text direkt zur Verfügung. Informationen zum Texteditor finden Sie im Abschnitt „Texte mit dem Editor bearbeiten".

Auswahlfenster Aktivitäten anlegen

Lernaktivitäten erlauben interaktive Einheiten innerhalb des Kurses. Es werden nicht nur Informationen bereitgestellt, sondern auch konkrete Aktivitäten von den Teilnehmer/innen eingefordert.

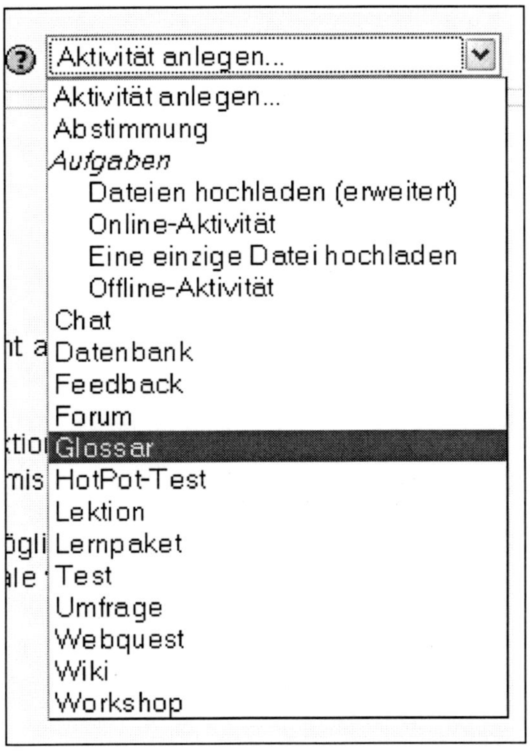

Die verschiedenen Lernaktivitäten sind in alphabetischer Reihenfolge aufgelistet.

Sie können immer nur die Lernaktivitäten sehen, die in Ihrem Moodle-System auch installiert und aktiviert sind. Wir beschreiben hier auch wichtige Lernaktivitäten, die nicht im Grundpaket enthalten sind. Diese können von der Administration nachinstalliert werden.

Lernaktivitäten sind der Mittelpunkt des Kurses.

Abstimmung ?

Meinungsbildung und Entscheidungen herbeiführen.

Die Abstimmung ermöglicht eine Meinungsbildung in der Gruppe oder eine Abstimmung zu einer Frage. Die Teilnehmer erhalten eine Fragestellung und verschiedene Antwortalternativen zur Auswahl.

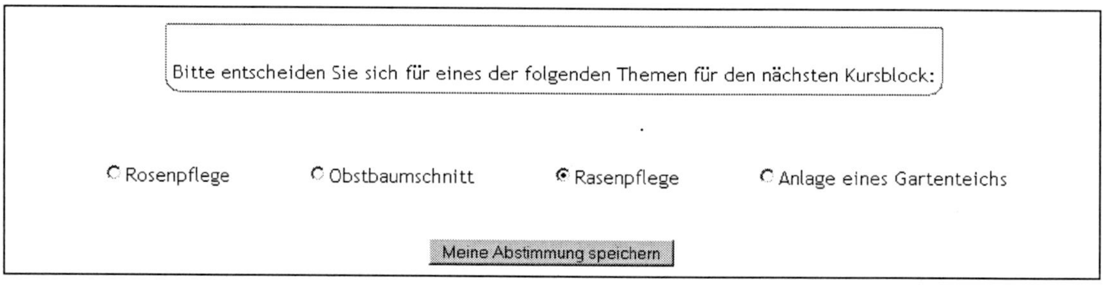

Die Abstimmung ist nicht als Ersatz für einen Test gedacht. Es ist nicht möglich, z.B. für richtige oder falsche Antworten Punkte zu vergeben oder Rückmeldungen zu den Voten der Abstimmung zu geben.

Einstellungen:

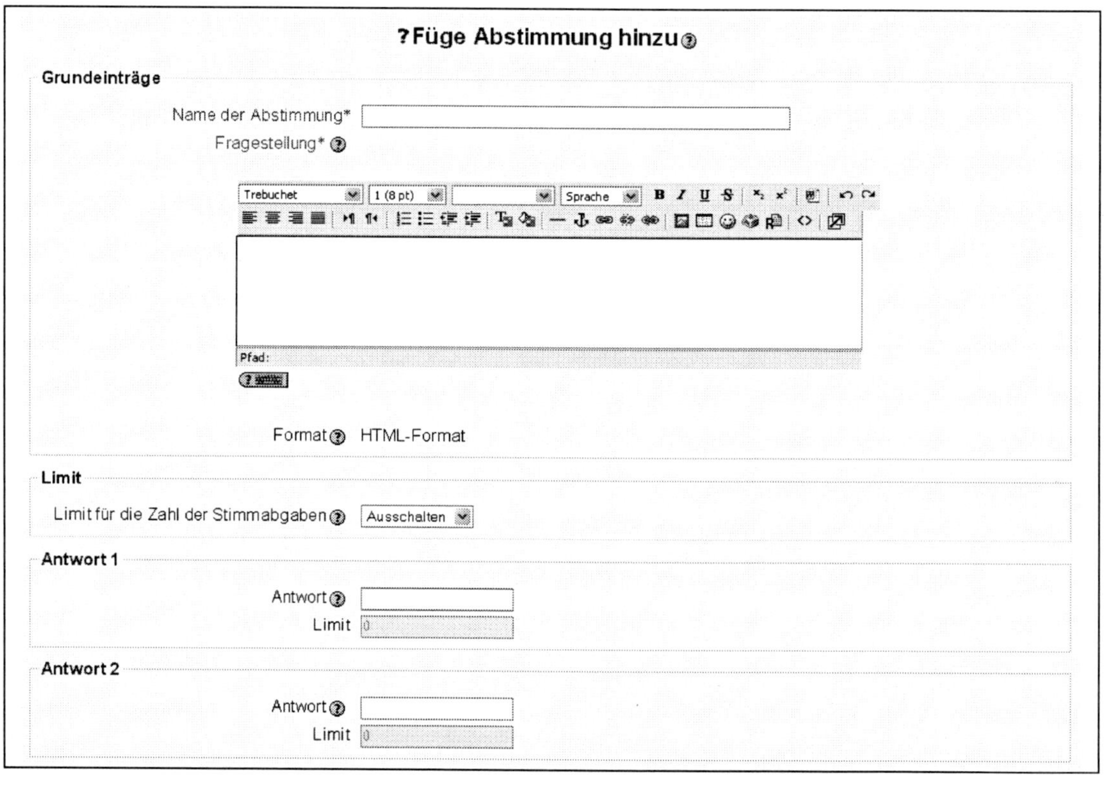

Name der Abstimmung: Der Titel der Abstimmung erscheint als Link auf der Kursseite.

Fragestellung: Der Text gibt alle Informationen, die die Teilnehmer/innen zur Abstimmung benötigen. Hierzu gehören besonders inhaltliche Informationen, damit sie wissen, warum und worüber sie abstimmen. Der Text sollte mit einer klaren Fragestellung enden, über die dann anschließend abgestimmt wird. Geben Sie zusätzliche Informationen, um die Teilnehmer über die Abstimmung zu informieren, z.B.

- über die Sichtbarkeit der Ergebnisse,
- die Möglichkeit, später das eigene Votum zu ändern oder

- eine Begrenzung des Zeitraums für die Durchführung der Abstimmung.

Limit: Diese Funktion ist z.B. bei der Gruppenbildung nützlich. Sie erlaubt festzulegen, wie viele Personen maximal eine Abstimmungsalternative auswählen dürfen. Die Werte können für jede Alternative individuell festgelegt werden.

Antwort 1-5: Hier tragen Sie die Alternativen für die Beantwortung der Abstimmung ein. Die Teilnehmer/innen können sich nur für eine Alternative entscheiden. Wenn Sie „sowohl als auch“ Antworten vorsehen, müssen Sie diese als gesonderte Abstimmungsalternative verfassen. Die Zahl der Alternativen ist zunächst auf fünf begrenzt und kann jeweils um drei Felder erweitert werden.

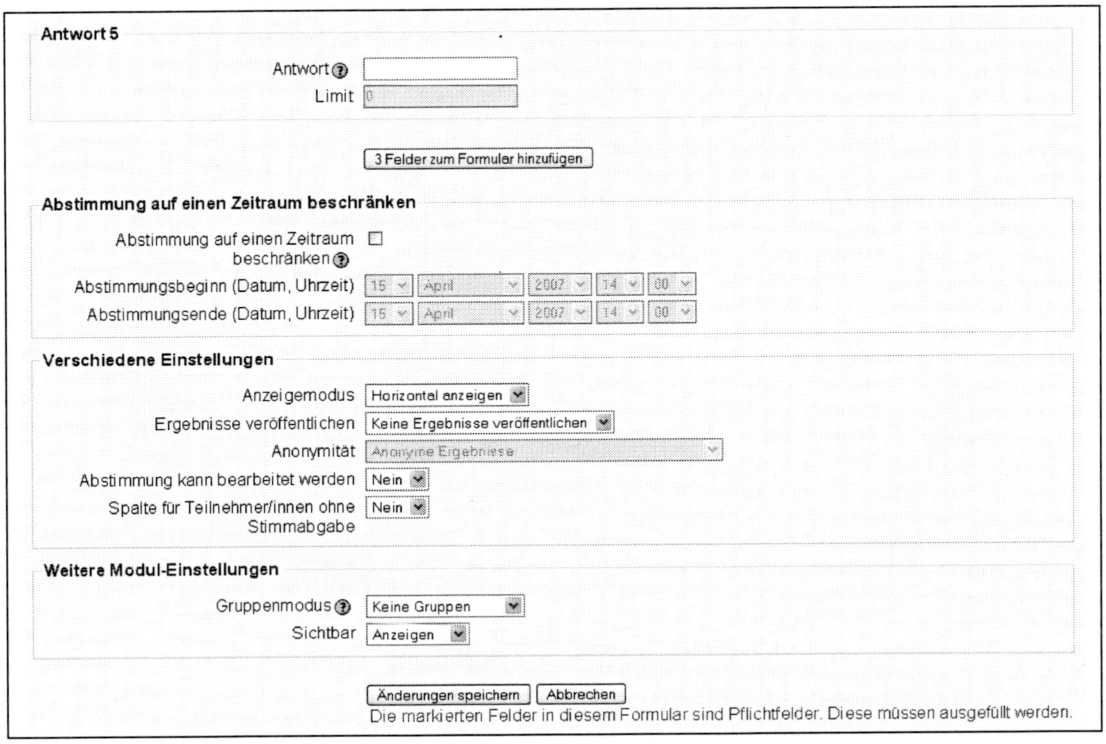

Abstimmung auf einen Zeitraum beschränken: Hiermit aktivieren Sie die Angaben eines Zeitraums für die Durchführung der Abstimmung. Wenn das Kästchen nicht angeklickt wird, kann jederzeit abgestimmt werden. Wenn Sie es anklicken, können Sie einen Startzeitpunkt und einen Endzeitpunkt festlegen. Wollen Sie nur einen Startzeitpunkt festlegen, das Ende aber offen lassen, dann legen Sie den frühesten Zeitpunkt der Freigabe der Abstimmung fest und wählen für den Endzeitpunkt einen Termin in weiter Ferne (z.B. 31.12.2009).

Anzeigemodus: Die Anzeige der Ergebnisse kann horizontal oder vertikal gewählt werden

Ergebnisse veröffentlichen: Legen Sie fest, ob die Teilnehmer/innen nach der Abstimmung das Ergebnis aller anderen Teilnehmer sehen können. Sie können dabei wählen zwischen

- „Keine Ergebnisse veröffentlichen“,
- „Ergebnisse der Abstimmung nach der Abstimmung zeigen“ oder
- „immer anzeigen“ sowie
- „Ergebnisse erst nach Abschluss der Abstimmung“ also nach Ende des Abstimmungszeitraums anzeigen.

Anonymität: Hiermit legen Sie fest, in welcher Weise die Ergebnisse veröffentlicht werden, wenn Sie zuvor der Veröffentlichung zugestimmt haben. Bei der anonymen Veröffentlichung wird ein Balkendiagramm angezeigt. Die Veröffentlichung mit Namen und der Wahl wird unter den Abstimmungsalternativen „Ergebnisse vollständig veröffentlichen, Namen und deren Wahl anzeigen" angezeigt.

Abstimmungsergebnisse mit Namen und Wahl

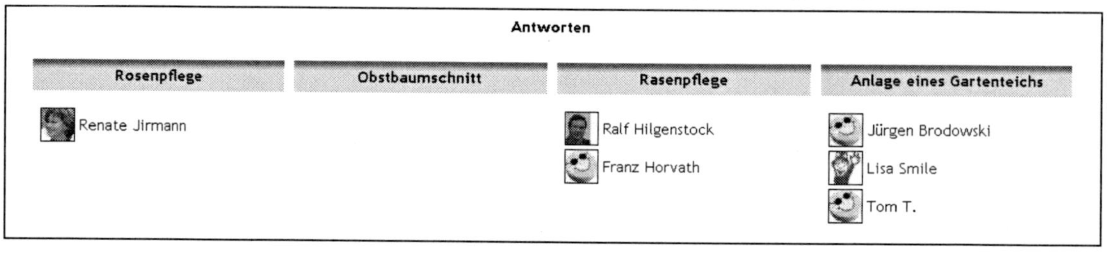

Abstimmungsergebnisse Balkengrafik

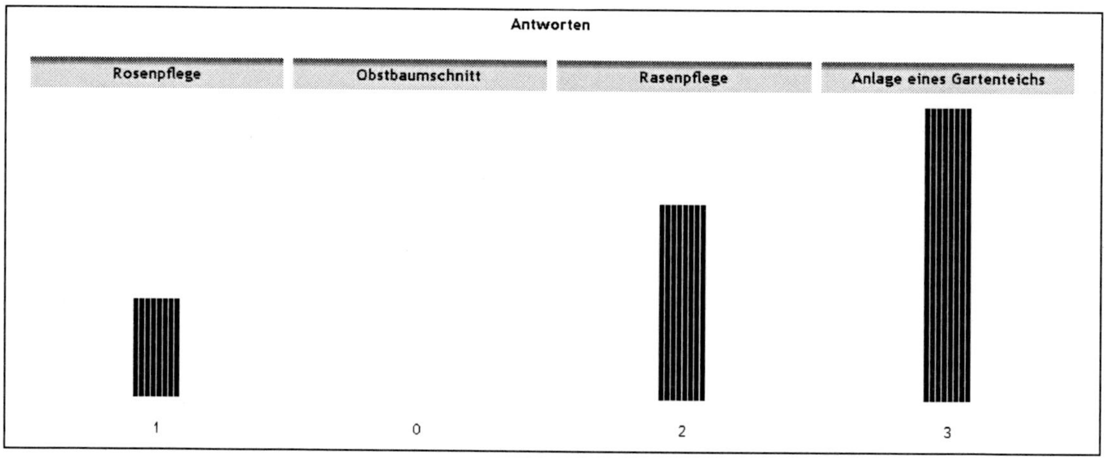

Abstimmung kann bearbeitet werden: erlaubt den Teilnehmer/innen, ihre Entscheidung abzuändern und neu abzustimmen.

Spalte für Teilnehmer/innen ohne Stimmabgabe: Hier wird eine gesonderte Spalte eingerichtet für Teilnehmer/innen, die sich noch nicht an der Abstimmung beteiligt haben.

Gruppenmodus: Abstimmungen können auch nach Gruppen ausgewertet werden.

Sichtbar für Benutzer/innen: legt fest, ob Abstimmung direkt den Teilnehmer/-innen angezeigt angezeigt oder verborgen werden soll. Diese Funktion entspricht dem Augensymbol im Kursraum.

Trick: Abstimmung nutzen für die Gruppeneinteilung.

Die Abstimmung führt in der Kursgruppe eine Entscheidung über verschiedene Optionen herbei. Damit kann z.B. eine kontroverse Diskussion in einem Forum abgeschlossen werden. Die Abstimmung bietet ebenfalls eine gute Möglichkeit zur Einteilung der Teilnehmer/innen in Gruppen. Lassen Sie die Teilnehmer/innen selber die Gruppen auswählen, in denen sie arbeiten wollen. Nach Abschluss der Gruppenentscheidung übertragen Sie die Ergebnisse in die Gruppeneinteilung der Teilnehmerverwaltung. Dies ist z.B. eine Situation, in der sinnvollerweise die Einstellungen „Abstimmung kann aktualisiert werden", „Ergebnisse immer anzeigen" und „Ergebnisse vollständig veröffentlichen" in den verschiedenen Feldern verwandt wird. Damit kann ein/e Teilnehmer/in bei der eigenen Entscheidung die Voten der anderen Teilnehmer/innen berücksichtigen.

Vereinzelt nutzen Lehrer die Abstimmung zur Wahl von Klassen- oder Kurssprechern. Dabei ist wichtig, dass Abstimmungen nicht anonym erfolgen. Es ist also nachträglich möglich, festzustellen, wer wie abgestimmt hat. Eine völlig anonyme Abstimmung ist mit dem optionalen Modul „Feedback" möglich.

Aufgabe

Die Aufgabe ist eine einfache Prüfungsoption. Die Teilnehmer/innen erhalten eine Aufgabenstellung und müssen diese bearbeiten. Die Lösungen werden als Datei oder auf Papier abgegeben. Sie benoten innerhalb von Moodle mit einer Note und einem schriftlichen Feedback.

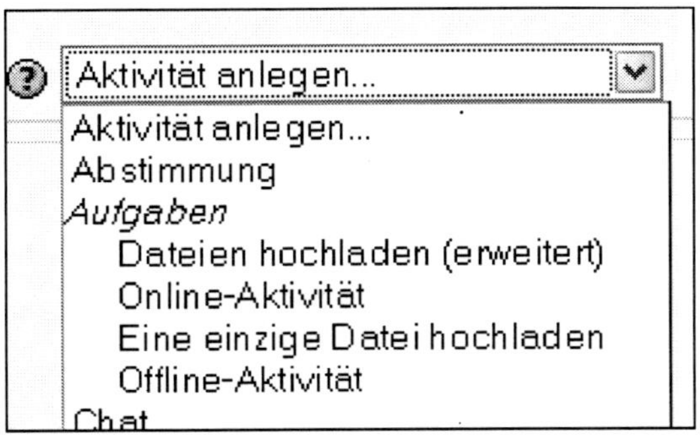

Es gibt verschiedene Aufgabentypen. Die Unterschiede betreffen die Art der Abgabe von Lösungen. Mit Version 1.8 wird die Auswahl des Aufgabentyps direkt im Auswahlmenu der Lernaktivitäten getroffen. In früheren Versionen erfolgt dies auf der ersten Seite beim Anlegen der Aufgabe.

Eine einzige Datei hochladen: erlaubt, eine Datei als Lösung hochzuladen.

Dateien hochladen: erlaubt, mehrereDateien hochzuladen und diese zu kommentieren.

Offline Aktivität: Stellen Sie die Aufgabe ein. Die Lösung sollen die Teilnehmer/innen schriftlich oder mündlich beim nächsten Treffen abgeben.

Online Aktivität: Die Lösung wird direkt in einem Eingabefenster bearbeitet. Sie erhalten nach dem Anklicken von „Weiter" u.a. die Option „eingearbeiteter Kommentar". Diese Funktion ist für das Feedback zur Lösung hilfreich. Nachdem der/die Teilnehmer/in eine Lösung abgegeben hat, können Sie ein Feedback formulieren. In Ihrem Kommentarfenster wird eine Kopie der Lösung des/der Teilnehmer/in angezeigt. Nun können Sie z. B. mit einer anderen Farbe Ihre Kommentare und Korrekturen in den Text einarbeiten. Die Originallösung bleibt erhalten. Danach kann der/die Teilnehmer/in, wenn die Option „Wiederholtes Einreichen" aktiviert ist, die Lösung noch einmal bearbeiten.

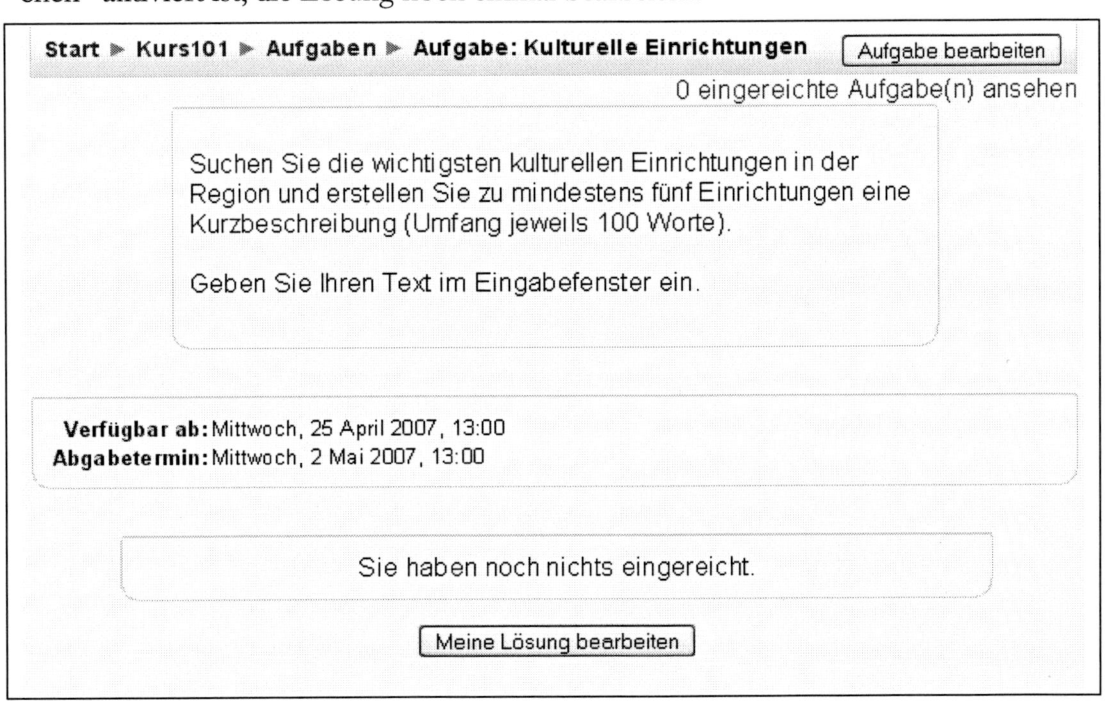

Aufgabenstellung für Teilnehmer/innen

Nach der Abgabe von Arbeiten durch die Teilnehmer/innen finden Sie als Trainer/in ein Übersichtsfenster mit allen Teilnehmer/innen. Ganz rechts können Sie in der Spalte „Status“ die einzelnen Lösungen aufrufen und in einem Kommentarfenster „korrigieren“ und bewerten. Das Übersichtsfenster zeigt die vergebene Bewertung, den Kommentar und die Bearbeitungstermine von Teilnehmer/innen und Trainer/innen. Eine mehrfache Bewertung und Kommentierung ist möglich. Einzelne Spalten können über das „-„ Zeichen ausgeblendet werden. Dadurch erhöht sich die Übersichtlichkeit.

Einstellungen

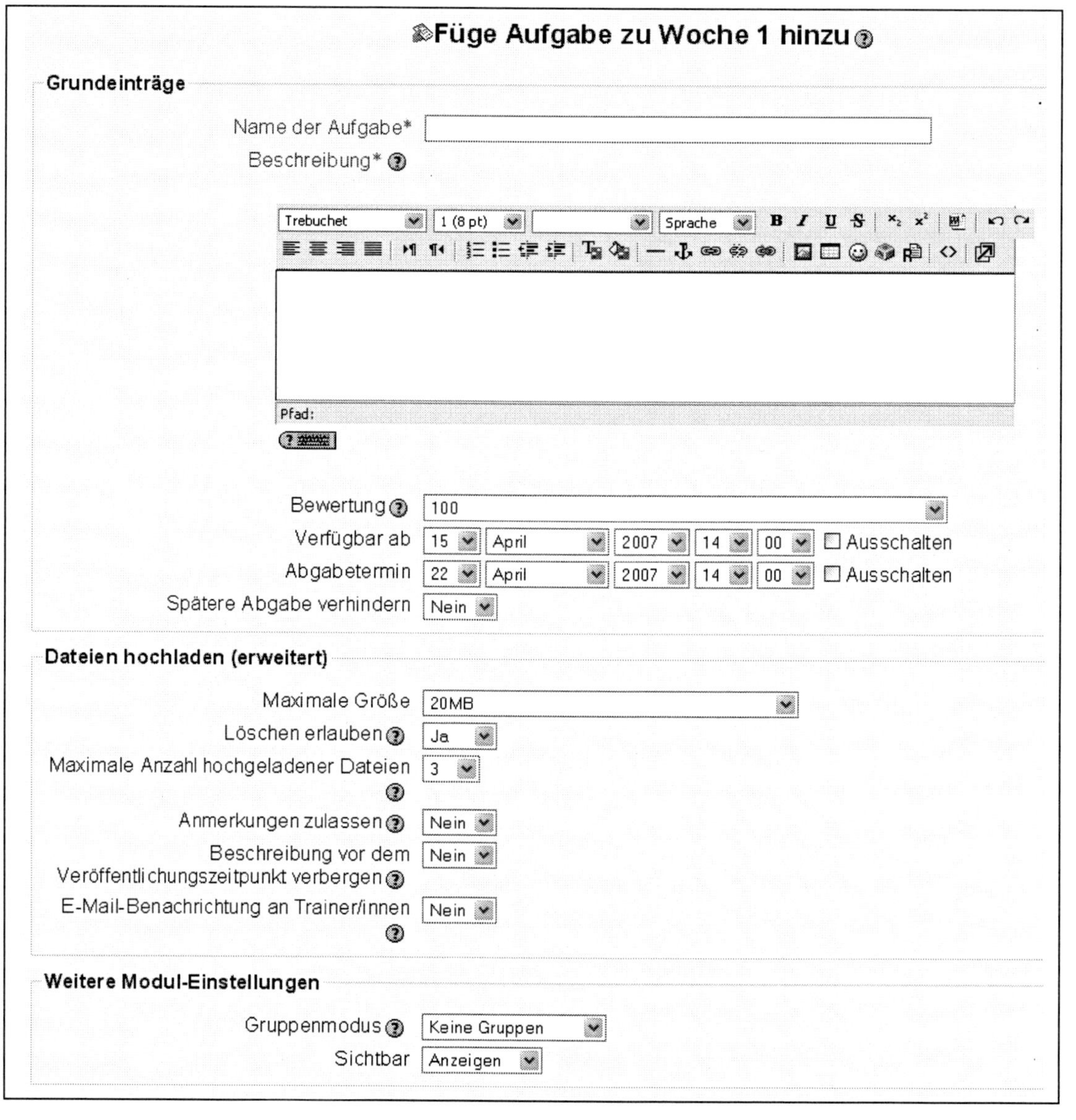

Die Einstellungen unterscheiden sich je nach Aufgabentyp. Daher sind in den einzelnen Typen jeweils nur bestimmte Einstellungen verfügbar.

Name der Aufgabe: ist der Titel der Aufgabe auf der Kursseite.

Beschreibung: ist die Aufgabenstellung für die Teilnehmer/innen.

Bewertung: legt die maximal zu vergebende Punktzahl oder die Bewertungsskala für die Bewertung durch die Trainerin fest.

Verfügbar ab/Abgabetermin: Zeitraum, in dem die Aufgabe sichtbar und eine Abgabe möglich ist.

Spätere Abgabe verhindern: eine Abgabe nach Ablauf der Frist ist nicht mehr möglich, wenn Sie „Ja“ eintragen.

Maximale Größe: legt die Obergrenze für einen Dateiupload fest.

Löschen erlauben: ermöglicht das Löschen einer hochgeladenen Datei durch einen Teilnehmer.

Maximale Anzahl hochgeladener Dateien: legt fest, wie viele Dateien hochgeladen werden dürfen je Teilnehmer/in.

Anmerkungen zulassen: stellt eine Kommentarfeld für Teilnehmer/innen zu den Dateien zur Verfügung.

Beschreibung vor dem Veröffentlichungszeitpunkt verbergen: Verbirgt den Kommentar.

E-Mail-Benachrichtigung an Trainer/innen: versendet nach Abgabe einer Lösung eine Benachrichtigung per E-Mail.

Erneutes Einreichen erlauben: ermöglicht, eine abgegebene Lösung noch einmal zu verbessern.

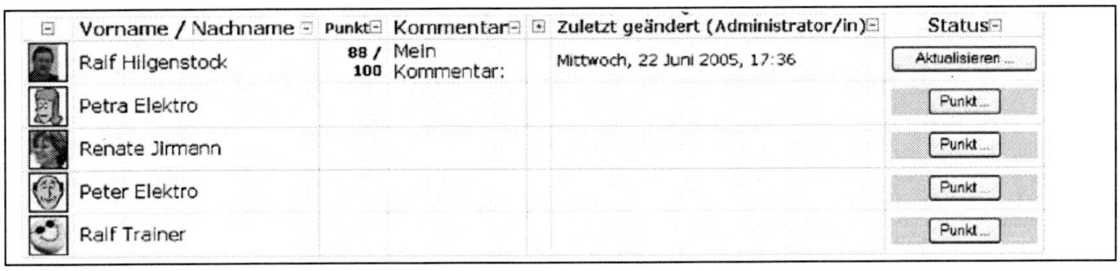

Eingearbeiteter Kommentar: stellt der Trainerin eine Kopie der Lösung in einem Texteingabefenster zur Verfügung und eröffnet die Option zur Kommentierung und Bewertung direkt in diesem Text (nur bei Online-Aufgabe).

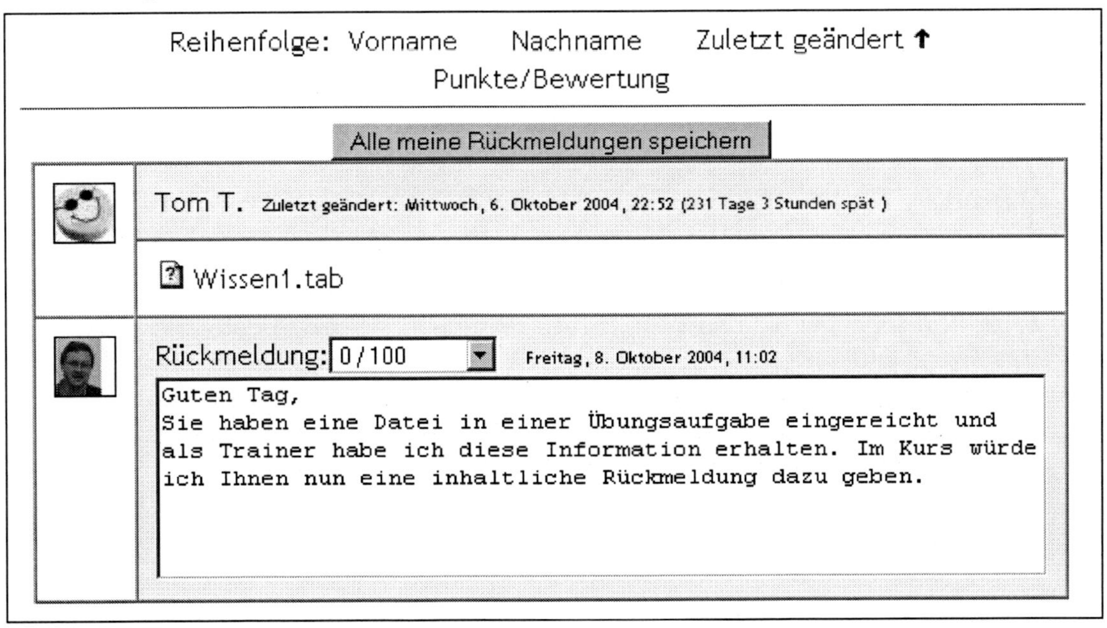

Blogs

Blogs sind im Internet entstanden, um auf einfache Weise Webseiten zu gestalten und regelmäßig Inhalte hinzuzufügen. Innerhalb von moodle gibt es auch eine – ein wenig versteckte - Funktion zur Erstellung von Blogs. Blogs eignen sich zur Erstellung eines (Lern-)Tagebuches oder zur Dokumentation der eigenen Auseinandersetzung mit einem Thema. Blogs können jedoch über die RSS-Feeds auch ausserhalb der moodle-Seite gelesen werden.

Sie finden Ihren eigenen Blogbereich bei Ihrem persönlichen Profil. Klicken Sie dazu auf Ihren Namen und dann auf den Begriff Blog in einem der Tabs. Der Eintrag eines neuen Beitrag im Blog ist einfach. Der Aufbau der Seite ähnelt einem neuen Foreneintrag. Es gibt jedoch zwei zusätzliche Felder. Mit den Schlagworten können Sie zu Ihrem Beitrag Stichworte (englisch: Tags) hinzufügen. Damit kategorisieren Sie Ihren Beitrag. Das hat den Vorteil, dass man über eine Suche alle Beiträge zu einem Schlagwort schnell finden kann. Mit der Auswahl „Veröffentlichen für…“ legen Sie fest, wer Ihren Beitrag lesen darf. Die Standardeinstellung lautet „für mich persönlich“. Der Beitrag ist dann für Externe nicht einsehbar.

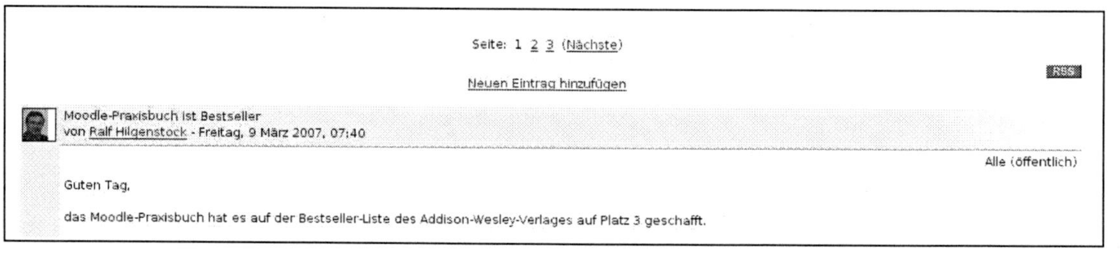

Hinweis: Es passiert schnell, dass ein Beitrag abgeschickt wird und diese Standardeinstellung stehen bleibt. Dann ist der Eintrag nur für Sie persönlich sichtbar.

Im Kursraum kann der Trainer einen Block einrichten, über den der Zugang zu den Beiträgen sehr einfach gemacht wird. Der Block zeigt an, zu welchen Themenbereichen Beiträge in Blogs eingetragen wurden. Die einzelnen Begriffe sind unterschiedlich groß. Je mehr Beiträge zu einem Stichwort veröffentlich wurden, desto größer ist der Begriff innerhalb dieser sog. Tagwolke dargestellt.

Um gezielt die Suche nach Begriffen zu ermöglichen, die in Ihrem Kurs verwendet werden, sollten Sie eigene Tags (Schlagworte) zu Ihrem Kursthema einrichten.

Einstellungen

Titel des Eintrags: Überschrift des Beitrags

Blogeintrag: Text des Postings

Anhang: Dateianhang hinzufügen

Veröffentlichen für: Sichtbarkeit des Beitrags. Die Auswahloptionen werden durch die Administration festglegt.

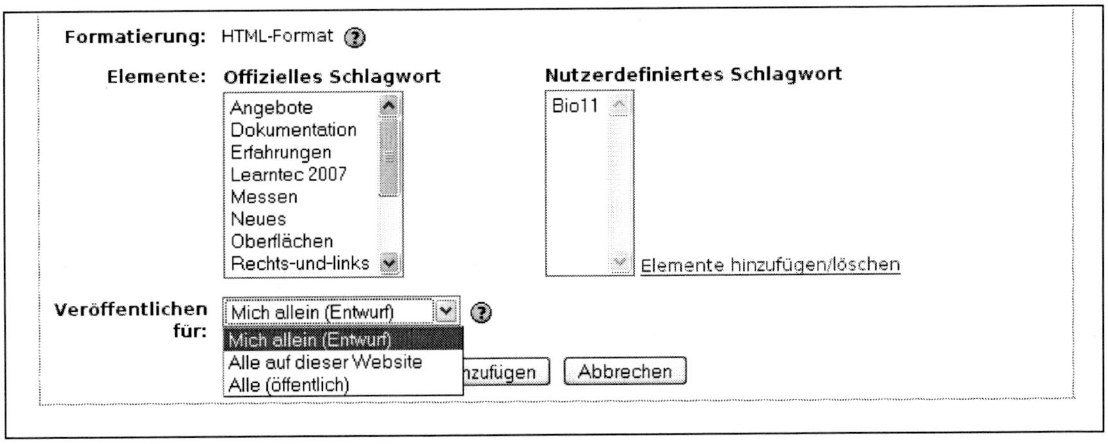

Offizielles Schlagwort: Schlagwort, das für alle Nutzer/innen angezeigt wird.

Nutzerdefinierte Schlagwort: Nur vom Nutzer verwendbares Schlagwort

Das moodle Blogsystem ist bewusst einfach gehalten. Die in den meisten externen Blogs zu findenden Kommentarfunktionen fehlen hier noch. Die Erweiterung der Blogfunktionen wird vom Feedback der Nutzer/innen abhängen.

Blog-Blöcke

Innerhalb des Kursraums stehen zwei Blöcke mit Bezug zum Blogsystem zur Verfügung.

Der Block „Blog-Schlagworte" zeigt die sog. Tagwolke mit den meistgenutzten Schlagwörten an. Wenn man auf einen Begriff klickt sieht man direkt alle Beiträge, die den Begriff als Tag /Schlagwort eingetragen haben.

Das Blogmenu ermöglicht direkt auf die Blogs zuzugreifen und dabei auch die Blogeinträge anderer Teilnehmer einzusehen, sofern diese ihre Beiträge auf sichtbar gesetzt haben.

Neuen Eintrag hinzufügen: Anlegen eines neuen Eintrags, analog zum Zugriff über die persönliche Profilseite.

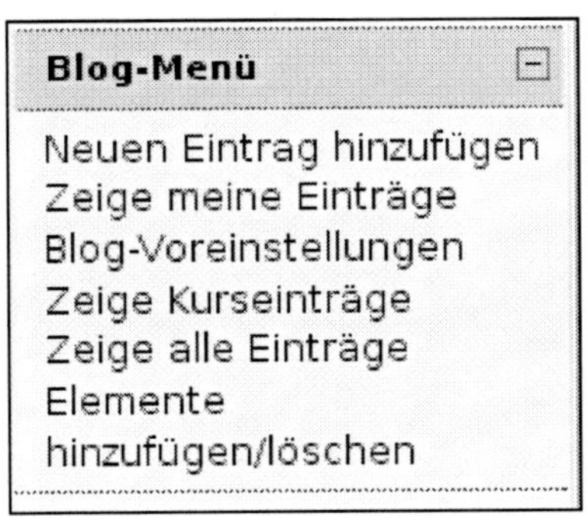

Zeige meine Einträge: Anzeige meiner eigenen Einträge.

Blog-Voreinstellungen: Zahl der Beiträge auf einer Anzeigeseite.

Zeige Kurseinträge: Nur Einträge von Kursteilnehmer/innen anzeigen.

Elemente hinzufügen/löschen: Anlegen von Schlagworten für die Blogs.

Buch

Buch ist ein optionales Modul und nicht in jeder Moodle-Installation enthalten.

Bücher in Moodle bieten die Möglichkeit, Informationen mit Texten und Bildern (Grafikdateien) bereit zu stellen. Dabei können wie bei gedruckten Büchern Kapitel und Unterkapitel eingefügt werden.

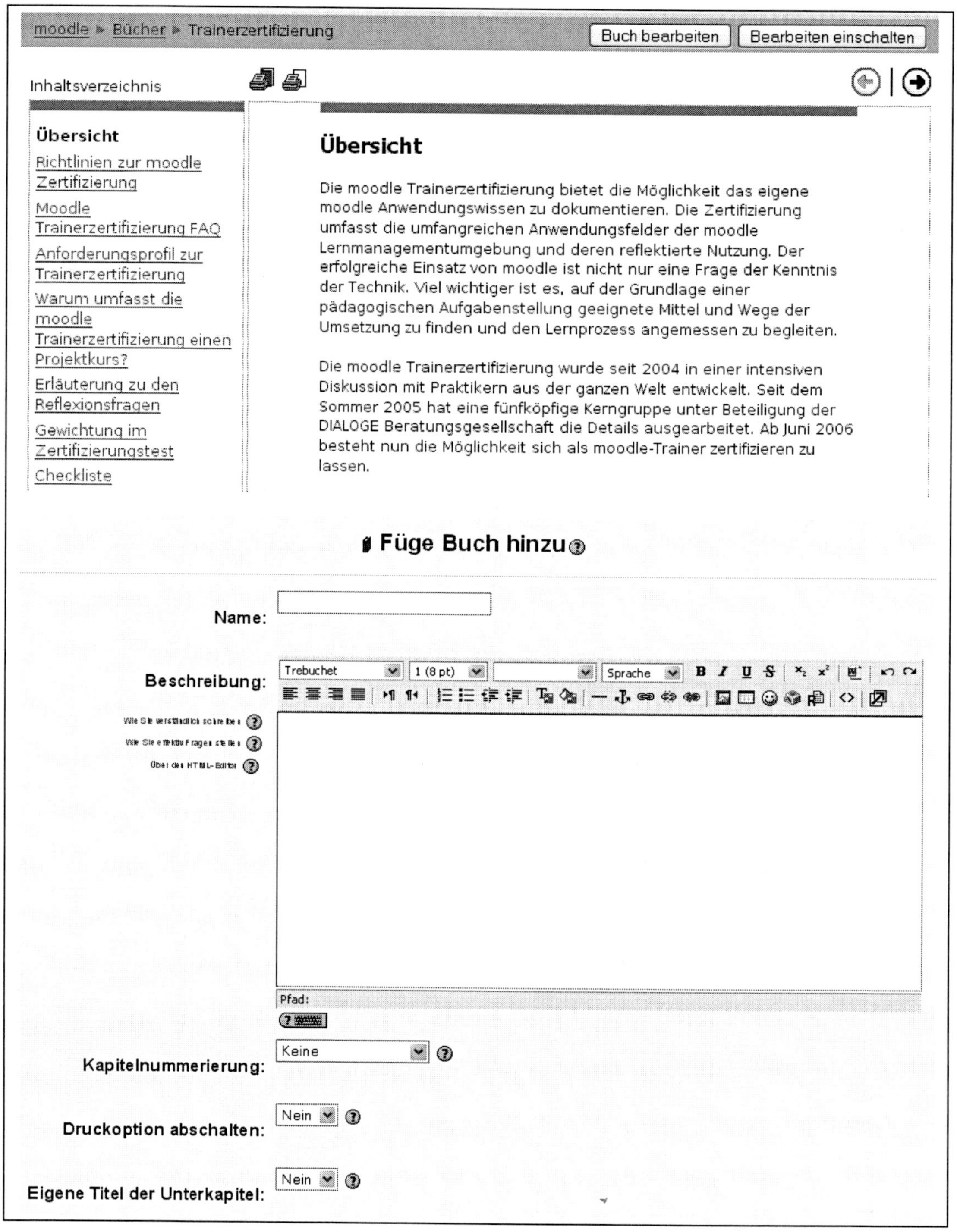

Einstellungen

Name: Bezeichnung des Buches auf der Kursseite.

Beschreibung: Erläuterung zum Inhalt des Buches.

Kapitelnummerierung: Legen Sie fest, ob und wie die Kapitel nummeriert werden. Dabei können Sie zwischen keine Nummerierung (alle Kapitel sind gleichberechtigt), Nummerierung, Aufzählungspunkten und Einrückung wählen.

Druckfunktion erlaubt den Druck des gesamten Buches und einzelner Abschnitte des Buches.

Druckoption abschalten: In Büchern gibt es ein Druckersymbol, mit dem das Buch ausgedruckt werden kann. Dabei kann zwischen dem gesamten Buch und einzelnen Kapiteln gewählt werden. Mit dieser Option kann das Drucksymbol auf den Buch-Seiten entfernt werden.

Eigene Titel der Unterkapitel: Legt fest, ob die Kapiteltitel auch auf der Buchseite angezeigt werden.

Nach der Speicherung Ihrer Angaben erhalten Sie ein neues Formular zur Einstellung der ersten Seite „Kapitel bearbeiten". Hiermit legen Sie die erste Seite an.

Einrichten der ersten Seite

Titel des Kapitels: Name des Kapitels, der im Buch in der linken Spalte der Kapitelüberschriften (Inhaltsverzeichnis) angezeigt wird.

Unterkapitel: klicken Sie dieses Kästchen an, wenn die Seite als Unterkapitel eingerichtet werden soll.

Inhalt: fügen Sie nun Ihren Text ein. Es hat sich bewährt, Texte in einer Textverarbeitung vorzubereiten und dann kapitelweise einzufügen.

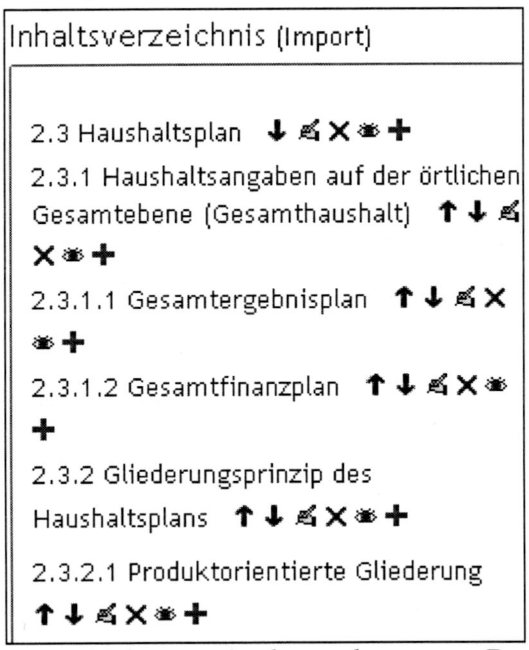

Nach dem Speichern kommen Sie in Ihr Buch. In der linken Spalte ist das Inhaltsverzeichnis, rechts Ihr Text zu sehen. Wenn mehrere Seiten vorhanden sind, finden Sie auf der rechten Seite oberhalb und unterhalb des Textes Pfeiltasten, mit denen Sie innerhalb des Textes zur vorherigen oder zur nächsten Seite navigieren.

Weitere Seiten werden eingefügt, indem Sie auf das rote Pluszeichen im Inhaltsverzeichnis klicken und damit unterhalb der bestehenden Seite eine weitere Seite einfügen.

Die anderen Symbole haben die gleiche Bedeutung wie die Bearbeitungssymbole auf der Kursseite für Lernaktivitäten (Verschieben nach oben oder unten, Bearbeiten des Textes, Löschen, sichtbar oder unsichtbar).

Importfunktion

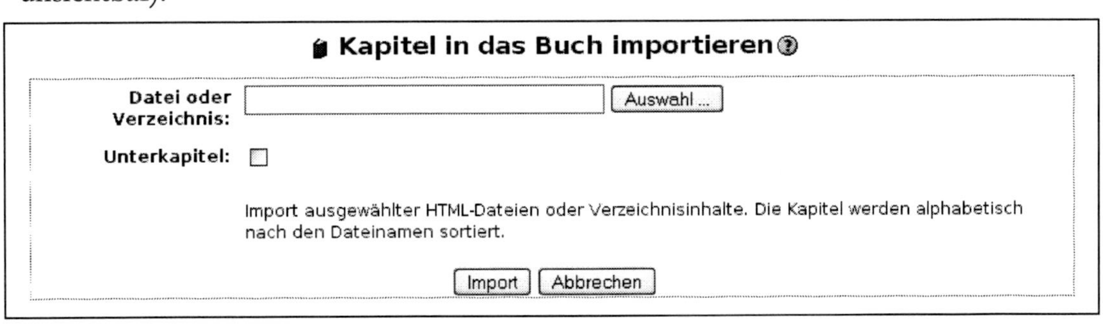

Mit der Importfunktion können Sie eine Reihe von Dateien im HTML-Format als Kapitel in das Buch importieren. Wenn Sie mehrere Dateien zuvor in ein Verzeichnis geladen haben, können Sie mit dem Import alle diese Dateien auf einmal importieren. Die Dateien werden in alphabetischer Reihenfolge der Dateinamen importiert. Jede Datei wird zu einem neuen Kapitel.

Word-Dateien importieren

Wenn Sie Word-Dateien importieren wollen, speichern Sie diese in Word zunächst im HTML-Format ab und importieren Sie dann diese HTML-Dateien.

Tipp: Halten Sie die Kapitelabschnitte kurz und gestalten Sie sie übersichtlich. Das erhöht die Lesefreundlichkeit am Bildschirm. Achten Sie bei der Einbettung von Bildern darauf, dass die Nutzer unterschiedliche Bildschirme und Auflösungen verwenden.

Chat

Der Chatraum erweitert die Kommunikationsmöglichkeiten um einen schriftlichen Austausch zur gleichen Zeit. Normalerweise treffen sich einige oder alle Teilnehmer/innen zu einem verabredeten Zeitpunkt im virtuellen Chat. Dort können sie miteinander diskutieren.

Die Diskussion im Chat erfolgt schriftlich wie im Forum. In einem Eingabefeld wird der Text eingetragen. Mit der Bestätigung durch die Absatztaste (Return) wird der Text losgeschickt und in Sekundenschnelle allen anderen im Chatraum angezeigt. Die Beiträge werden in der Reihenfolge des Absendens angezeigt.

Chat-Diskussionen: Direkte Kommunikation

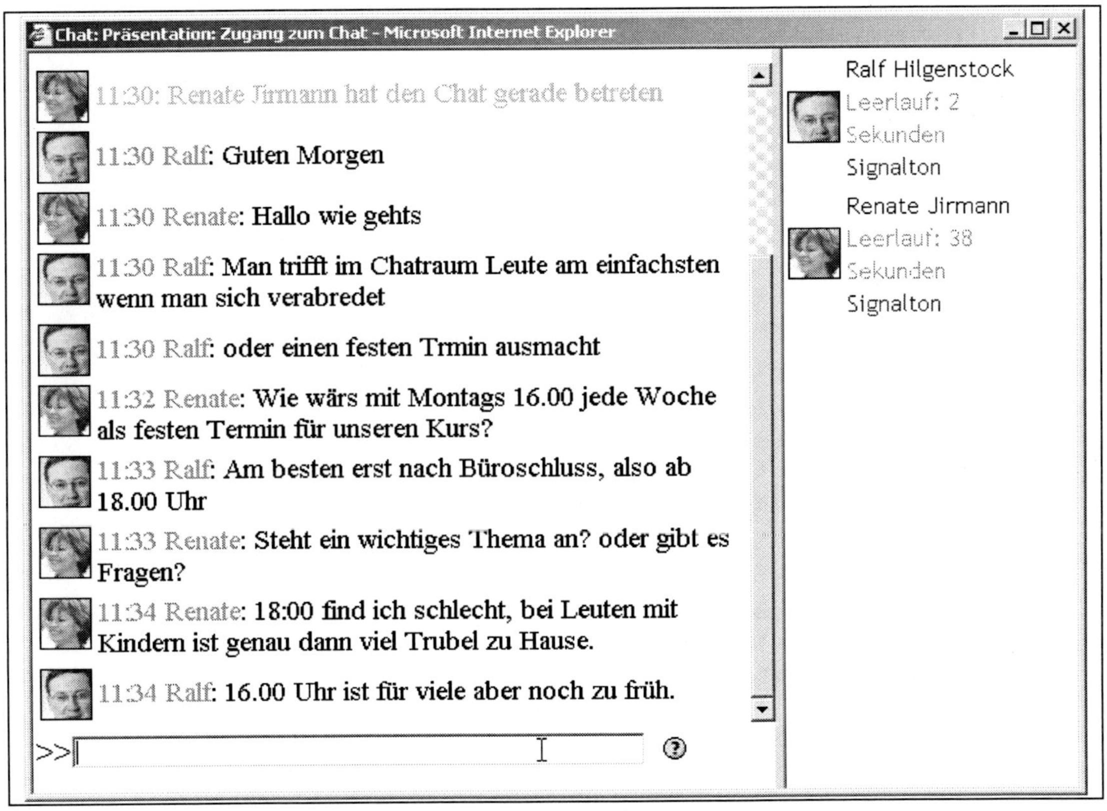

Chatzeiten müssen zuvor veröffentlicht werden. Sonst ist es Zufall, dass man jemanden im Chatraum antrifft. Nutzen Sie den Chat für eine tägliche / wöchentliche Rücksprache mit den Teilnehmer-/innen. Sie geben Zeiten bekannt, zu denen Sie im Chatraum für Absprachen und Fragen zur Verfügung stehen (z.B. jeden Montag von 17.00 bis 18.00 Uhr). Der Chatraum kann über die angekündigten Zeiten hinaus jederzeit von den Teilnehmer/innen genutzt werden. So können sich die Mitglieder einer Arbeitsgruppe zum Chat verabreden.

Die Diskussionen im Chat können protokolliert werden. Diese Option bietet Teilnehmer/innen, die zur angekündigten Chatzeit nicht teilnehmen konnten, die Möglichkeit, die Diskussion noch einmal nachzulesen.

Unsere Erfahrung zeigt, dass Chats zunächst als sehr interessante Möglichkeit im Kursraum gesehen werden, praktisch jedoch nur selten oder nur zufällig genutzt werden. Zumeist erweist sich das Forum als viel bedeutsamer für den Kurs, weil es den Teilnehmer/innen die Freiheit lässt, wann Sie einen Beitrag schreiben.

Der Umgang mit dem Chat verlangt von allen Beteiligten eine gewisse Disziplin, damit nicht wild durcheinander „gesprochen“ wird. Die Teilnehmer/innen legen sehr unterschiedliche Geschwindigkeiten an den Tag. Da die Beiträge in der Reihenfolge des Abschickens angezeigt werden, muss man sich sehr auf die Texte konzentrieren, um dem Diskussionsverlauf zu folgen.

Einstellungen

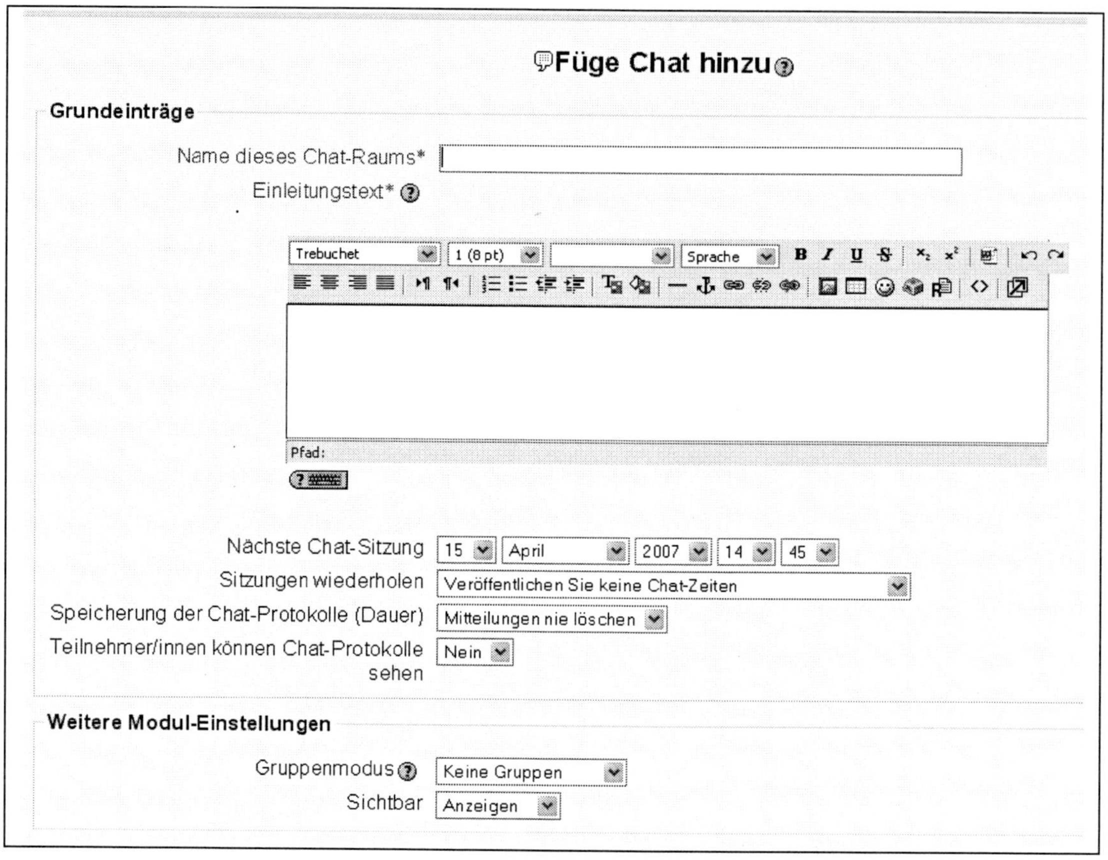

Name dieses Chatraums: Titel des Chatraums, der als Link auf der Kursseite erscheint.

Einleitungstext: Informationen zur Nutzung des Chats. Sinnvollerweise sollte hier auch darauf hingewiesen werden, ob die Chat-Sitzungen aufgezeichnet und veröffentlicht werden und dass der Chat auch außerhalb der angekündigten Zeiten genutzt werden kann.

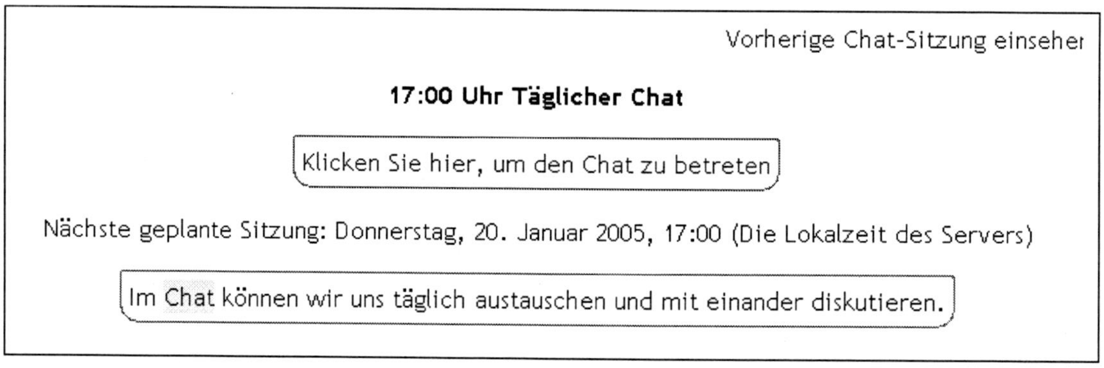

Nächste Chat-Sitzung: kündigen Sie hier den Termin und die Uhrzeit der nächsten Sitzung an.

Sitzungen wiederholen: Legen Sie fest, ob Chatzeiten angezeigt werden sollen, und ob der Termin täglich oder wöchentlich wiederholt wird. Die Termine werden automatisch in den Kalender als Kurstermin übernommen.

Speicherung der Chatprotokolle (Dauer): Legen Sie fest, ob und wie lange die Chatprotokolle gespeichert werden sollen.

Speicherung der Chatprotokolle erlaubt Teilnehmer/innen die Diskussion nachzulesen.

Teilnehmer/innen können Chatprotokolle sehen: „Ja" bedeutet, die Sitzungsprotokolle sind für alle Teilnehmer/innen sichtbar und nachlesbar. „Nein" bedeutet, die Protokolle können nur von den Trainer/innen gesehen werden. Diese Option ist nur wirksam, wenn die Chatprotokolle gespeichert werden.

Chatsitzungen sind in der Wahrnehmung der Teilnehmer/innen ein interaktives Element, das den Wunsch nach direkten Antworten und direktem Kontakt erfüllt. Trotz der beschriebenen Hemmnisse erweist sich der Chat als ein interessantes Instrument der Teilnehmeraktivierung.

Gruppenmodus: Chats können auch gruppenintern durchgeführt werden.

Bitte beachten Sie: Chats erfordern hohe Kapazitäten auf dem Server. Daher können sich während des Chatbetriebs andere Aktivitäten z.T. deutlich verlangsamen.

Datenbank

Die Datenbank ist eine Möglichkeit, strukturiert Informationen zu erfassen. Der Trainer erstellt dazu eine Art Tabelle, in der Informationen, Links und Dateien oder Bilder gesammelt werden können. Diese können anschließend gezielt durchsucht und wieder aufgerufen werden.

Listenasicht der Datenbankeinträge

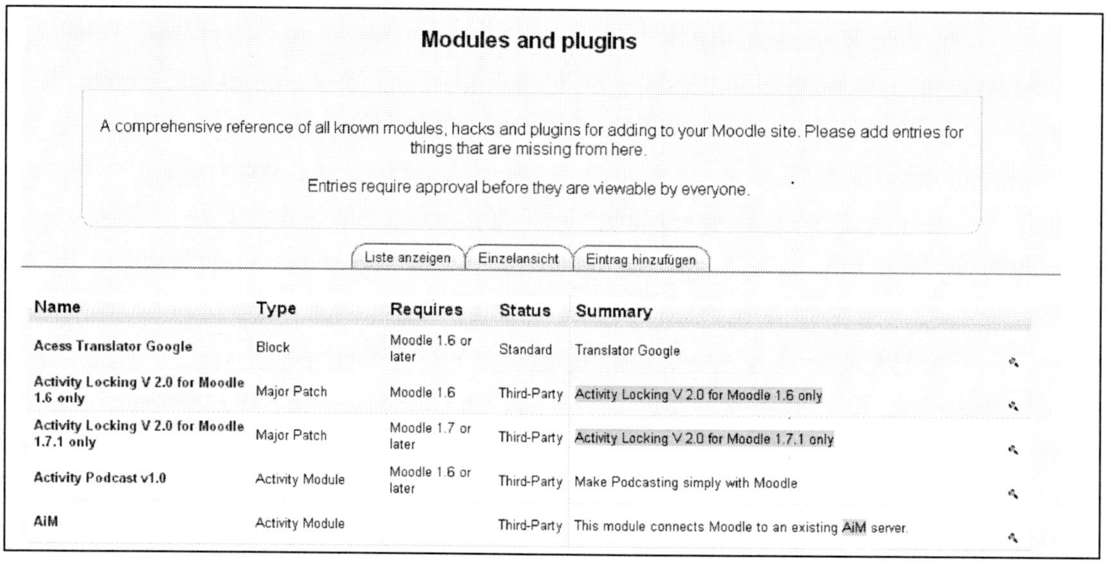

Einzelansicht der Datenbankeinträge

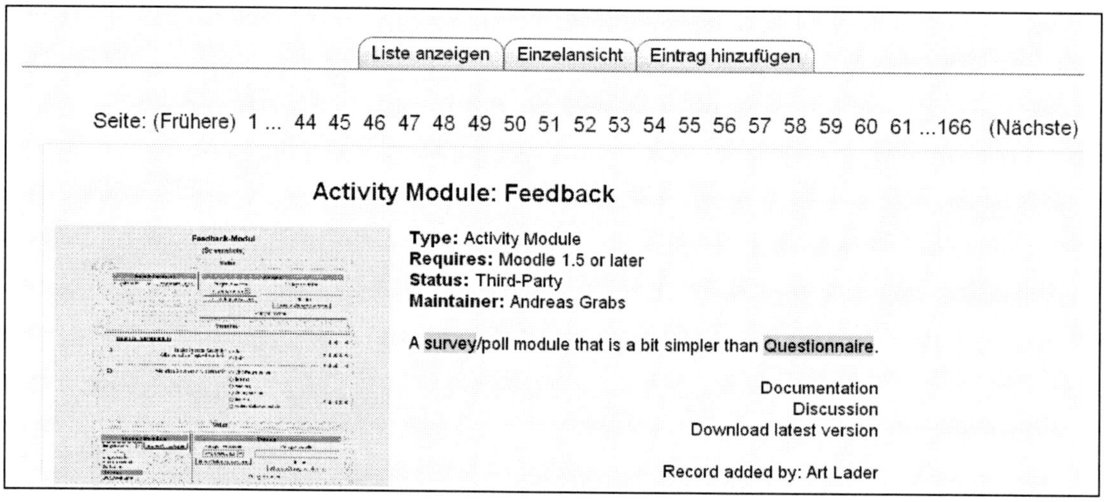

Bei der Eingabe sehen Sie eine Reihe von Feldern. Hier können Sie direkt Texte und Daten, URL-Adressen von Webseiten oder Dateien, die auf Ihrem PC liegen eintragen. Nach dem Speichern können diese von den anderen Teilnehmer/innen genutzt werden. Die Einträge in die Datenbank können von Teilnehmer/innen und Trainer/innen gemacht werden.

Einstellungen

Name: Bezeichnung auf der Kursseite.

Einführung: Informationstext zum Sinn und Zweck oder der Aufgabenstellung, die mit der Datenbank verbunden ist.

Verfügbar ab/bis: Zeitraum, in dem Einträge vorgenommen werden können.

Sichtbar ab/bis: Zeitraum, in dem Einträge angezeigt werden.

Erforderliche Einträge: Zahl der Einträge, die von Teilnehmer/innen erwartet werden.

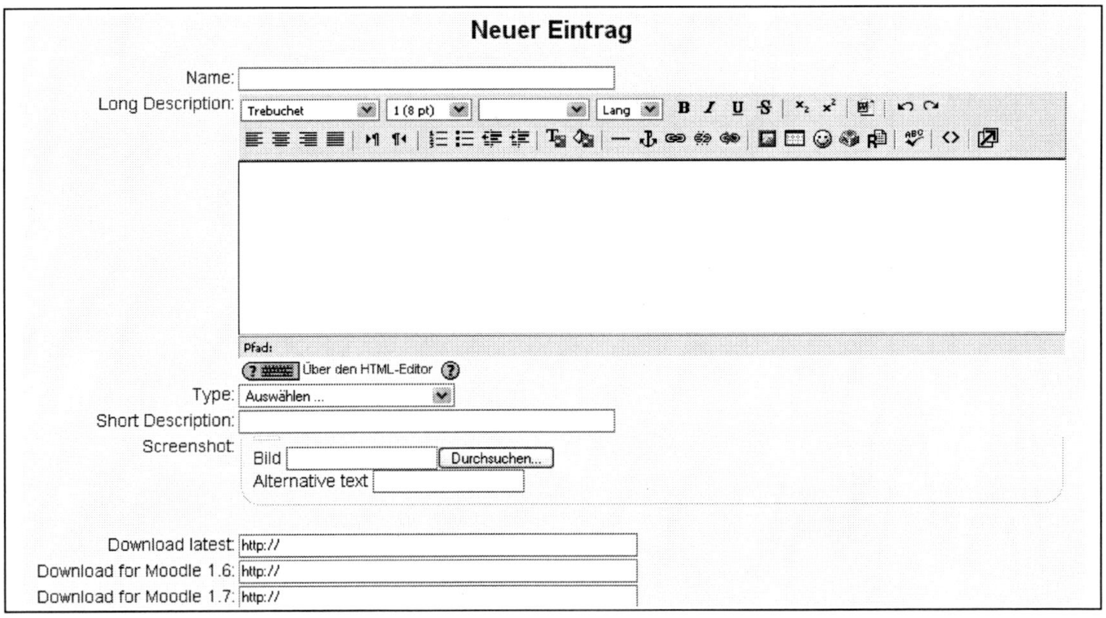

Formular zum Erfassen neuer Datensätze

Einträge erforderlich, bevor Ansicht aller Daten möglich: Diese Zahl von Einträgen muss mindestens vorgenommen werden, bevor Einträge anderer angesehen werden dürfen.

Einträge (Höchstzahl): maximal zulässige Zahl der Einträge pro Teilnehmer/in.

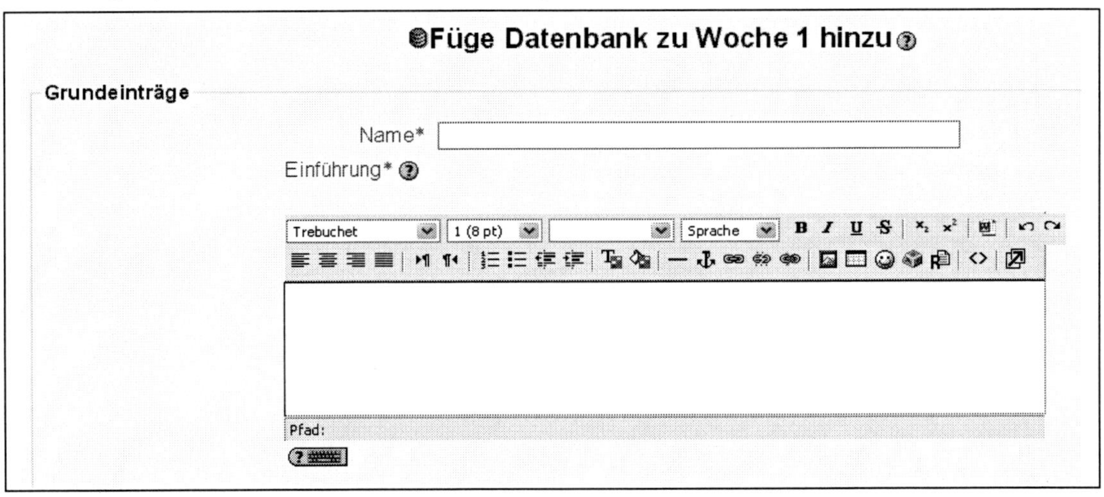

Kommentare: erlaubt, Kommentare zu den Einträgen vorzunehmen.

Freigabe erforderlich: legt fest, ob Einträge erst von Trainer/innen freigegeben werden müssen, bevor Sie sichtbar werden.

RSS-Beiträge: Erstellt RSS-Feed für die Datenbank.

Bewertung von Beiträgen: Legt fest, ob Einträge bewertet werden, sollen und mit welchem Bewertungsraster.

Zunächst müssen für die Datenbank Felder angelegt werden, in denen später Informationen erfasst werden. Die Datenbankfelder unterscheiden sich und müssen daher je nach Typ gezielt ausgewählt werden.

Datenbankfelder anlegen

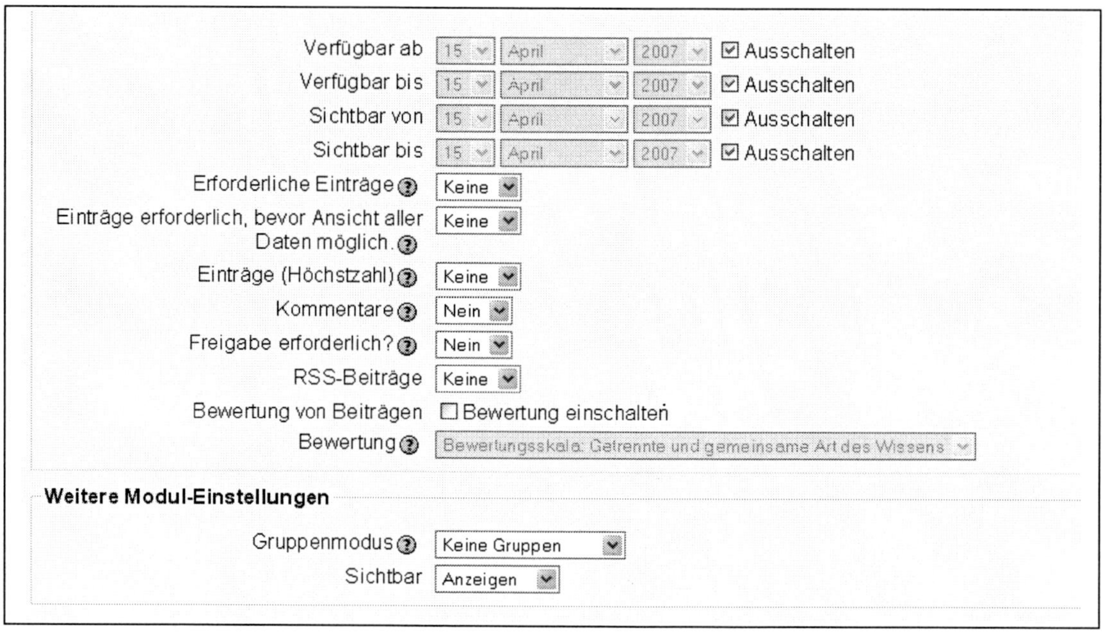

Hier werden neue Datenbankfelder angelegt

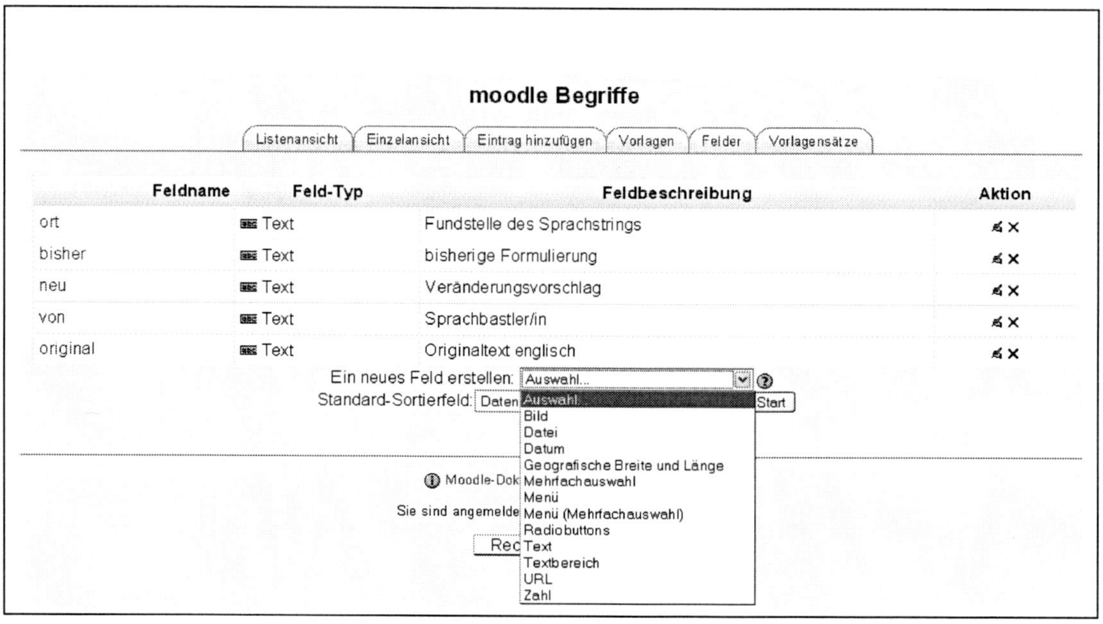

Im Auswahlfeld auf der Seite stehen folgende Optionen zur Verfügung.

Bild: Upload eines Bildes mit automatischer Anzeige des Bildes in der gewählten Größe.

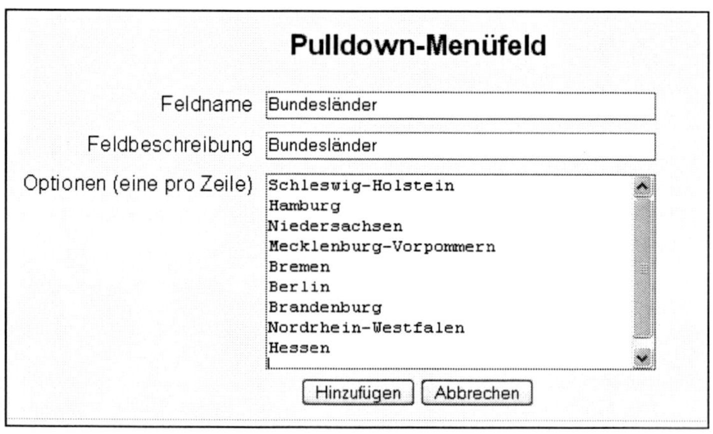

Datei: Upload einer Datei.

Datum: Datumseintrag.

Geografische Breite und Länge: Geografische Ortsangabe mit automatischer Verlinkung zu Google Earth.

Mehrfachauswahl: mehrere vorgegebene Einträge können angeklickt werden.

Menu: Auswahlmenu mit der Option zur Auswahl eines Eintrags.

Menu (Mehrfachauswahl): Auswahlmenu. Mit gehaltener Shift-Taste oder Strg-Taste könen mehrere Einträge ausgewählt werden.

Radiobuttons: Anklickfelder neben den Auswahloptionen.

Text: Textzeile mit definierter Länge.

Textbereich: mehrzeiliges Texteingabefeld.

URL: Webadresse mit automatischer Verlinkung (Option Autoverlinkung).

Zahl: numerisches Eingabefeld.

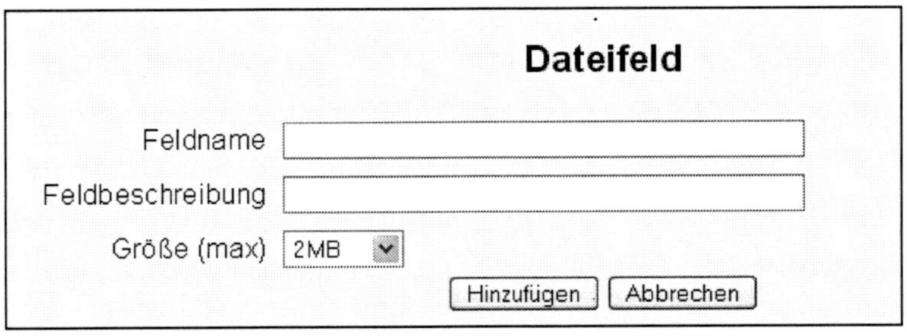

Nach der Auswahl eines Feldtyps müssen die Bezeichnungen für die Felder ausgefüllt werden. Diese werden später in der Tabelle angezeigt. Bei den Mehrfachauswahlfeldern müssen zudem die Auswahloptionen für die Ausfüllenden definiert werden. In dem Eingabefeld muss jeder Wert in einer separaten Zeile geschrieben werden.

Gestaltung der Datenbankansicht

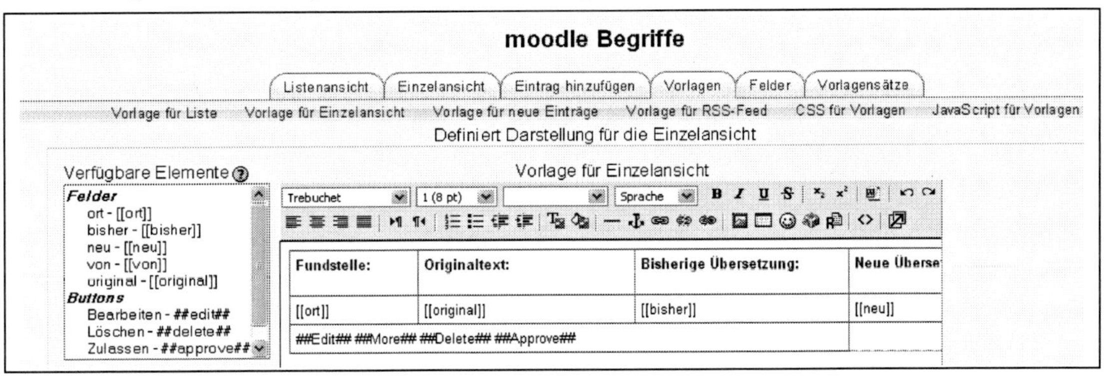

Nachdem die vorgesehenen Felder angelegt wurden, werden die weiteren Reiter auf der Seite relevant:

Einzelansicht: zeigt jeden Eintrag einzeln an. Erst verfügbar, wenn Einträge vorhanden sind.

Listenansicht: zeigt alle Einträge in einer Listenansicht an. Erst verfügbar, wenn Einträge vorhanden sind.

Eintrag hinzufügen: Erlaubt das Eintragen neuer Daten.

Vorlagen: Hier findet die Gestaltung der Ansicht für „Einzelansicht", „Listenansicht" und „Eintrag hinzufügen" statt.

Felder: Hier wurden bereits die Felder angelegt. Vorlagensätze: hier können Datenbankeinträge importiert oder exportiert werden. Der Import erfolgt über eine Komma-separierte Liste (CSV-Datei), in der die einzelnen Inhalte nacheinander aufgelistet sind und mit Kommata voneinander getrennt werden.

Beim Anlegen der Datenbank ist die Gestaltung der Ansicht zunächst von besonderer Bedeutung. Wählen Sie dazu den Reiter „Vorlagen" aus und für welche der angezeigten Ansichten Sie eine Gestaltung vornehmen wollen.

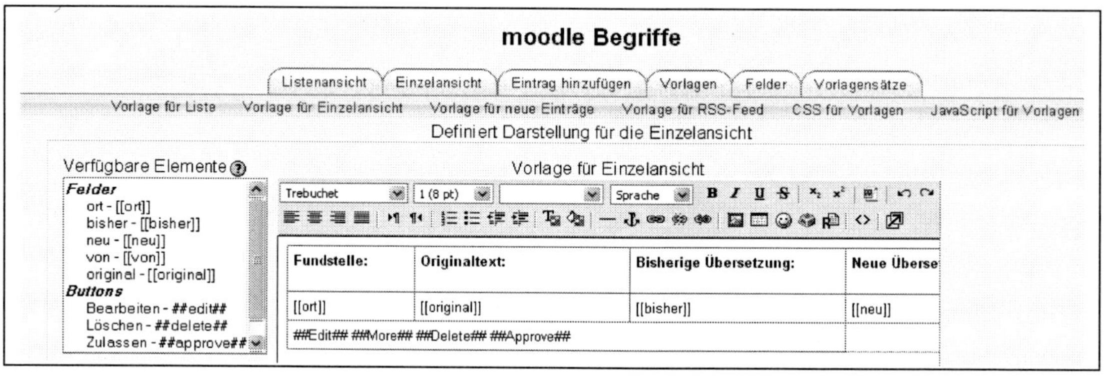

Die Anzeige der verschiedenen Ansichten erfolgt in Tabellen. Das Prinzip erkennen Sie leicht, indem Sie sich die Standardanzeige ansehen, die für die bereits angelegten Felder automatisch verwandt wird. Textbezeichnungen werden direkt übernommen und in doppelten eckigen Klammern [[Feldtitel]] werden die Namen der Felder als Platzhalter eingetragen. Hier wird später der Wert aus der Datenbank oder ein Eingabefeld angezeigt.

Für die Formatierung ist es hilfreich, sich mit den erweiterten Funktionen der Tabellengestaltung in der vergrößerten Editoransicht, bzw. mit der Tabellenformatierung mit HTML auszukennen. Zusätzliche Gestaltungsmöglichkeiten bestehen über CSS-Formatierung in einem besonderen Eintragsfeld. Der Button „Editor ausschalten" schaltet den WYSIWYG-Editor aus und die HTML-Ansicht an.

In Moodle werden viele Gestaltungselemente standardmässig zentriert angezeigt. Bereits durch die links- oder rechtsbündige Darstellung innerhalb der Tabellen kann die Gestaltung verbessert werden. Nutzen Sie immer wieder die Möglichkeit, die Tabelle abzuspeichern und die Ansicht zu überprüfen.

Tipp: In der Vorlagengestaltung für die Listenansicht werden die Kopfzeile und die Fußzeile unabhängig von den Inhaltszeilen („Wiederholter Eintrag") gestaltet. Damit die Kopfzeilen und die Eintragszeilen übereinander stehen, ist es erforderlich, die Spaltenbreite in beiden Abschnitten fest und identisch zu definieren.

Tipp: Mit Hilfe des Datenbankmoduls lässt sich leicht eine Uploadmöglichkeiten für Dateien durch Teilnehmer/innen einrichten. Die Teilnehmer/innen können diese dann in verschiedene andere Lernaktivitäten verlinken.

Feedback

Das Feedbackmodul erfüllt einen immer wieder von Moodle-Nutzern geäußerten Wunsch zur Erstellung eigener Befragungen und Evaluationen. Im Unterschied zum Modul „Umfrage", das fest definierte Strukturen und Fragen beinhaltet, ermöglicht das Feedbackmodul, Befragungsstrukturen frei anzulegen, grafisch auszuwerten und zu exportieren. Zudem ist die kursraumübergreifende standardisierte Befragung und die anonyme Befragung möglich.

Feedback ist ein optionales Modul und nicht in jeder Moodle-Installation enthalten.

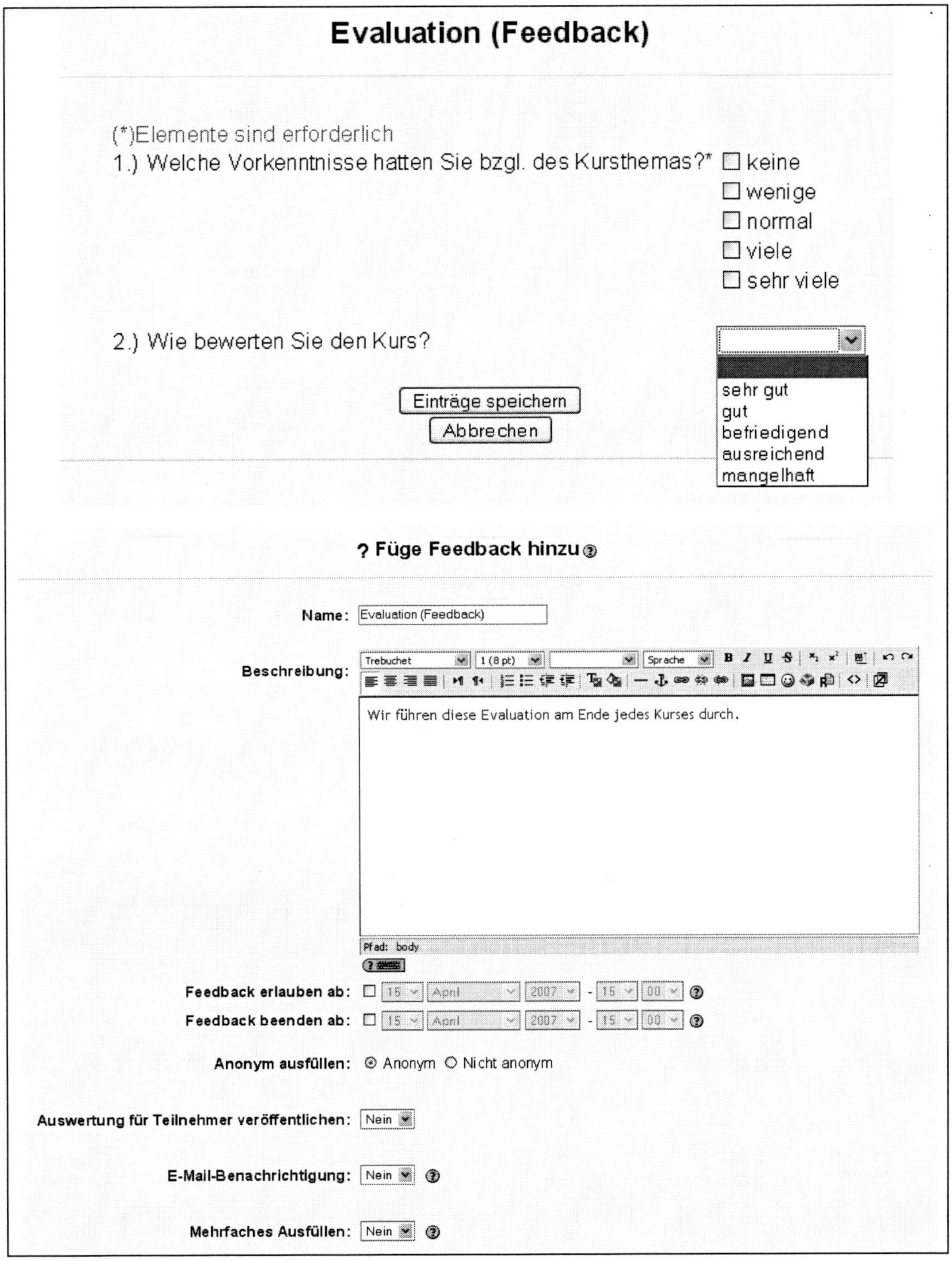

Einstellungen:

Name: Titel auf der Kursseite.

Beschreibung: Information für die Teilnehmer/innen über das Feedback.

Feedback erlauben ab/beenden ab: Zeitraum für die Durchführung des Feedbacks.

Anonym ausfüllen: ermöglicht das anonyme Ausfüllen des Feedbacks.

Auswertung für Teilnehmer veröffentlichen: macht die Ergebnisse für die Teilnehmerinnen zugänglich.

E-Mail-Benachrichtigung: an die Trainer/innen nach dem Ausfüllen eines Fragebogens.

Mehrfaches Ausfüllen: erlaubt das mehrfache Bearbeiten durch Teilnehmer/innen.

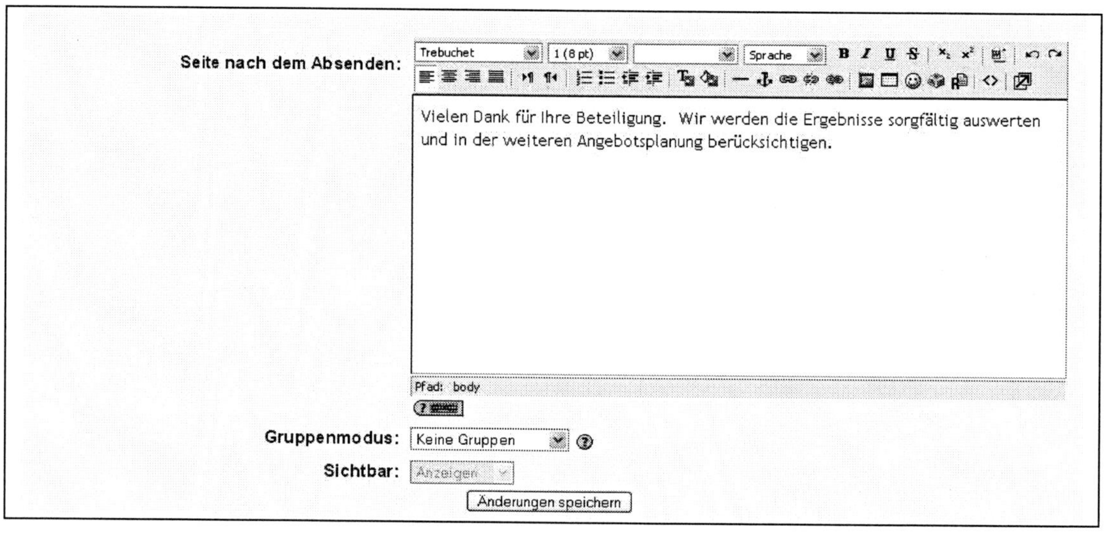

Seite nach dem Absenden: legt den Inhalt einer Abschlußseite fest.

Die einfach gestaltete Übersichtsseite ermöglicht zunächst Befragungselemente durch Klick auf „Elemente bearbeiten" anzulegen.

Falls bereits ein Feedback vorhanden ist und dieses als Ausgangspunkt für das neu zu erstellende Feedback verwendet werden soll, kann dies rechts ausgewählt oder importiert werden.

Ein neues Feedback wird über den Bereich „Elemente hinzufügen" angelegt. Wählen Sie zunächst ein Element aus. Die verschiedenen Frageformen werden als Elemente bezeichnet. Vom Datenerhebungstyp haben sie große Ähnlichkeit mit den Elementen im Datenbankmodul.

Multiple-Choice Checkboxen: Anklickkästchen mit der Option, mehrere Werte anzuklicken.

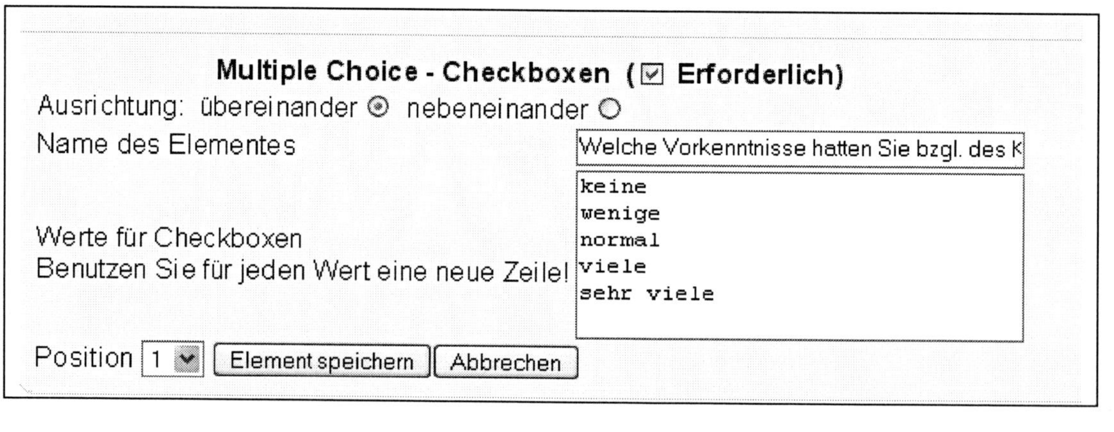

Dropdown-Liste: Auswahlmenu zum Aufklappen.

Dropdown-Liste skaliert: Menu mit Auswahloption und Zahlwerten.

Beschriftung: Überschrift oder textliche Erläuterung.

Numerische Auswahl: Es wird ein Zahlenraum definiert, aus dem ein Wert ausgewählt und in ein Eingabefeld eingetragen werden kann.

Bildauswahl: Als Auswahl werden Bilder zur Verfügung gestellt. Diese sind in der Lernaktivität hinterlegt. Standardmässig sind Flaggen auswählbar. Um weitere Bilder zu ergänzen, müssen vom Admin Bilder hochgeladen werden.

Single-Choice Radio Button: Anklickbuttons für jeden Wert

Radio-Button-Choice skaliert: Anklickbuttons für jeden Wert. Für jeden Wert wird eine Position (z.B. Zahl) auf einer Skala definiert.

Eingabebereich: mehrzeiligesTexteingabefeld

Eingabezeile: Textzeile mit festgelegter Länge

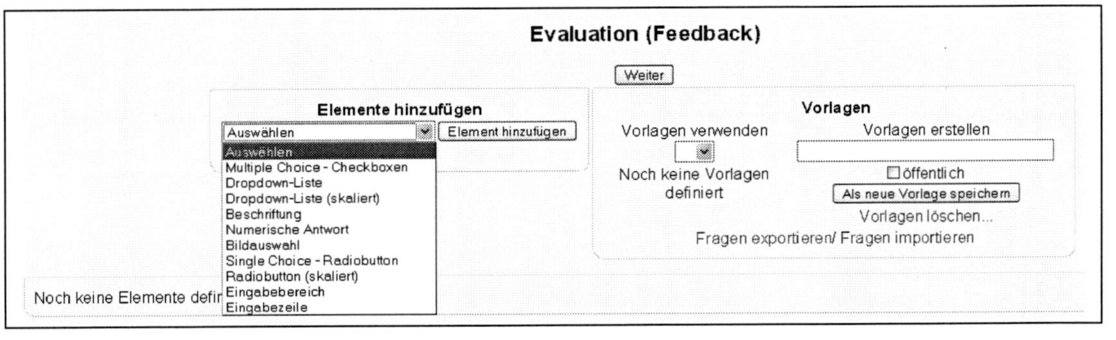

Alle angelegten Elemente werden anschließend in der Vorschau angezeigt. Die Vorschau erlaubt, die Elemente zu verschieben, zu bearbeiten oder als Pflichtelement zu markieren, aber auch, sie wieder zu löschen.

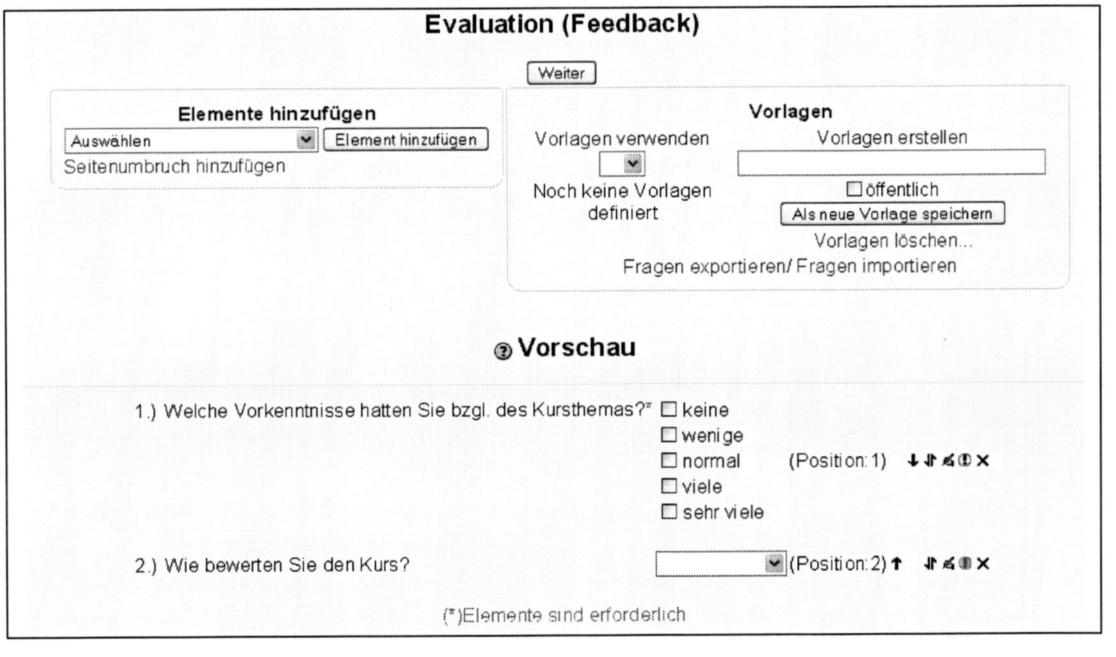

Wenn Sie mit den angelegten Elementen zufrieden sind, geben Sie sie mit einem Klick auf „Weiter" im oberen Teil der Seite für die Teilnehmer/innen frei. Dort können Sie sich unter „Einträge anzeigen" einzelne ausgefüllte Feedbacks ansehen oder unter „Auswertung (ausgefüllte Feedbacks)" das summarische Ergebnis des Feedbacks ansehen.

Das Ergebnis eines Feedbacks können Sie als Excel-Datei exportieren und mit anderen Programmen auswerten.

Eine kursraumübergreifende Befragung wird auf der Startseite des moodle-Systems angelegt und den Kursen zugeordnet, in denen das Feedback durchgeführt werden soll.

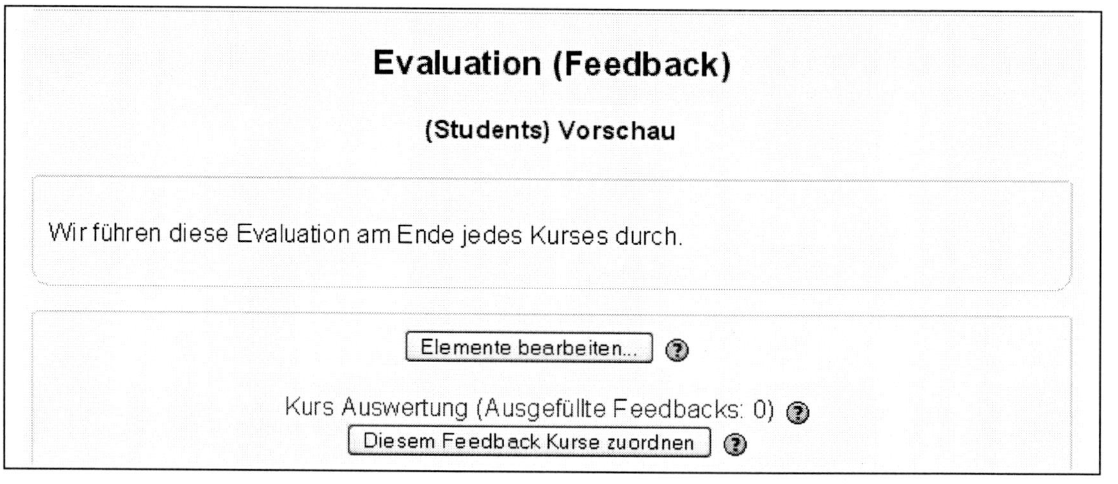

Im Kursraum steht ein Feedback-Block zur Verfügung, in dem Sie dann diese Befragung aufrufen können.

Foren

Foren sind ein zentraler und sehr flexibler Teil der Kursgestaltung. Ein Forum ist ein Ort, an dem Teilnehmer/innen miteinander kommunizieren, Informationen austauschen, Projekte vorbereiten und einander unterstützen. Die Kommunikation im Forum findet asynchron, also zeitversetzt statt.

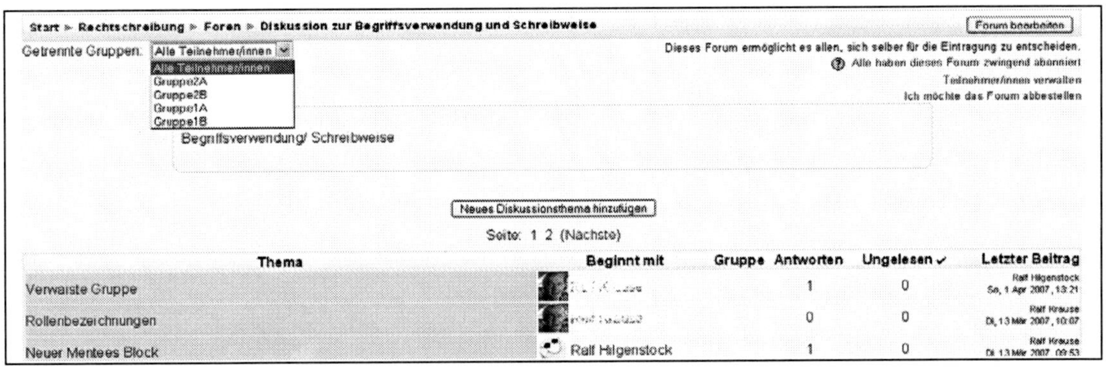

Themenübersicht des Forums

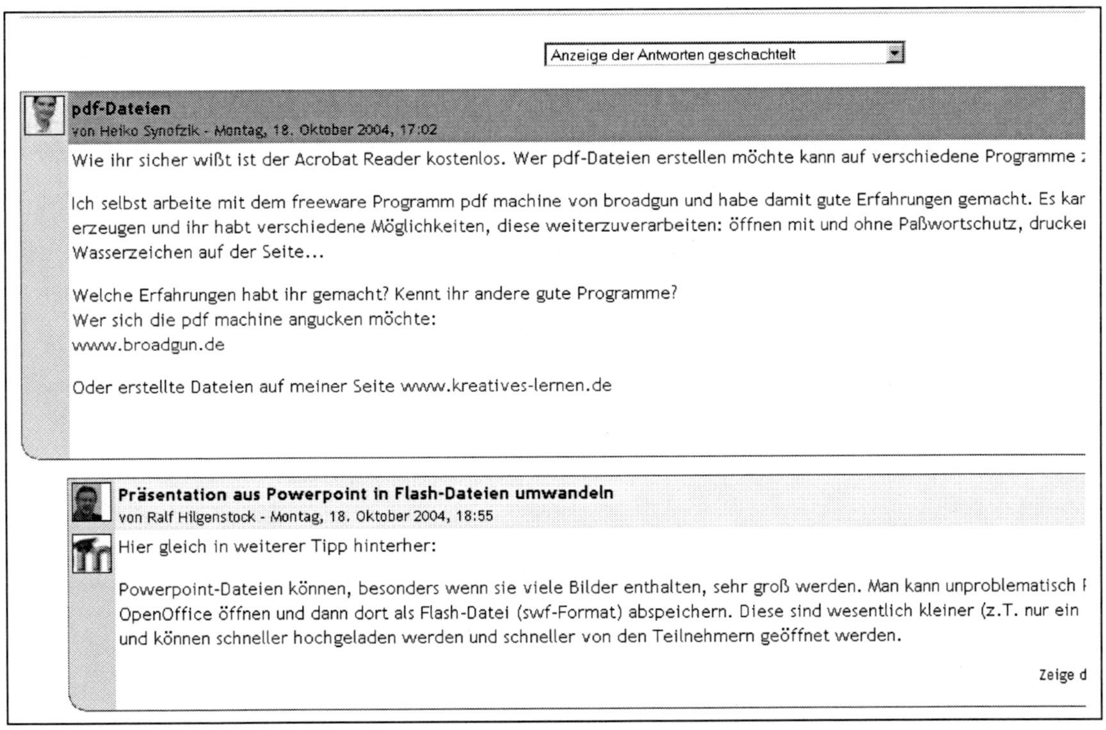

Themenansicht im Forum

Jeder Kurs hat bereits ein Forum eingerichtet: das Nachrichtenforum. Es ist für Sie sichtbar, nachdem Sie zum ersten Mal den Bearbeitungsmodus eingeschaltet haben. Dieses Nachrichtenforum ist als Informationsbrett der Kursleitung gedacht. In diesem Forum können nur die Mitglieder der Kursleitung Nachrichten veröffentlichen. Die Teilnehmer/innen können je nach Einstellung auf diese Beiträge antworten, aber keine neuen Themen einstellen.

Nachrichtenforum

In den Foren gibt es die Unterscheidung nach Themen (Threads) und Beiträgen (Antworten auf bereits vorhandene Themen).

Unterscheidung: Thema – Beitrag

In den meisten Kursen werden mehrere Foren zu unterschiedlichen Themen eingerichtet. Damit können Sie die Übersichtlichkeit erhöhen. Wenn Sie sich bei einem längeren Kurs auf ein Forum beschränken, wird es schwer, Beiträge wieder zu fin-

Mehrere Foren einrichten

den, die thematisch zusammen gehören. Mit der Suchfunktion können Forenbeiträge nach Stichworten durchsucht werden.

Einstellungen

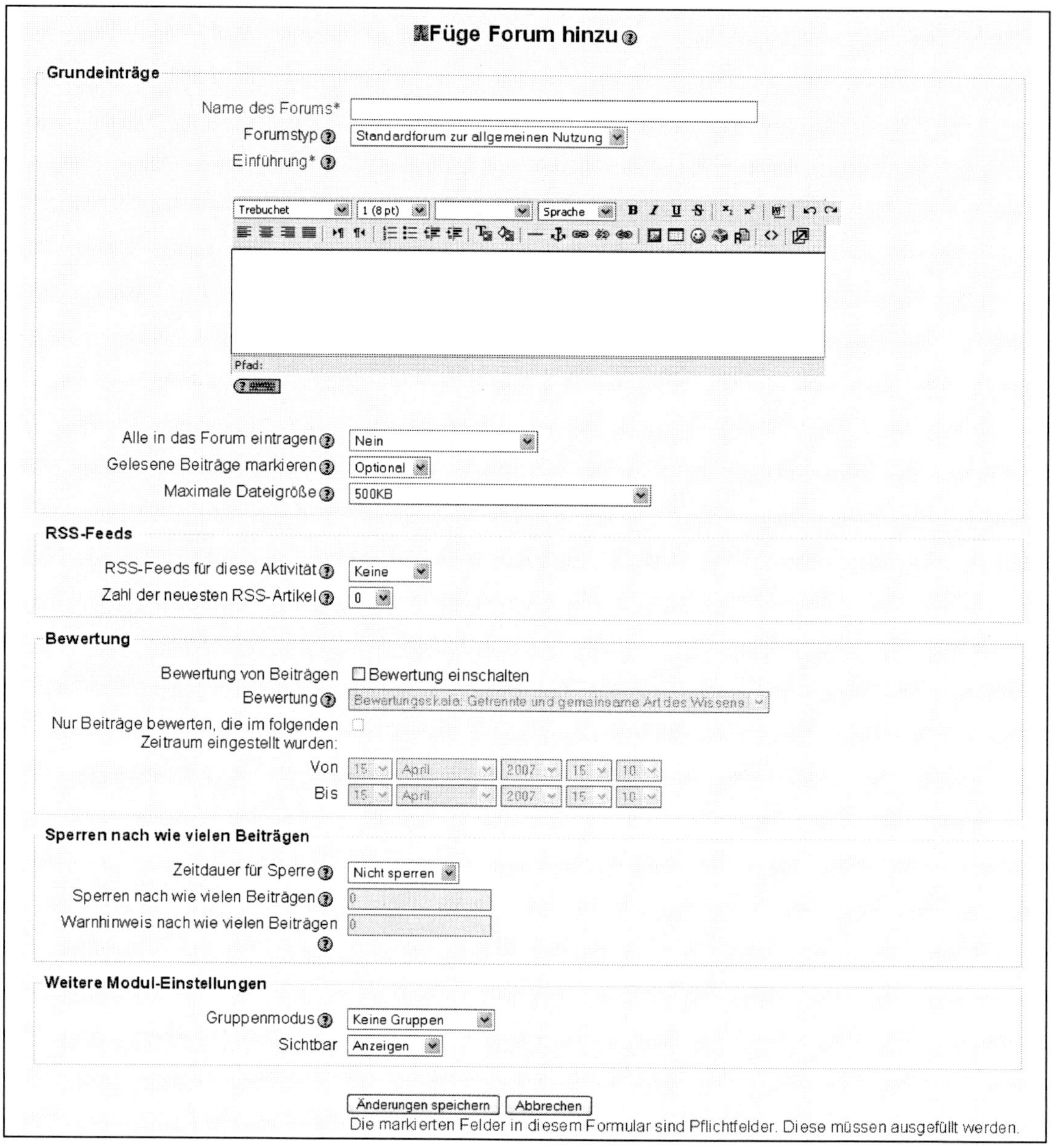

Name des Forums: wird auf der Kursseite als Link angezeigt.

Forentyp: hier legen Sie die Art des Forums fest.

Das **„Standardforum zur allgemeinen Nutzung“** ermöglicht jedem (Trainer/innen und Teilnehmer/innen) jederzeit beliebig viele neue Themen einzurichten.

„Jede/r darf genau ein Diskussionsthema einrichten“ meint, dass jede/r Teilnehmer/in genau ein neues Thema im Forum eröffnen kann. Damit kann z.B. jede/r nach einem Rechercheauftrag das eigene Ergebnis präsentieren. In einem einmal eingerichteten Thema können anschließend von jedermann beliebig viele Beiträge zum Thema eingebracht werden. Nur das Eröffnen eines Themas ist beschränkt.

Die dritte Forenform **„Diskussion zu einem einzigen Thema“** bedeutet, dass nur ein Thema eröffnet wird, zu dem dann eine Diskussion erfolgt. Damit kann das Thema scharf fokussiert werden. Der Text unter Zusammenfassung wird zum Inhalt des ersten Forenbeitrags.

Frage- und Antwortforum: Dieser Forentyp lässt den Trainer eine Frage stellen. Die Teilnehmer/innen müssen erst eine eigene Antwort auf die Frage verfassen, bevor Sie die Antworten anderer Teilnehmer einsehen können.

Einführung: Dieser einführende Text wird auf der Startseite des Forums oben angezeigt. Sie können hier das Thema des Forums beschreiben oder Spielregeln für das Forum benennen.

Alle in das Forum eintragen: damit werden alle Kursteilnehmer/innen automatisch über die Nachrichten in diesem Forum informiert. Sie können sich nicht austragen.

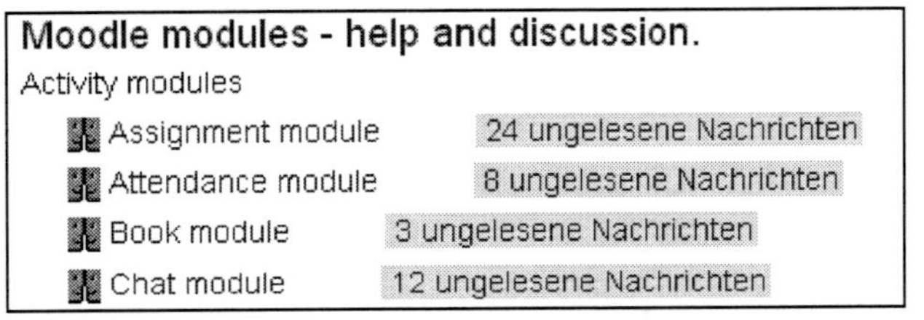

Gelesene Beiträge markieren: Mit dieser Einstellung werden noch nicht gelesene Beiträge im Forum markiert. Auf der Kursseite steht bei jedem Forum dann die Information, wie viele Beiträge von Ihnen noch nicht gelesen wurden. In der Themenübersicht jedes Forums stehen dann weitere Informationen. Auf der Übersichtsseite mit den Forenthemen finden Sie rechts oben eine Option, die Markierung abzuschalten. Wenn Sie auf „Ungelesene Beiträge nicht markieren" klicken, wird die Anzeige ausgeblendet. Mit einem Klick auf „Ungelesene Mitteilungen verfolgen/markieren" wird die Anzeige wieder eingeschaltet. Wenn Sie auf der Themenübersichtsseite des Forums auf das Häckchen klicken, werden die Beiträge dieses Themas als gelesen markiert.

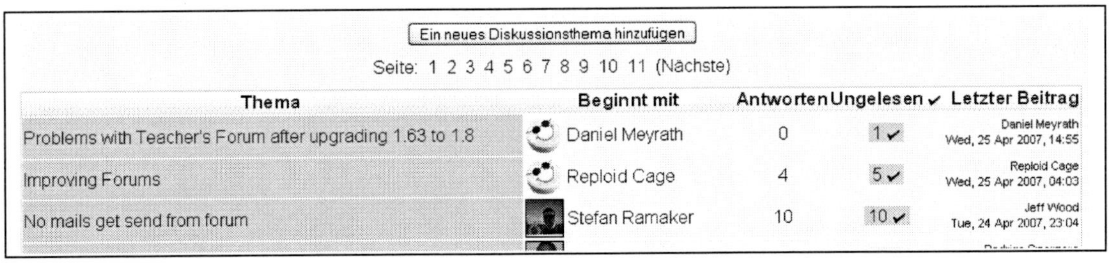

Maximale Dateiengröße: an Forenbeiträge können Dateien angehängt werden. Mit dieser Einstellung wird die Größe der Dateianhänge begrenzt. Die maximale Größe für Dateianhänge ist durch Administrationseinstellungen und Einstellungen beim verwendeten Internetserver festgelegt. Sie haben als Trainer/in keinen Zugriff auf diese Festsetzung.

Die folgenden beiden Felder sind nur sichtbar, wenn die RSS-Optionen in der Administration und für die Forenkonfiguration aktiviert wurden.

RSS-Feed für diese Aktivität: aktiviert den Zugriff auf die RSS-Option. Bei der Auswahloption „Themen" werden im RSS-Feed nur neue Themen angezeigt. Mit der Einstellung „Beiträge" werden alle Beiträge ausgewählt. Auf der Seite mit der Themenübersicht des Forums ist rechts oben ein RSS-Button eingeblendet. Dieser zeigt den Link für die Einbindung in einen RSS-Reader.

Zahl der neuesten RSS-Artikel: legt fest, wie viele Beiträge im RSS-Reader angezeigt werden sollen.

Bewertung von Beiträgen: Forumsbeiträge können bewertet werden. Wenn diese Einstellung deaktiviert wird, werden in den Foren keine Bewertungsoptionen für die Beiträge angezeigt. Die Bewertungen können rechts unten in der Anzeige des Beitrags im Forum vorgenommen werden. Als Ergebnis wird ein Durchschnittswert aller Bewertungen angezeigt.

Sperrungen

Sperren nach wie vielen Beiträgen: Sie haben die Möglichkeit, Teilnehmer/innen, die Ihre Foren mit zu vielen Beiträgen füllen, zu sperren („Schwätzerbremse"). Sie aktivieren diese Funktion und legen fest, nach wie vielen Beiträgen diese Sperre in Kraft tritt, nach wie vielen Beiträgen eine „Warnung" erfolgt und wie lange eine Sperre in Kraft bleibt.

Am Ende speichern Sie Ihre Einstellungen.

Die Ansicht des Forums kann angepasst werden.

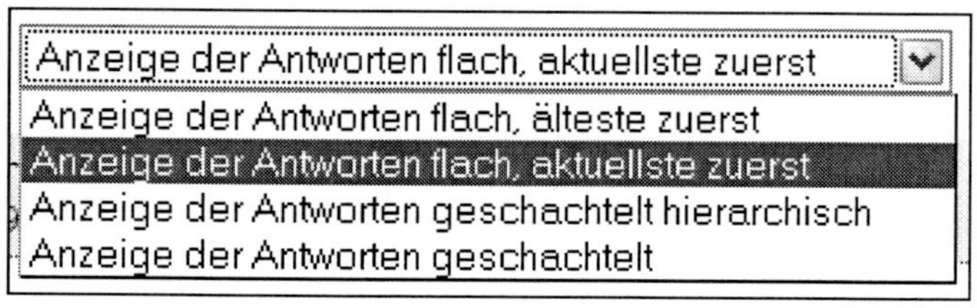

Die Ansicht der Forenbeiträge kann angepasst werden. In der Grundeinstellung **„Anzeige der Antworten geschachtelt"** werden die Beiträge leicht nach rechts versetzt abgebildet, um zu verdeutlichen, welcher Beitrag auf welchen anderen Beitrag antwortet (siehe Abbildung am Beginn dieses Abschnitts). Die Ansicht **„Anzeige der Antworten geschachtelt hierarchisch"** zeigt den Ursprungsbeitrag und alle Antworten dazu als eingerückte Links. Die **„Anzeige der Antworten flach** ..." verzichtet auf die Einrückung der Antworten und sortiert die Beiträge nach dem Eingangsdatum, der „älteste" oder „aktuellste" zuerst.

<table>
<tr><td>Forendarstellung „Antworten hierarchisch"</td><td>
</td></tr>
<tr><td>Forendarstellung „Antworten geschachtelt hierarchisch"</td><td>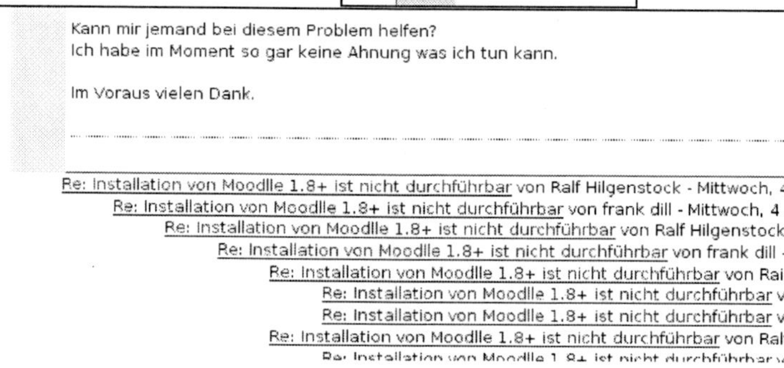
</td></tr>
</table>

Nachrichtenforum

In jedem Kurs wird automatisch ein Nachrichtenforum angelegt. Dieses Forum dient der Benachrichtigung der Teilnehmer/innen durch die Kursleitung. Die Teilnehmer/innen können sich aus diesem Forum nicht als Abonnent/in austragen. Im Normalfall kann dieses Forum nicht gelöscht werden. Nach dem Löschen erscheint es nach kurzer Zeit automatisch wieder im Kurs. Dies hat seine Ursache im Block „Neueste Nachrichten". Falls in den Einstellungen des Kurses unter „Anzahl neuer Nachrichten" ein Eintrag vorgenommen ist, wird automatisch das Nachrichtenforum angelegt. Ist dort der Wert auf ‚0' gesetzt, wird der Block „Neueste Nachrichten" automatisch ausgeblendet.

Trainer/innenforum im Kurs ...

In jedem Kursraum gab es bis zur Version 1.6 automatisch ein zusätzliches Trainer/innenforum. Dieses Forum war nur für die eingetragenen Trainer/innen sichtbar. Sie finden es im Block Administration. Sie konnten dieses Forum nutzen, um Nachrichten und Ideen zwischen den Trainer/innen Ihres Kurses zu diskutieren.

Seit der Version 1.7 ist dieses Forum nicht mehr verfügbar. Statt dessen können Sie es selber einrichten. Legen Sie ein normales Forum an und speichern Sie die Einstellungen ab. Öffnen Sie danach die Einstellungsseite nochmals und wählen Sie den zusätzlichen Tab oben am Kopf der Seite mit der Aufschrift „Rollen". Ordnen Sie nun unter Trainer/innen (Teacher) die Dozenten des Kurses zu. Verbergen Sie nun das Forum für alle anderen Nutzer/innen. Dieses Forum steht nun exklusiv den Trainer/innen des Kurses zur Verfügung.

Forumsdiskussionen verschieben

Es passiert schnell einmal, dass ein Thema im falschen Forum platziert wird oder im Verlauf der Diskussion das Thema seinen Schwerpunkt verlagert. Dann ist es sinnvoll, einen Themenstrang in ein anderes, passenderes Forum zu verlegen.

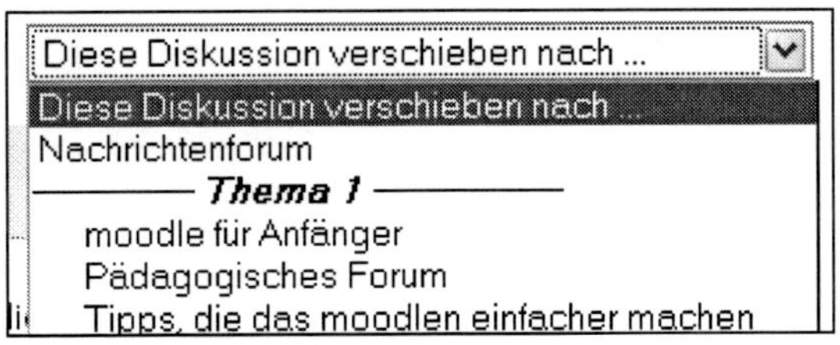

Gehen Sie dazu als Trainer/in in das Forenthema, das Sie verschieben wollen. Wählen Sie rechts oben „Dieses Forum verschieben nach" und das Forum aus, in welches der Beitrag verschoben werden soll. Nach der Auswahl ist das Thema in das von Ihnen gewählte Forum verschoben. Diese Funktion ist nur verfügbar, wenn mehr als ein Forum im Kurs eingerichtet worden ist.

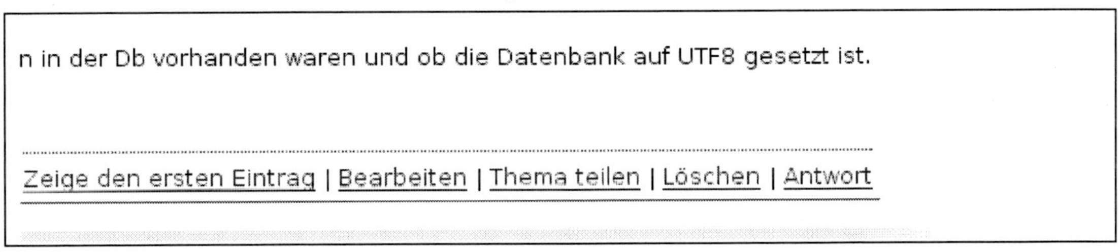

Wenn Sie vor dem Verschieben eines Themenbeitrages eine Diskussion erst noch aufteilen wollen, weil nur ein Teil der Debatte woanders hingehört, teilen Sie das Thema mit dem entsprechen Link auf und vergeben für den abgeteilten Teil einen neuen Titel.

Empfehlung: Raum für informelle Gespräche schaffen: Cafeteria

In Online-Kursen entsteht, genauso wie in Präsenzseminaren, das Bedürfnis, miteinander auch über Themen zu kommunizieren, die nicht auf der Tagesordnung stehen. Diese „Pausen"gespräche können in einem gesonderten Forum stattfinden. Dazu richten wir gerne eine Teeküche oder eine Cafeteria in Form eines Forums ein. Dort können alle Themen behandelt werden, die sonst nirgendwo hinpassen.

Forumsdiskussionen zusammenfassen

Bei längeren Diskussionen im Forum verlieren die Teilnehmer/innen schnell den Überblick. Fassen Sie deshalb die Diskussion regelmäßig sachlich zusammen.

Geben Sie anschließend einen Impuls für die Fortführung der Diskussion mit einer eigenen Aussage, Frage oder einer These.

Forum für Trainer/innen kursübergreifend einrichten

Häufig besteht der Wunsch, dass die Trainer/innen, die in verschiedenen Kursen unterrichten, miteinander in Kontakt treten und sich austauschen können. Bitten Sie die Kursverwalter, dafür einen gesonderten Kursraum zur Verfügung zu stellen, diesen im Kommunikationsformat (nur Forum) einzurichten und alle Trainer/innen als Teilnehmer/innen einzutragen. Dieses Forum können die Kursverwalter zugleich dazu verwenden, Informationen an alle Trainer/innen zentral weiter zu geben.

Glossar (FAQ)

Das Glossar ist ein Wörterbuch, das Sie selber für Ihren Kurs bereitstellen können oder durch die Teilnehmer/innen erarbeiten lassen. Es kann auch als FAQ-Liste (frequently asked questions - häufig gestellt Fragen) genutzt werden. Eine besonders interessante Option ist die automatische Verlinkung der Glossarbegriffe in die Texte und Foren Ihres Kurses. Damit können Begriffe, die im Text auftauchen, automatisch mit den Erläuterungen im Glossar verbunden und nachgeschlagen werden. Wörter, die grau unterlegt sind, sind mit Glossarbegriffen verbunden. Wenn Sie auf einen solchen Begriff klicken, wird in einem Pop-Up-Fenster der Begriff erklärt.

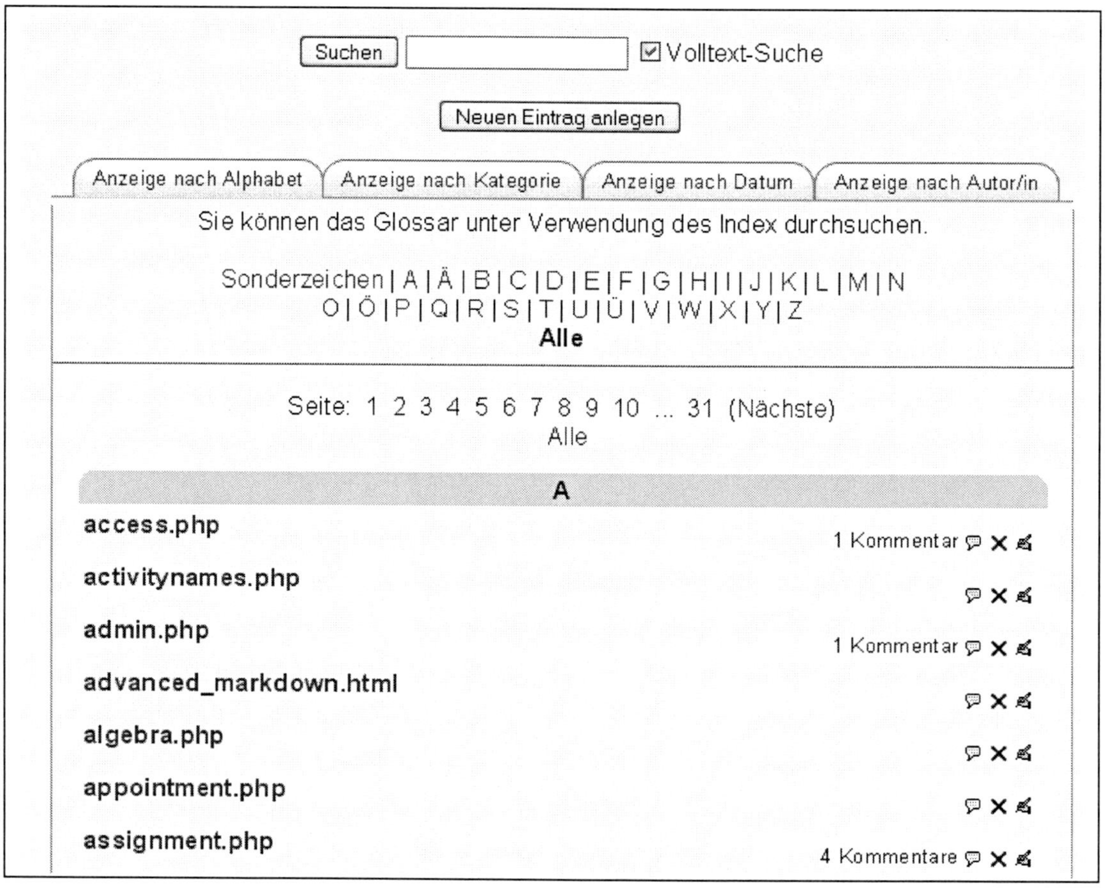

Einstellungen

Name: ist wiederum der Link auf der Kursseite.

Beschreibung: ist eine Erläuterung zum Glossar, die oberhalb des Glossars angezeigt wird.

Zahl der Beiträge pro Seite: legt fest, wie viele Beiträge auf einer Seite dargestellt werden.

Glossartyp: Ein Glossar kann als Hauptglossar definiert werden. Diese Option ermöglicht den Import von Beiträgen aus Nebenglossaren/Zweitglossaren in das Hauptglossar durch den/die Trainer/in. Diese Option wird nur angezeigt, wenn es noch kein Hauptglossar gibt. Zusätzlich gibt es ein globales Glossar, das jedoch nur durch den Administrator eingerichtet werden kann. Es ist in allen Kursen sichtbar. Der Administrator kann in Ihrem Kursraum ein von Ihnen erstelltes Glossar als „global" deklarieren. Dann werden Ihre Begriffe in allen Kursen verlinkt.

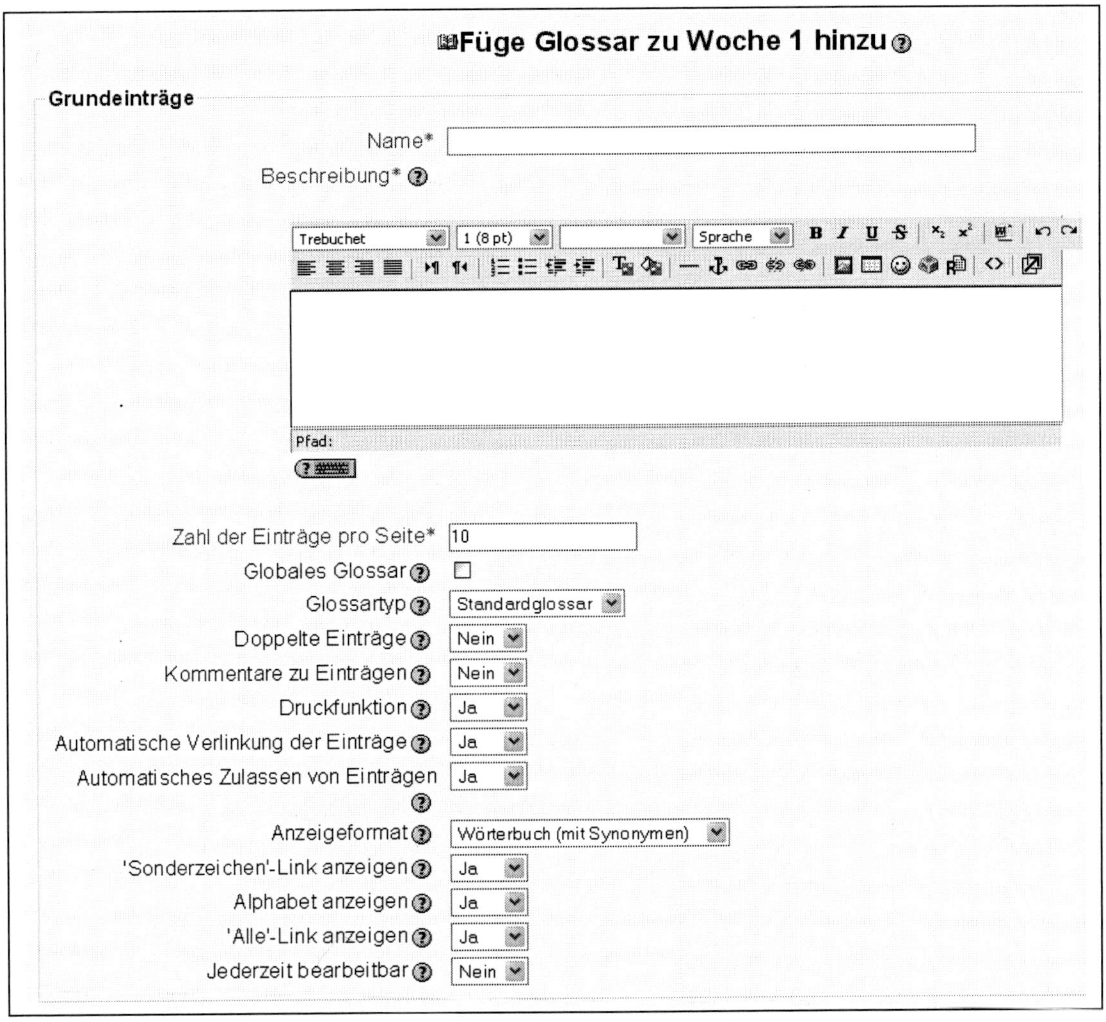

Doppelte Beiträge: ermöglicht, dass zu einem Stichwort mehrere Beiträge eingetragen werden.

Kommentare zu Einträgen: schaltet eine Option bei jedem Beitrag an, mit der Kommentare ergänzt werden können.

Druckfunktion: erleichtet den Ausdruck der Glossarbeiträge.

Automatische Verlinkung der Einträge: aktiviert die Verlinkung in Dokumente und Texte. Es erfolgt keine Verlinkung in hochgeladene Dokumente. Sie haben dann die Möglichkeit, bei jedem einzelnen Beitrag zu entscheiden, ob er verlinkt werden soll. Diese Option wird nur umgesetzt, wenn durch die Administration der Filter für die automatische Verlinkung aktiviert wurde.

Automatisches Zulassen von Einträgen: mit dieser Option legen Sie fest, ob Beiträge von Teilnehmer/innen vor der Veröffentlichung von Trainer/innen freigegeben werden müssen. Die Funktion ist nur sinnvoll in Verbindung mit der Möglichkeit für Teilnehmer/innen, Beiträge selber zu erstellen.

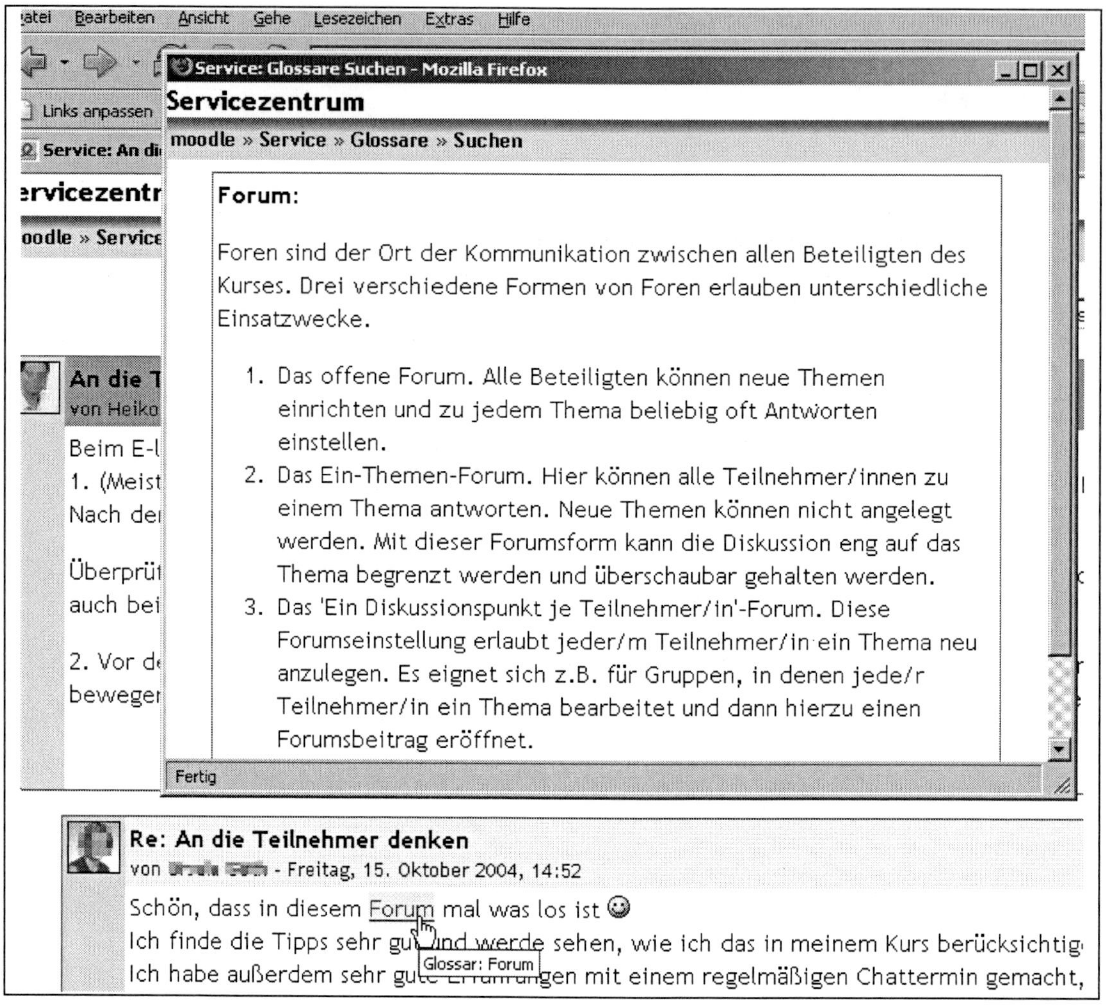

Anzeigeformat: gibt Ihnen die Qual der Wahl zwischen verschiedenen Darstellungsformen.

Verschiedene Formen des Glossars

Bezeichnung	Beschreibung	Bild
Beitragsliste	Alphabetische Auflistung der Begriffe ohne Erläuterung als Link zur Erläuterung.	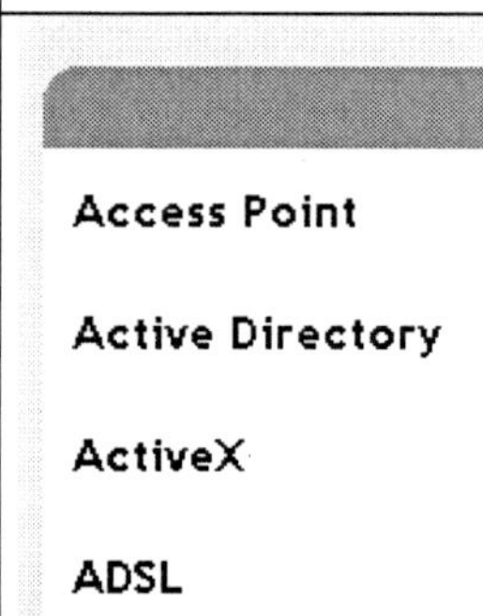
Enzyklopädie	Darstellung wie Wörterbuchstil, jedoch mit Autor und Darstellung angehängter Bilder im Text.	

FAQ	Vor die Begriffe wird das Wort „Frage“ und vor die Erläuterung „Antwort“ gesetzt.	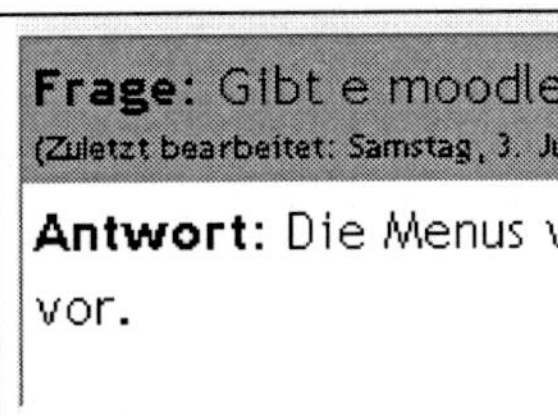
Vollständig mit Autor/in	Wie Wörterbuchstil mit Autorenangabe.	
Vollständig ohne Autor/in	Wie Wörterbuchstil ohne Autorenangabe.	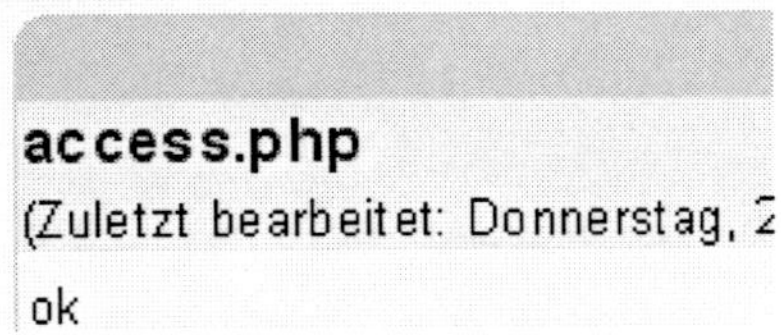
Wörterbuchstil (mit Synonymen)	Begriff und Erläuterung in einem Absatz, abgegrenzt mit synonymen Begriffen.	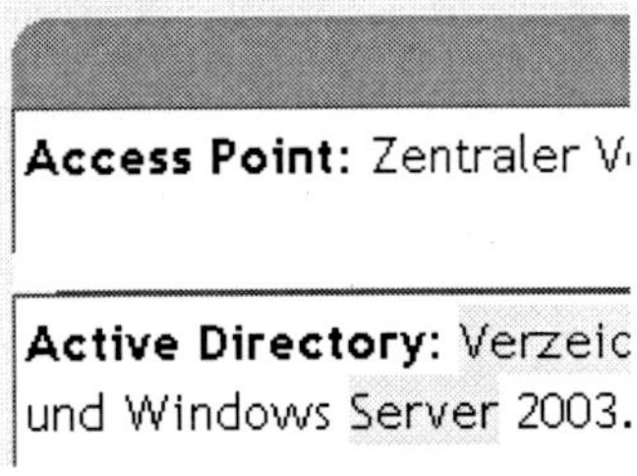
Wörterbuchstil (ohne Synonyme)	Begriff und Erläuterung fortlaufend ohne Berücksichtigung synonymer Begriffe.	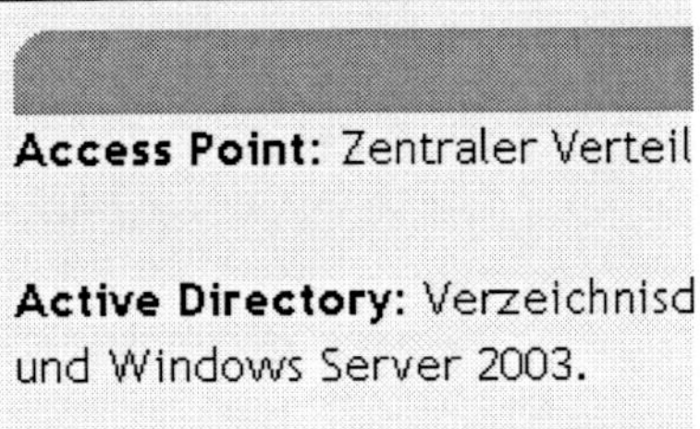

Sonderzeichen (Link): bei der Suche können Sonderzeichen wie @ oder # genutzt werden.

Alphabet anzeigen: legt fest, dass die Beiträge nicht chronologisch, sondern nach Alphabet gezeigt werden.

‚Alle'-Link anzeigen: ermöglicht die Anzeige aller Beiträge in einer langen Liste ohne Seitenwechsel. Die Einstellung „Zahl der Beiträge pro Seite“ wird ignoriert.

Ständig bearbeiten: legt fest, ob die Beiträge jederzeit durch die Teilnehmer/innen überarbeitet werden können oder nur für einen begrenzten Zeitraum. Die Trainer/innen können jederzeit Beiträge überarbeiten.

RSS-Feeds für diese Aktivität: aktiviert den Zugriff auf die RSS-Option. Die Einstellung legt fest, ob im RSS-Feed Autor/innen angezeigt werden.

Zahl der neuesten RSS-Artikel: legt fest, wie viele Beiträge im RSS-Reader angezeigt werden sollen.

Bewertung von Einträgen: ermöglicht die Bewertung der Beiträge. Einstellungen sind identisch mit den Einstellmöglichkeiten bei den Foren.

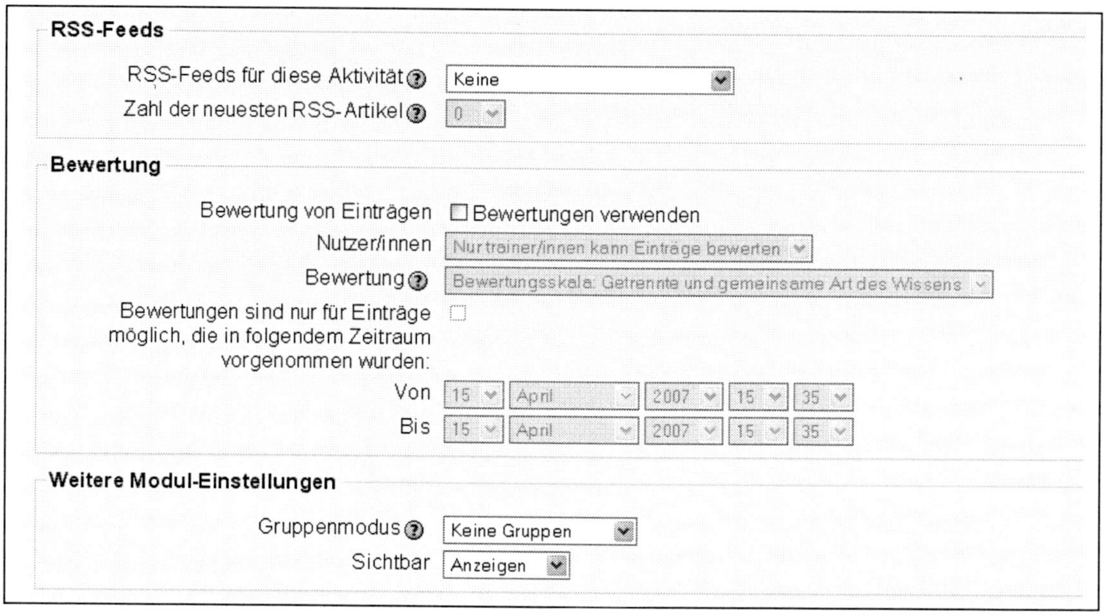

Nach dem „Speichern" kommen Sie auf die Bearbeitungsseite des Glossars. Hier finden Sie in zwei Reihen mehrere Felder für unterschiedliche Funktionen.

Die Suchfunktion ermöglicht die „Suche" nach einem Begriff, der erläutert ist oder einer „Volltextsuche" unter Einschluss der Erläuterungen.

Von den nachfolgenden Buttons und Tabs (Reitern), die für den/die Trainer/in sichtbar sind, können die Teilnehmer/innen nur einen Teil sehen.

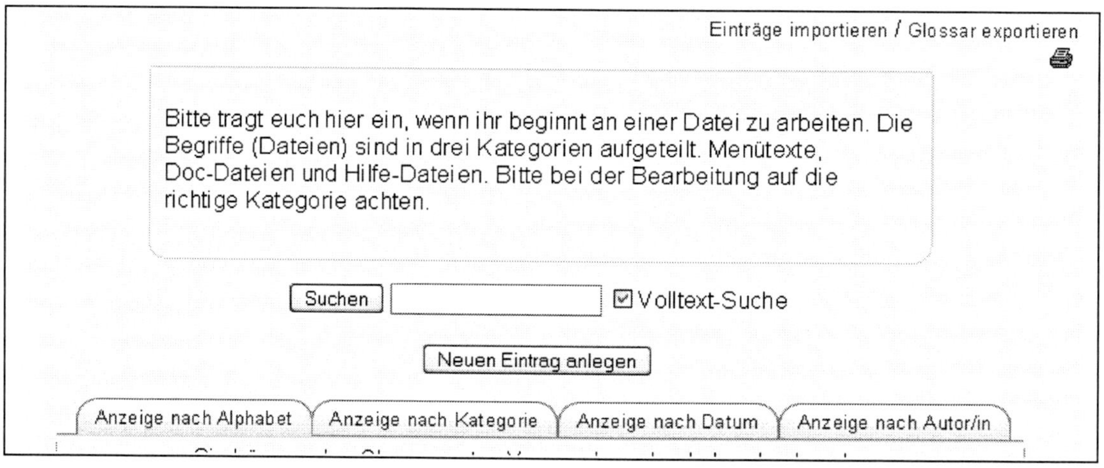

Button **Neuen Eintrag anlegen:** Eingabe eines neuen Begriffs. Erläuterung weiter unten.

Link **Einträge importieren:** ermöglicht den Import von Einträgen aus anderen Glossaren.

Link **Glossar exportieren:** exportiert dieses Glossar.

Tab **Anzeige nach Alphabet:** Zeigt die Beiträge in alphabetischer Reihenfolge.

Tab **Anzeige nach Kategorien:** erlaubt eine Anzeige getrennt nach einzelnen Kategorien. (Kategorien sind Abschnitte, denen Beiträge zugeordnet werden können). An dieser Stelle können Trainer/innen auch neue Kategorien einrichten (Kategorien bearbeiten).

Tab **Anzeige nach Datum:** erlaubt die Anzeige der Einträge sortiert nach Änderungsdatum oder nach Erstellungsdatum.

Tab **Anzeige nach Autor/innen:** ermöglicht die Sortierung nach Autor/innen, entweder nach Vor- oder Nachnamen sortiert.

Klicken Sie nun auf „Einen neuen Begriff anlegen" um einen neuen Wörterbucheintrag vorzunehmen.

Neuen Beitrag erstellen

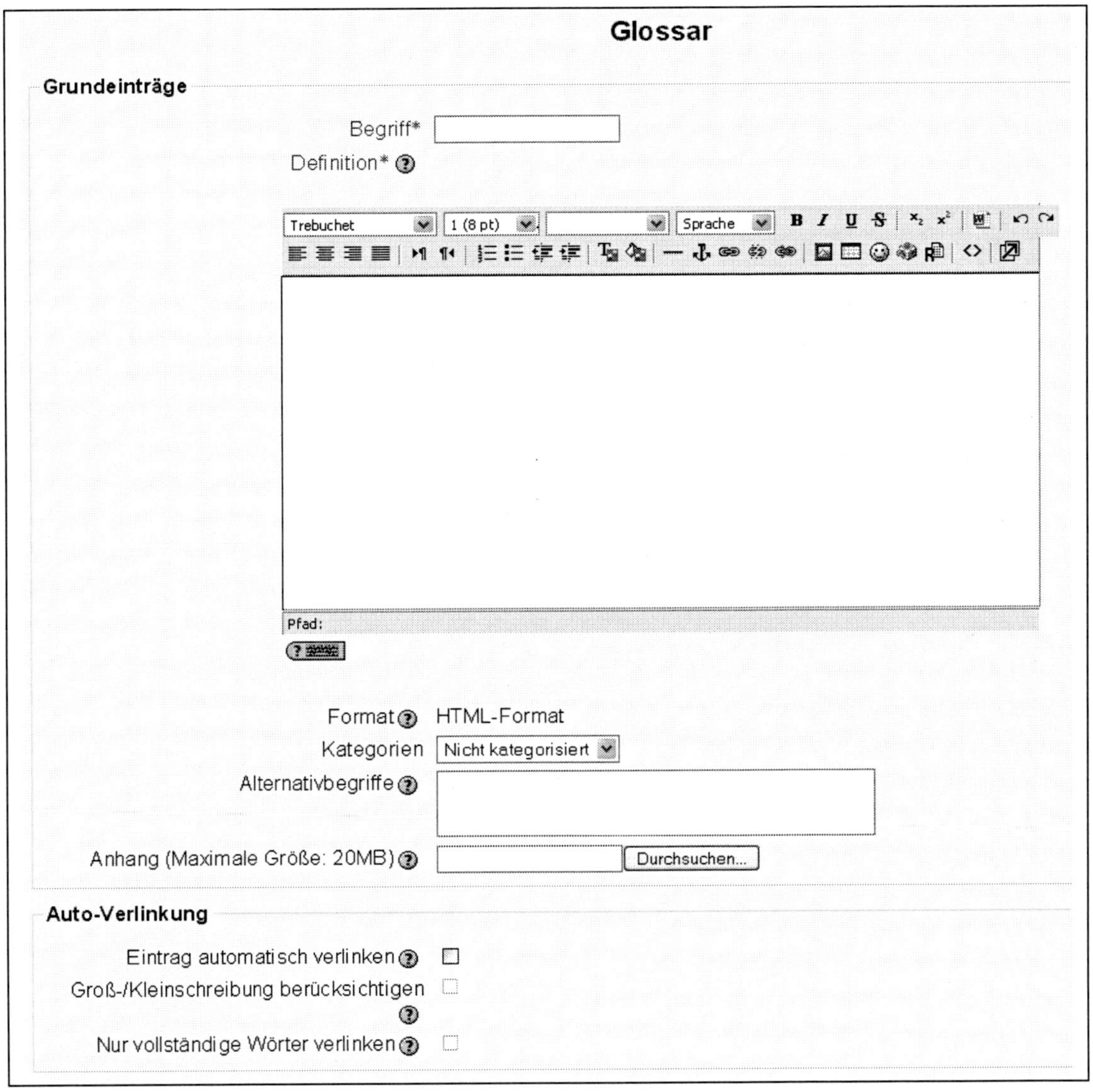

Begriff: hier tragen Sie den Begriff ein, den Sie erläutern wollen. Bei FAQ-Listen die Fragestellung.

Definition: Hier tragen Sie nun die Erläuterung ein.

Kategorien: ermöglicht die Zuordnung des Begriffs zu einer Kategorie. Diese Option wird besonders bei FAQ-Listen verwandt, wenn man die Fragen in verschiedene Kategorien sortieren will. Kategorien müssen zuvor im Bereich „Suche nach Kategorien" erstellt werden.

Anhang: erlaubt, eine zusätzliche Datei an den Beitrag anzuhängen. Trainer/innen können mehrere Grafikdateien über den Editor in den Beitrag integrieren (Funktion: Bild einfügen).

Alternativbegriffe: sind Synonyme, die ebenfalls automatisch verlinkt werden sollen und zu der Begriffserklärung führen.

Die automatische Verlinkung wird nur wirksam,wenn durch die Administration die entsprechenden Filter aktiviert wurden.

Wenn Sie bei den Einstellungen die automatische Verlinkung aktiviert haben, finden Sie nun drei zusätzliche Felder zum Anklicken:

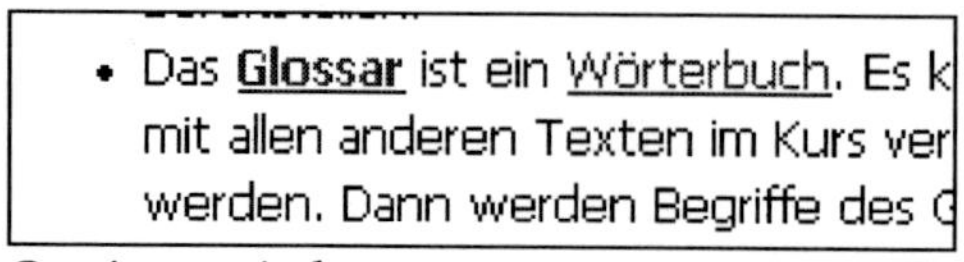

Eintrag automatisch verlinken: aktiviert die Verlinkung in Texten des Kurses. Diese Option wird nur umgesetzt, wenn durch den Administrator der Filter für die automatische Verlinkung aktiviert wurde.

Groß-/Kleinschreibung berücksichtigen: berücksichtigt bei der Suche und Verlinkung die exakte Groß- und Kleinschreibung. Wenn das Feld angeklickt ist, wird bei Eingabe von „Html" der Begriff „HTML" nicht gefunden, weil es nicht die gleiche Schreibweise ist.

Nur vollständige Wörter verlinken: stellt eine Verlinkung nur her, wenn das gesamte Wort im Glossar vorkommt. Wenn Sie die Option anklicken, wird für den Begriff „Ei" eine Verlinkung nur hergestellt, wenn das ganze Wort „Ei" im Text vorkommt, nicht aber von den Worten „Osterei" oder „gleich", in denen auch die Buchstabenkombination „ei" vorkommt.

Nach dem Speichern der Änderungen wird Ihr Beitrag in das Glossar eingefügt.

Beim Arbeiten mit Glossaren finden Sie in dem Feld des Begriffs drei Bearbeitungssymbole: Einfügen eines Kommentars, einer Bewertung (💬), Löschen des Beitrages (✕), Bearbeiten des Beitrages (✍), Damit ist es möglich, einem Beitrag einen Kommentar hinzuzufügen oder Überarbeitung vorzunehmen.

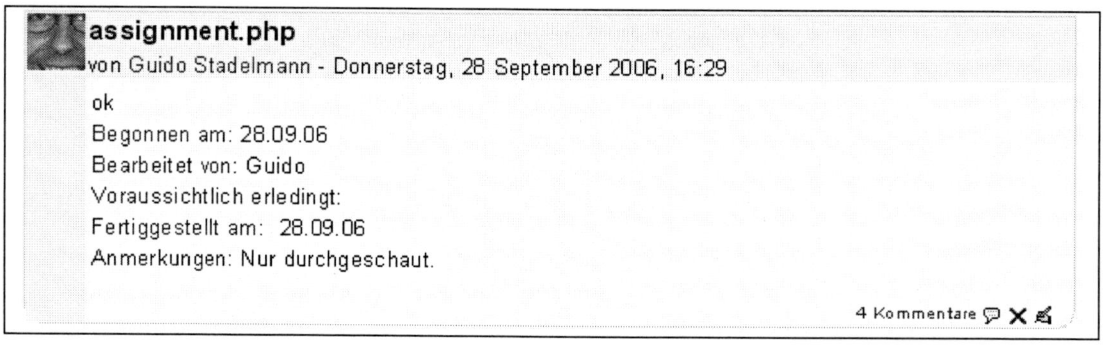

Lektionen

Das Lektionen-Modul erlaubt es, Lerneinheiten mit mehreren Seiten zu strukturieren. Dazu wird der Lerninhalt in kleine Schritte zerlegt und auf einzelnen Seiten präsentiert. Am Ende der Seite können Lernkontrollfragen gestellt oder auf weitere Seiten Verlinkungen vorgenommen werden. Damit wird es möglich, strukturierte Lernunterweisungen anzulegen.

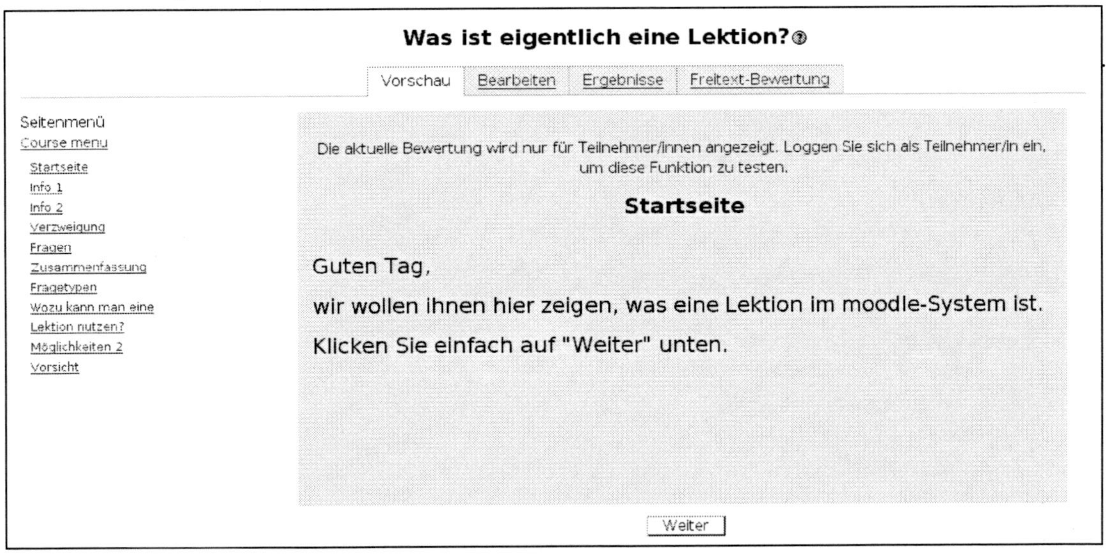

Durch Kontrollfragen kann bei richtiger Beantwortung zur nächsten Lerneinheit verlinkt werden. Bei falschen oder teilweise falschen Antworten kann eine Lernhilfe oder eine Vertiefungseinheit in Form weiterer Seiten bereitgestellt werden.

Der gesamte Lernstoff kann somit in einer linearen Abfolge von Lernschritten präsentiert werden. Er kann jedoch auch je nach Antwortverhalten verzweigt und miteinander vernetzt werden. Es gibt die Möglichkeit, Seiten nach dem Zufallsprinzip zu vernetzen. Damit können z.B. Lerneinheiten nach dem Karteikartenprinzip (Flash Cards) zufällig angezeigt werden. Die Zahl der angezeigten Karten kann begrenzt werden (z.B. 10 von 20 verfügbaren Karten) oder es können gezielt Karten gezeigt werden, die von dem/der Teilnehmer/in bisher noch nicht angesehen wurden.

Einstellungen

Name: definiert den Link auf der Kursseite.

Max. Bearbeitungsdauer festlegen: legt fest, ob die Bearbeitung der Lektion für den/die Teilnehmer/in zeitlich begrenzt werden soll (max. verfügbare Bearbeitungszeit).

Zeitbegrenzung (Minuten): maximale Bearbeitungszeit in Minuten.

Höchstzahl der Antworten/Verzweigungen: Am Ende jeder Einheit der Lektion wird eine Frage gestellt oder eine Verlinkung zu anderen Lerneinheiten angeboten. Legen Sie fest, wie viele Verlinkungen maximal zur Verfügung gestellt werden sollen (zwischen 2 und 10). Dies bedeutet nicht, dass Sie später immer die Maximalzahl auch tatsächlich nutzen müssen.

Übungsfunktion durch Praxislektion

Übungslektion: Die Praxislektion erlaubt die Bearbeitung einer Lektion rein zu Übungszwecken, ohne dass das Ergebnis in die Gesamtpunktebewertung des Kurses übernommen wird.

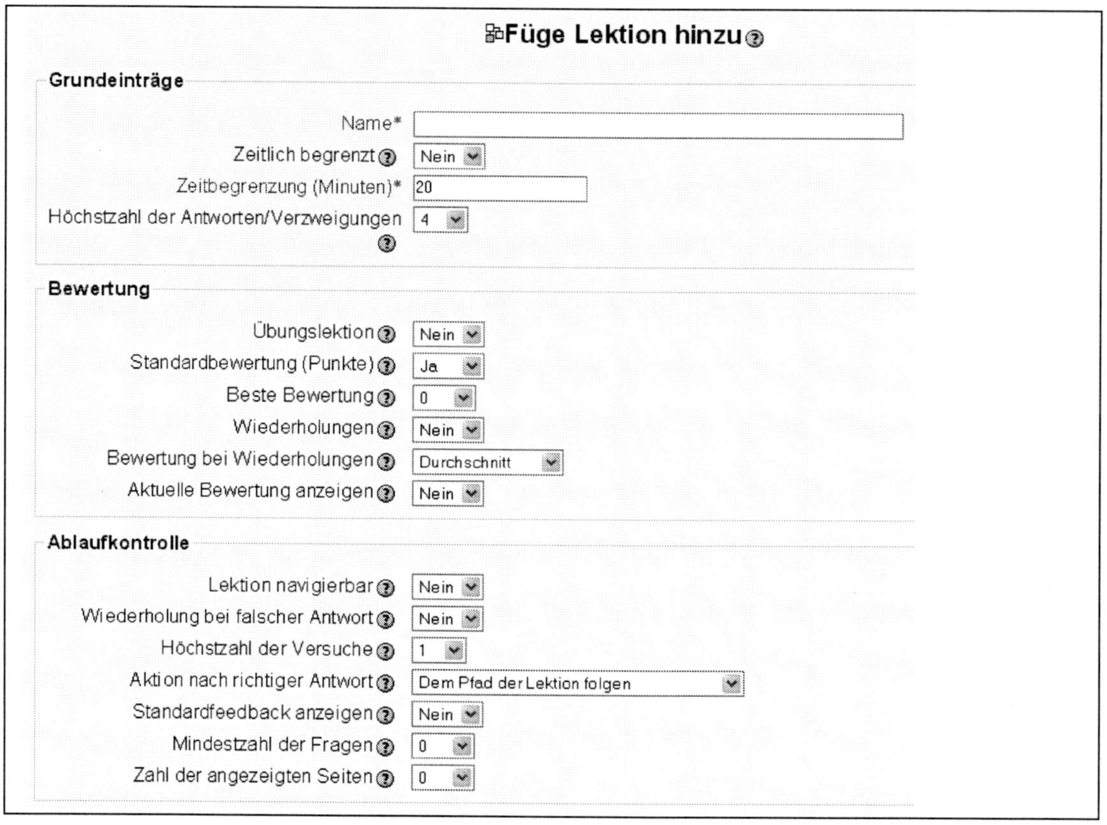

Füge Lektion hinzu

Grundeinträge

Name*
Zeitlich begrenzt: Nein
Zeitbegrenzung (Minuten)*: 20
Höchstzahl der Antworten/Verzweigungen: 4

Bewertung

Übungslektion: Nein
Standardbewertung (Punkte): Ja
Beste Bewertung: 0
Wiederholungen: Nein
Bewertung bei Wiederholungen: Durchschnitt
Aktuelle Bewertung anzeigen: Nein

Ablaufkontrolle

Lektion navigierbar: Nein
Wiederholung bei falscher Antwort: Nein
Höchstzahl der Versuche: 1
Aktion nach richtiger Antwort: Dem Pfad der Lektion folgen
Standardfeedback anzeigen: Nein
Mindestzahl der Fragen: 0
Zahl der angezeigten Seiten: 0

Standardbewertung (Punkte): erlaubt die freie Festlegung der Punktzahlen bei der Bewertung (einschließlich negativer Punkte).

Beste Bewertung: legt die Höchstpunktzahl fest für die Bearbeitung der Lektion. Der voreingestellte Wert „0“ bedeutet, das Ergebnis der Lektionenbearbeitung fließt nicht in die Gesamtnote ein.

Wiederholung: erlaubt den wiederholten Beginn der Bearbeitung der Lektion. Der Teilnehmer erhält dann beim Beenden der Lektion die Auswahl, ob bei einem späteren Zugriff auf die Lektion wieder am Anfang begonnen oder wieder dort fortgesetzt werden soll, wo die Bearbeitung abgebrochen wurde.

Benotung bei Wiederholungen: erlaubt, den besten Versuch zu nutzen oder den Durchschnittswert für eine Note zu Grunde zu legen.

Aktuelle Bewertungen anzeigen: zeigt dem/der Teilnehmer/in während der Bearbeitung den erreichten Punktestand.

Ablaufkontrolle

Lektion navigierbar: Mit dieser Einstellungen können die Teilnehmer/innen ihre Antworten und Ergebnisse überprüfen.

Wiederholung bei falscher Antwort: ermöglicht die Wiederholung eines Abschnitts durch den/die Teilnehmer/in zu Übungszwecken bei falscher Beantwortung.

Höchstzahl der Versuche: legt fest, wie oft die Lektion von den Teilnehmer/innen bearbeitet werden darf. Als Prüfungselement ist hier sicher der Wert 1 zu wählen. Als Übungselement ist eine höhere Zahl zu wählen.

Aktion nach Antwort: legt fest, wie die Verkettung der verschiedenen Lerneinheiten erfolgt. „Normal - folgt dem Pfad der Lektion“ folgt der vom Trainer festgelegten Reihenfolge. „Zeigt eine noch nicht gesehene Seite“ wählt eine Seite aus, die für den Teilnehmer neu ist. „Zeige eine unbearbeitete Seite“ wählt hingegen eine Seite aus, die noch nicht oder noch nicht richtig bearbeitet wurde.

Standardfeedback anzeigen: Rückmeldung, ob Antwort richtig oder falsch ist.

Mindestzahl der Fragen: In manchen Lektionen ist es nicht erforderlich, alle Abschnitte zu bearbeiten, um die Lektion abzuschließen und eine Note zu erhalten. Das gilt besonders bei der Zufallsauswahl. Der/die Teilnehmer/in erhält eine Anzeige, wie viele Fragen schon bearbeitet wurden und wie viele mindestens bearbeitet werden müssen.

Zahl der angezeigten Seiten: Diese Einstellung ist für den DiaShowmodus (noch nicht gesehene Seite/unbearbeitete Seite) von Bedeutung. Sie legen fest, wie viele Abschnitte bearbeitet werden müssen. Liegt die Zahl höher als die Zahl der Abschnitte in der Lektion, ist die Lektion erst abgeschlossen, wenn alle Abschnitte auch tatsächlich bearbeitet wurden.

Formatierung

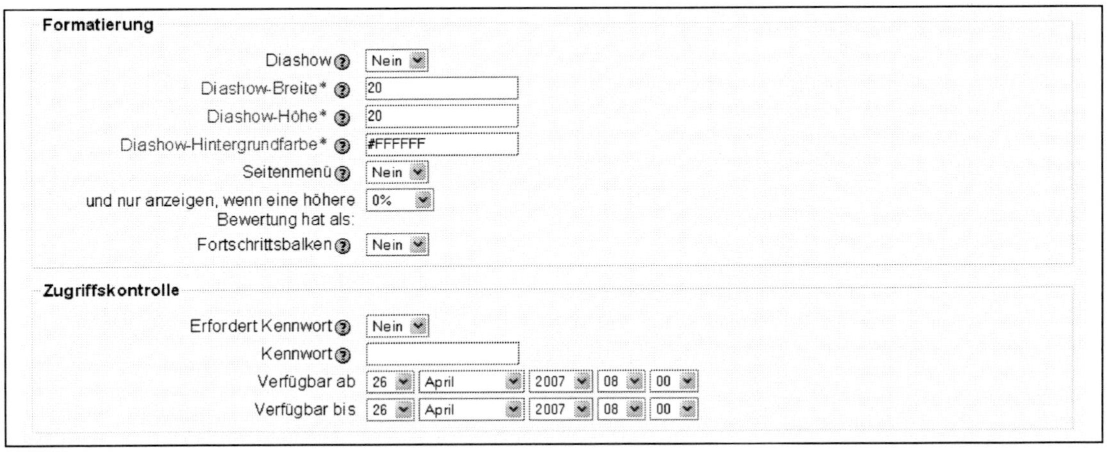

Diashow: aktiviert die Anzeige der Lektionen in gleich großen Ansichtsfenstern. Diese Anzeigeform steht nur für Inhaltseiten, nicht aber für Frageseiten zur Verfügung.

Diashow Breite und Höhe: legt die Größe des Fensters für die Anzeige verbindlich fest. Die Angabe der Werte erfolgt in Pixeln.

Diashow Hintergrundfarbe: legt die Hintergrundfarbe des Fensters fest. Die Angabe der Farbe erfolgt nach den HTML-Farbcodes. Im Fenster ist als Standard die Farbe weiß (#FFFFFF) eingetragen. Weitere Informationen unter http://de.selfhtml.org/html/allgemein/farben.htm.

Seitenmenu: aktiviert ein zusätzliches Menu in der Ansicht der Lektion für Teilnehmer/innen. Dieses kann auf Wunsch erst ab einer bestimmten Menge bearbeiteter Seiten (in Prozent) gezeigt werden.

Zugriffskontrolle

Erfordert Kennwort: legt fest, ob der Zugriff auf die Lektion von der Eingabe eines Passwortes abhängig gemacht werden soll und wie dieses lautet.

Verfügbar ab und Abgabezeitpunkt: tragen Sie hier das Datum und den Zeitpunkt ein, ab dem die Lektion von den Teilnehmer/innen bearbeitet werden kann und bis wann sie beendet sein muss.

Abhängigkeit von Lektion

Abhängigkeit von Lektion: Der Zugriff auf die Lektion kann abhängig gemacht werden von einer vorherigen Teilnahme an einer anderen Lektion und Bedingungen wie Mindestnutzungsdauer, Abgeschlossenheit der Bearbeitung und Bewertung.

Mediadatei oder Webseite

Mediadatei oder Webseite: erlaubt die Anzeige eines Links auf eine Datei oder Webseite während der Bearbeitung der Lektion durch die Teilnehmenden.

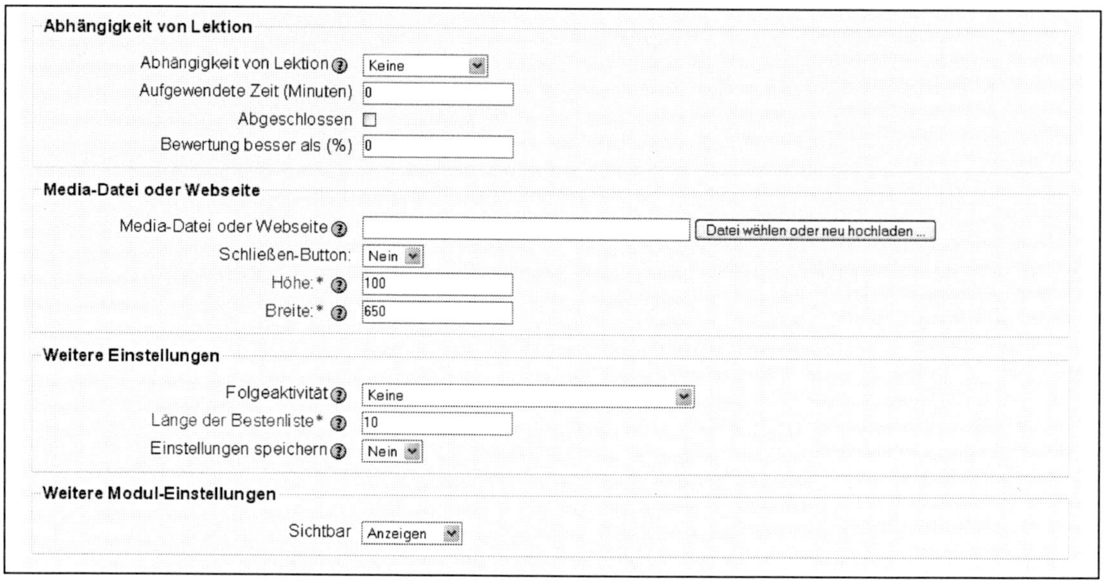

Weitere Einstellungen:

Folgeaktivität: ist eine Lernaktivität im Kurs, die nach Abschluß der Lektion aufgerufen werden soll.

Länge der Bestenliste: legt die Zahl der angezeigten Bewertungen fest.

Einstellungen speichern: definiert die gerade gemachten Einstellungen als Basis für alle weiteren Lektionen innerhalb des Kurses.

Sichtbar: verbergen oder anzeigen der Lernaktivität im Kursraum.

Nach der Festlegung dieser Grundeinstellungen können Sie die Lerneinheiten erfassen. Spätestens jetzt sollten Sie sich eine Struktur Ihrer Lektionsabschnitte auf dem Papier erstellen, damit Sie die Struktur übersichtlich vor sich haben. Definieren Sie dazu die Überschriften der Abschnitte und die Verkettungen, die am Ende zu anderen Seiten hergestellt werden sollen.

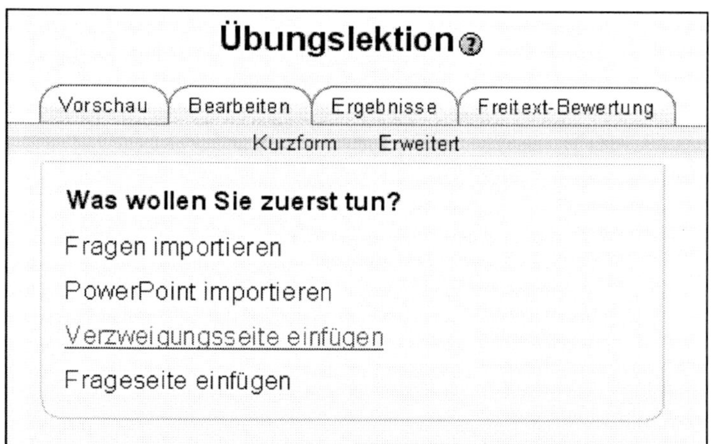

Anschließend wählen Sie zwischen

- „Fragen importieren“ oder
- „Powerpoint-Dateien importieren“,
- „Verzweigungsseite einfügen“ oder
- „Frageseite einfügen“.

Die Verzweigungsseite ermöglicht dem/der Teilnehmer/in am Ende der Seite zwischen verschiedenen weiteren Pfaden (Verzweigungen) zu wählen. Bei der „Frageseite“ wird am Ende eine Frage gestellt, die je nach Antwort zur nächsten Seite im Ablauf oder zu einer Wiederholungsseite führt.

Powerpoint-Dateien können im HTML-Format abgespeichert und als Zip-Datei gepackt in die Lektion importiert werden. Dazu wird der von Powerpoint angelegte Ordner mit allen Inhalten gezippt nicht aber die Startdatei, die Powerpoint erstellt.

Der Import von Powerpoint-Dateien ist nur für einfache Präsentationen geeignet. Tabellen und eingebettete Bilder oder Farbflächen werden in aller Regel nicht richtig übernommen. Auch die deutschen Umlaute werden nicht korrekt umgewandelt.

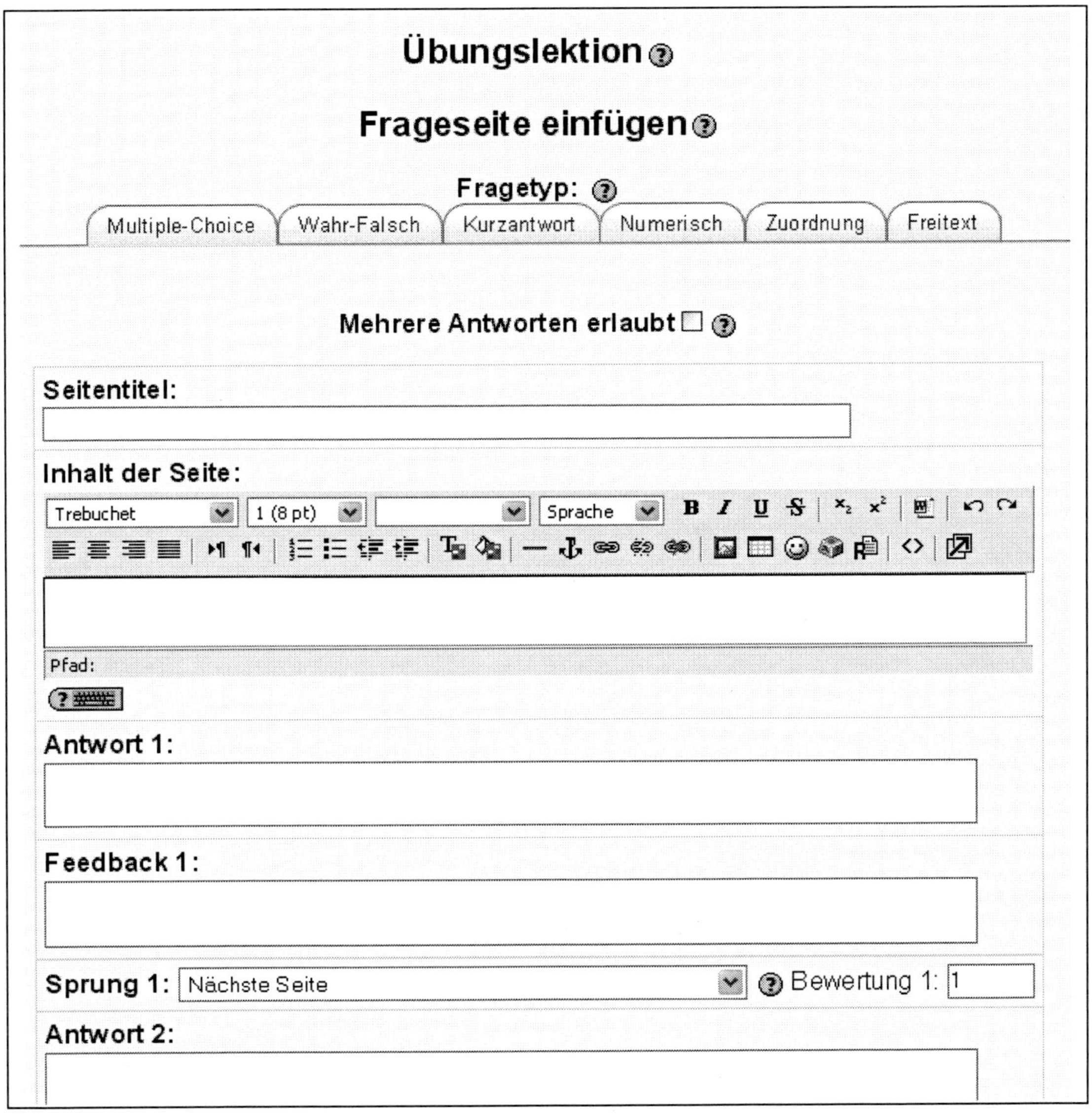

Fragenseiten

Im Optionsfeld **Fragentyp** legen Sie fest, welche Art von Frage bei dem Abschnitt genutzt werden soll. Die Fragetypen „Multiple-Choice", „Wahr/Falsch", „Kurzantwort", „Numerisch" und „Zuordnung" sind aus dem Testmodul bekannt. Zusätzlich steht die Option „Text" (ab Version 1.5) zur Verfügung. Hier können längere Texte oder Aufsätze eingegeben werden, die dann individuell bewertet werden.

Hinweis: Legen Sie erst den Fragentyp fest. Danach wird die Seite neu aufgebaut. Texteinträge, die Sie bereits vorgenommen haben, werden gelöscht.

Je nach Fragentyp können Sie nun bei Mehrfachauswahlfragen und bei Kurzantworten weitere Optionen festlegen. Bei Multiple-Choice-Fragen legen Sie fest, ob mehrere richtige Antwortfelder angeklickt werden können. Bei Kurzantwort-Fragen wird auch die Groß- und Kleinschreibung in der eingegeben Antwort beachtet.

Reihenfolge der Antworten

Wichtig! Die Reihenfolge der Antworten wird in der Anzeige für den/die Teilnehmer/in gemischt.

Füllen Sie nun die **„Antwort"**felder aus, die dem/der Teilnehmer/in angezeigt werden sollen und die **„Feedback"**, die als Rückmeldung beim Anklicken dieser Antwort gezeigt werden. Mit dem Feld **„Sprung"** bestimmen Sie, wohin der/die Teilnehmer/in verwiesen wird, wenn diese Antwort angeklickt wird und mit **„Bewertung"** legen Sie die Punktzahl für diese Antwort fest.

Nach dem Speichern finden Sie eine Übersicht Ihres gerade erstellten Abschnitts und der Antworten. Wenn Sie den Abschnitt erneut bearbeiten wollen, klicken Sie auf das Symbol der schreibenden Hand. In der Anzeige des Abschnitts können nun alle Texte auch mit dem Editor bearbeitet werden.

Anzeige der eingegebenen Abschnitte

Bei der Eingabe des ersten Abschnitts der Lektion sind noch keine Felder für die Verlinkung sichtbar, da ja auch noch nichts miteinander verlinkt werden kann. Wenn jedoch mehr als ein Abschnitt vorhanden ist, finden Sie ein Auswahlfeld bei jeder Antwort mit den Überschriften der verfügbaren Seiten zur Verlinkung. Zusätzlich finden Sie die Option **„Ende der Lektion"**, um eine Abschlussseite anzuzeigen.

Die Übersichtsseite der Lektion enthält in der „erweiterten Ansicht" eine Reihe Optionen, die hier kurz beschrieben werden:

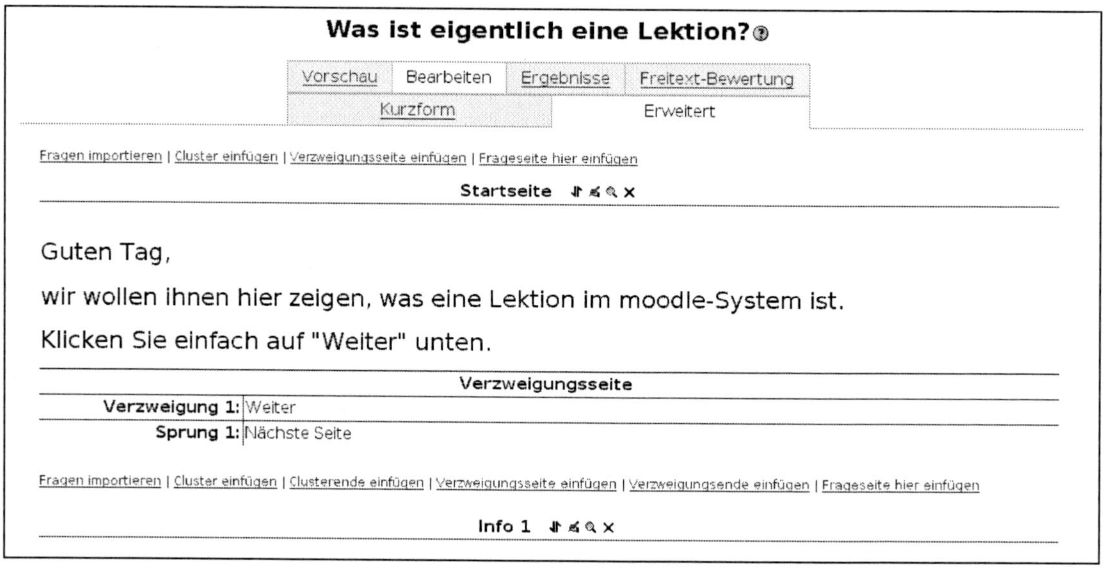

Fragen importieren: Wenn Sie Fragen oder Lektionsabschnitte in standardisierten Formaten bereits vorbereitet haben, können Sie diese importieren. Weitere Informationen zu den importierbaren Formaten finden Sie in der Hilfeoption der Seite „Frage importieren".

Cluster einfügen: Cluster sind vergleichbar mit Zufallsfragen im Test. Sie richten einen Cluster ein, fügen Fragen hinzu und definieren ein Clusterende. Der/die Teilnehmer/in erhält eine zufällig ausgewählte Frage aus dem Cluster.

Clusterende einfügen: definiert das Ende eines Clusters.

Verzweigungsseite einfügen: fügt eine Seite in die Lektion ein, die eine Verzweigung zu weiteren Abschnitten der Lektion ermöglicht. Bei der Verzweigungsseite wird direkt auf die nächste Seite verlinkt. Der Teilnehmer erhält kein Feedback zu seiner Antwort.

Verzweigungsende einfügen: fügt eine Seite ein, die nur einen weiteren Link enthält, der entweder zum Abschluss der Lektion führt oder auf eine Hauptseite der Lektion zurückführt. Diese Option bietet sich z.B. an, wenn bei einer falschen Antwort eine Verlinkung zu einer Seite mit Hinweisen zu den Fehlerursachen bereitgestellt wird, danach aber wieder zum normalen Ablauf der Lektion zurückgeführt werden soll. Diese Seite kann nur eingefügt werden, wenn eine Verzweigungsseite vorhanden ist.

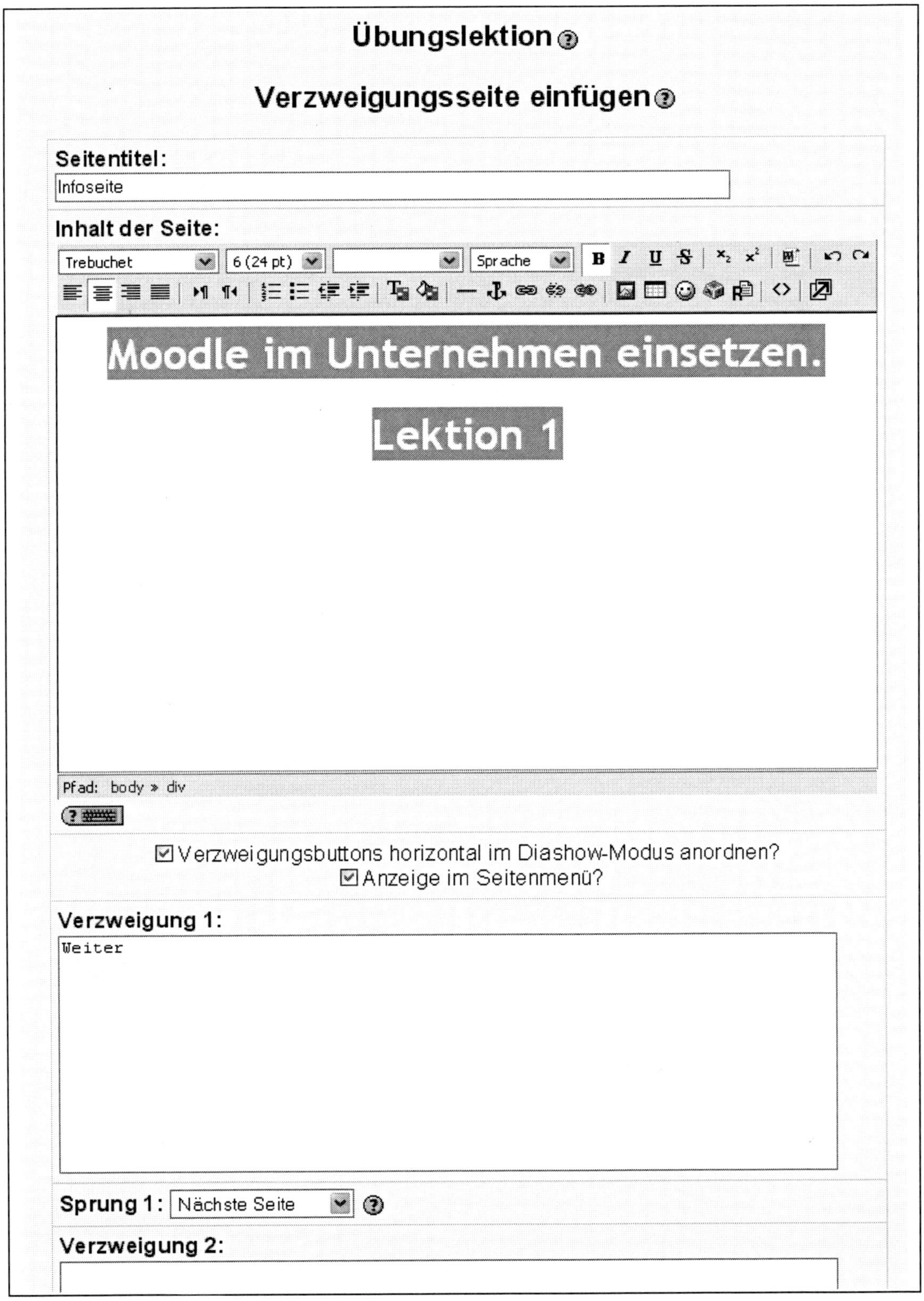

Frageseite einfügen: kann vor oder nach bestehenden Seiten eingefügt werden. Sie fügen hiermit eine Seite mit Frageoptionen und Feedback für die Teilnehmer ein.

Der Link **„Frage testen"** startet einen Testdurchlauf für die Frage. Der Link **„Navigation überprüfen"** erlaubt Ihnen, die Lektion Schritt für Schritt zu erproben und zu kontrollieren, ob die eingegebenen Verkettungen richtig sind.

Lektionen immer testen!

Führen Sie die Prüfung der Navigation sorgfältig durch, da sich leicht Fehler einschleichen.

Zur Verbesserung der Übersichtlichkeit gibt es die Möglichkeit, in die „Kurzform" zu wechseln. In der „Kurzform" werden die einzelnen Abschnitte nacheinander als einzelne Zeilen angezeigt und können von hier aus verschoben und bearbeitet werden.

Lernpakete (SCORM/AICC)

SCORM ist ein internationaler Standard für den Austausch von Lernaktivitäten zwischen Lernprogrammen. Weitere Informationen finden Sie bei Advanced Distributed Learning (www.adlnet.org).

Verschiedene Autorenprogramme können ihre Lernaktivitäten SCORM-kompatibel ablegen. Diese können dann in Moodle als Lernaktivität integriert werden. Eine SCORM-Datei erhalten Sie als ZIP-Datei. Darin enthalten sind verschiedene Einzeldateien und ggfs Unterverzeichnisse. Eine besondere Funktion hat darin die Datei imsmanifest.xml. In ihr sind standardisiert die verschiedenen Elemente des Lernpaketes definiert. Moodle kann nun diese Datei imsmanifest.xml lesen und interpretieren.

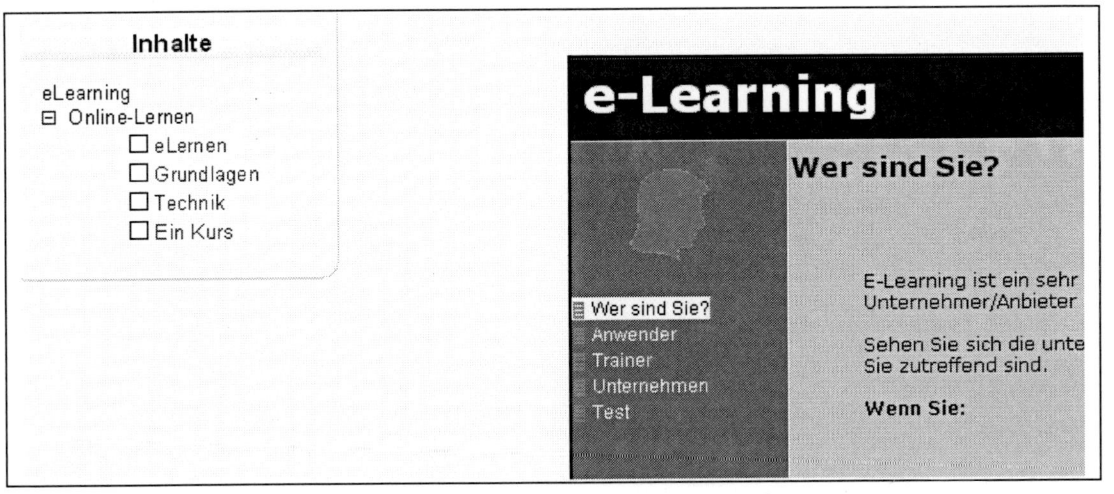

Außer SCORM Lernpaketen können auch AICC Lernpakete eingebunden werden. AICC steht für das Aviation Industrie CBT Committee, in dem eine Absprache zur Darstellung von Computer Based Trainings-Inhalten getroffen wurde. Um eine SCORM-Datei in Moodle einzubinden, fügen Sie eine neue Lernaktivität SCORM ein.

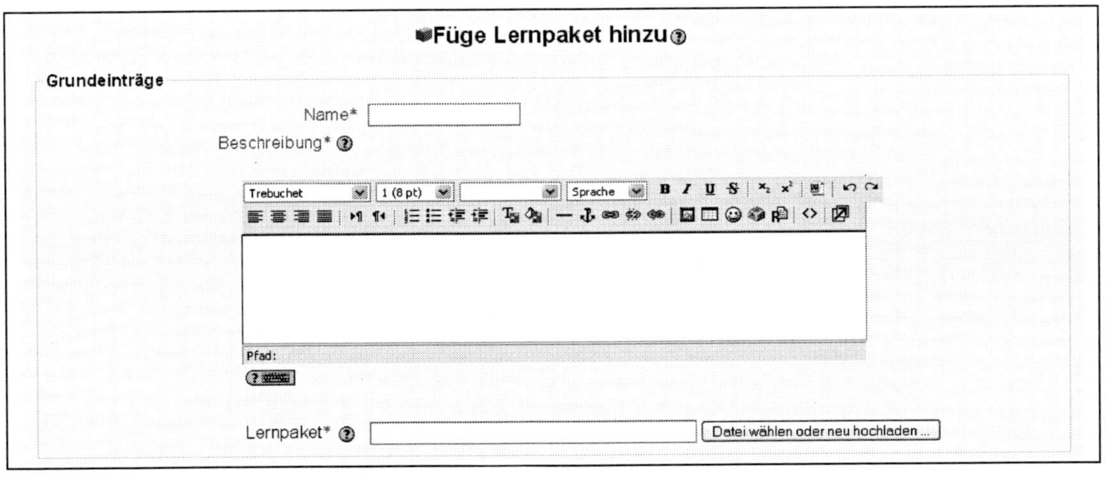

Name: Linkbezeichnung für das SCORM-Paket auf der Kursseite. Einstellungen

Beschreibung: ist der Erläuterungstext für die Bearbeitung der Lernaktivität durch die Teilnehmer/innen.

Lernpaket: wählen Sie hier die gezippte SCORM-Datei aus und laden Sie sie in das Kursverzeichnis.

Mit der Version 1.8 können Sie hier auch eine URL-Adresse eingeben an der das Zip-Paket liegt. Moodle lädt dann das Paket hoch und integriert es eigenständig. Dieses Vorgehen eignet sich besonders, wenn das Paket später noch überarbeitet wird und Sie immer das aktuellste Paket im Kurs nutzen wollen. Moodle kann nun das Paket regelmässig aktualisieren.

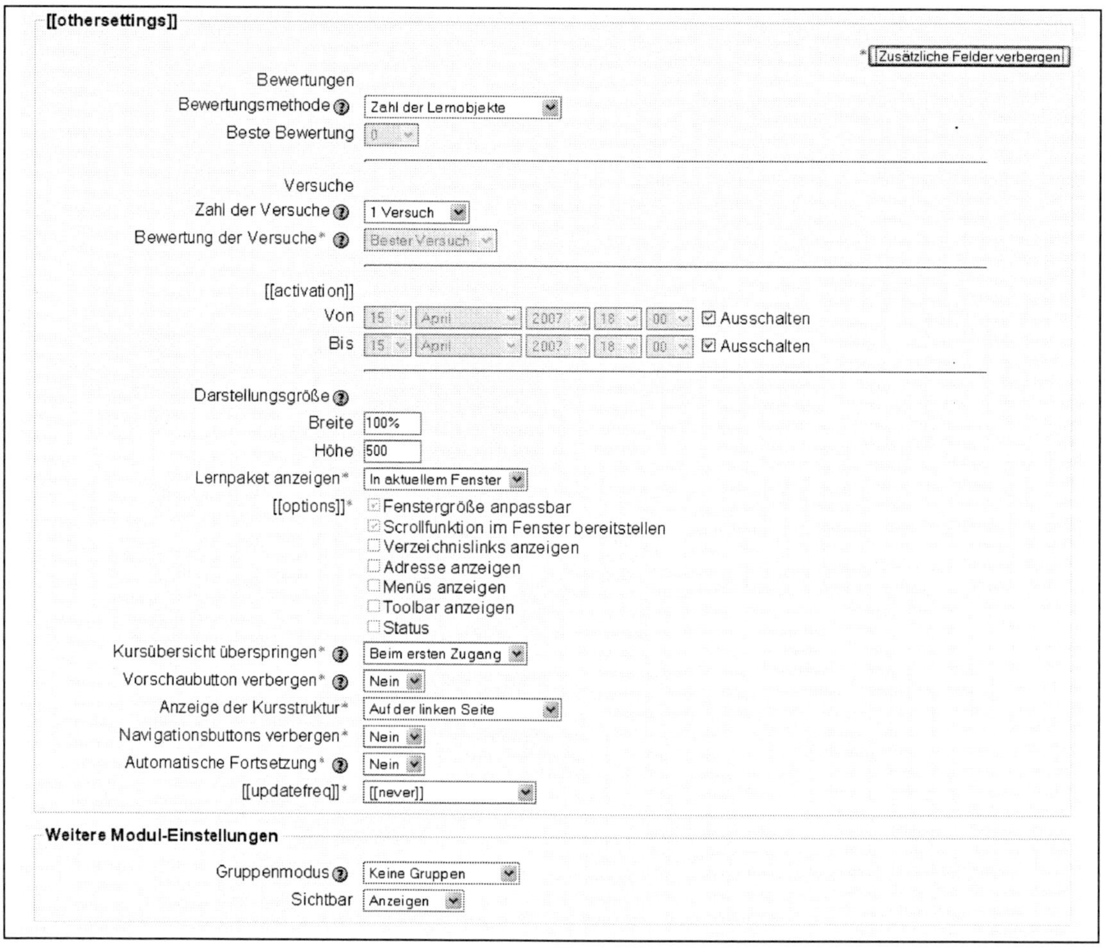

Bewertungsmethode: erlaubt die Auswahl unterschiedlicher Bewertungsmethoden und die Übernahme der Ergebnisse in das Notenbuch. SCO Situation: SCORM-Einheiten bestehen aus verschiedenen Abschnitten (SCOes = sharing content objects). Diese Bewertung analysiert, wie viele SCO-Einheiten bearbeitet wurden.

Beste Bewertung: ist die erzielbare Höchstnote für dieses Lernpaket.

Zahl der Versuche: legt die Zahl der zulässigen Versuche fest.

Bewertung der Versuche: Definiert, welcher der Versuche zur Bewertung herangezogen wird.

Frame/Fenster Größe: definiert die Größe der Anzeige des Lernpaketes.

Teilnehmer/innen überspringen die Übersicht: direkter Zugang zum Lernpaket.

Vorschaubutton verbergen: Buton auf der Übersichtsseite zur Vorschau, ohne damit einen Testversuch durchzuführen, wird ausgeblendet.

Kursstruktur (Inhaltsverzeichnis) im Playerfenster verbergen: Aus dem Lernpaket wird automatisch ein Inhaltsverzeichnis ausgelesen. Dieses wird links neben dem Lernpaket angezeigt. Manchmal ist es wünschenswert, dieses auszublenden.

Automatische Fortsetzung: Tracking. SCORM-Einheiten können längere Lerneinheiten sein, die in der Bearbeitung unterbrochen werden können. Die Einstellung definiert, ob an der Stelle, an der die Bearbeitung unterbrochen wurde, beim zweiten Versuch weitergearbeitet werden, oder ob von vorne angefangen werden soll.

Updatefrequenz: Zeitraum zur Aktualisierung des Lernpaketes, falls dies von einer Onlinequelle hochgeladen wird.

Nach dem Bestätigen der Eingaben wird die Zip-Datei ausgepackt und die Datei imsmanifest.xml von Moodle gelesen. Danach kann die Lernaktivität von den Teilnehmer/innen genutzt werden.

Hinweis: auch wenn SCORM ein definierter Standard ist, kann man nicht sicher sein, dass alle SCORM-Pakete in Moodle genutzt werden können. Testen Sie daher SCORM-Pakete bei der Planung Ihres Kurses sorgfältig. Die Tücke liegt hier im Detail. Probleme können z.B. entstehen durch Kompatibilitätsprobleme, Versionskonflikte, Einstellungen bei der Erstellung des SCORM-Paketes oder Lernaktivitäten, die in Moodle nicht unterstützt werden.

Hinweis: Entpacken Sie die Zip-Dateien niemals selber. Moodle entpackt sie und legt die Inhalte in einem besonderen Unterverzeichnis des Kurses an. Mit einem von Ihnen entpackten Paket kann Moodle nichts anfangen.

Test

Im Test werden Fragen gestellt, die von dem/der Teilnehmer/in zu beantworten sind. Hierbei handelt es sich um Fragen, die durch Ankreuzen oder eine kurze Antwort beantwortet werden können. Komplexe Fragestellungen, die eine längere Erörterung oder die freie Formulierung eines Textes erfordern, können in den Lernaktivitäten „Aufgabe", „Übung", „Workshop" oder „Lektionen" bearbeitet werden. Seit der Version 1.6 gibt es einen Freitextfragetyp. Dieser kann als einziger nicht automatisch bewertet werden.

Verschiedene Arten von Testfragen können ausgewählt werden. Hier eine Auswahl:

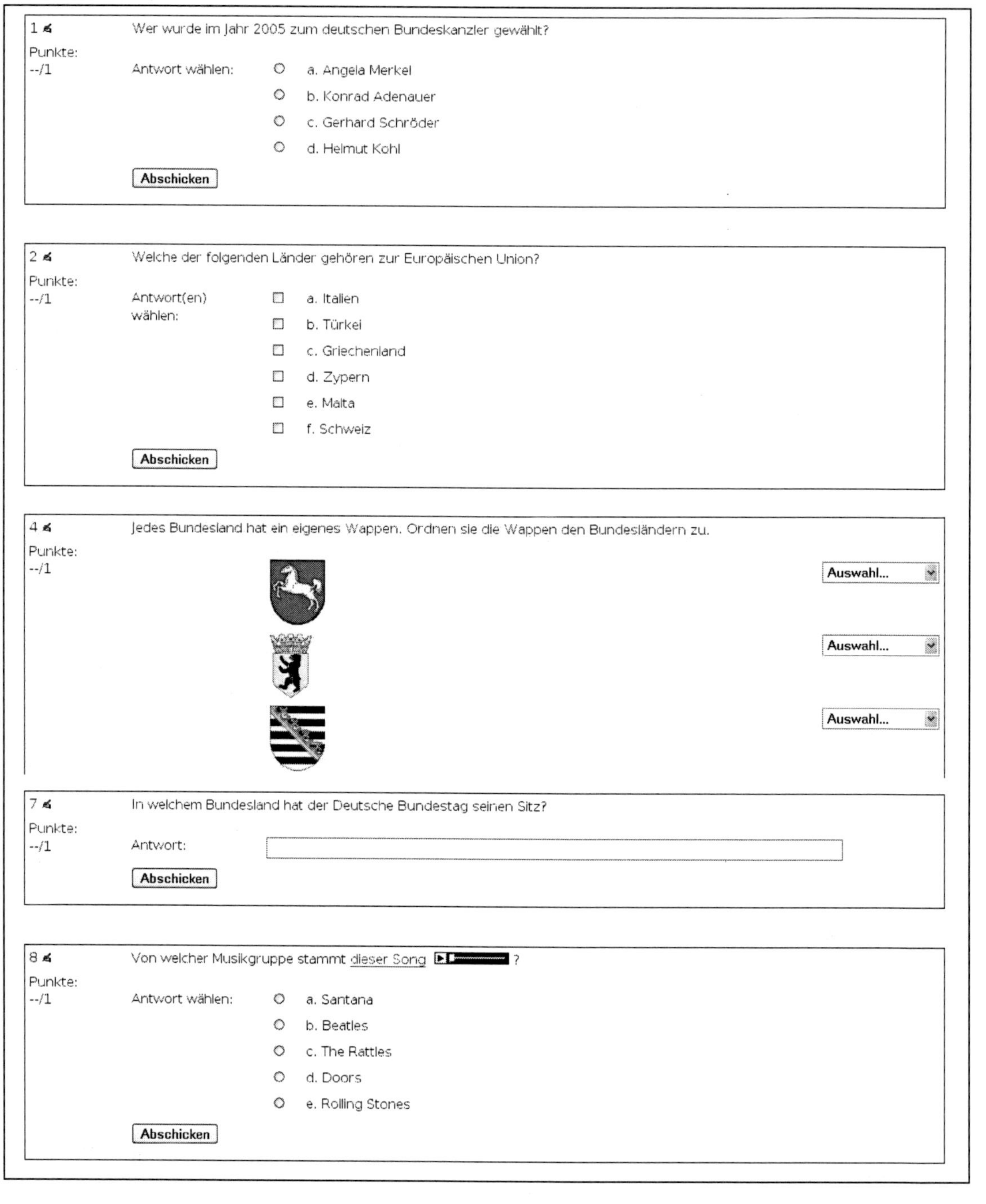

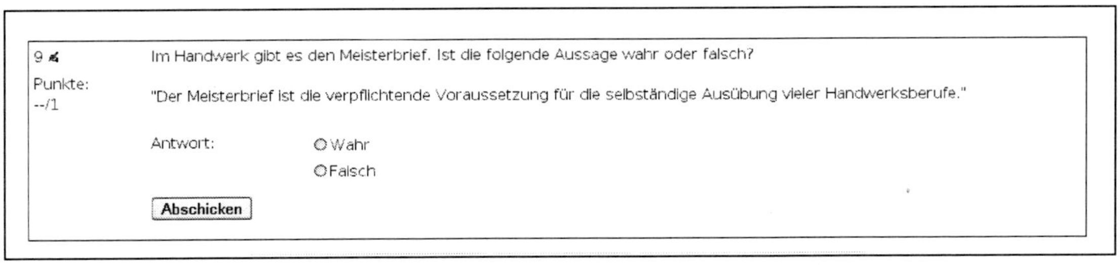

Die Testoptionen von Moodle sind sehr vielfältig nutzbar, erfordern jedoch zum Teil einige Beschäftigung mit der Vielzahl der Optionen. Tests können als Selbsttest oder als Prüfungstool genutzt werden. Für Prüfungen gibt es eine Reihe von Zusatzoptionen, die den Zugriff auf den Test regeln.

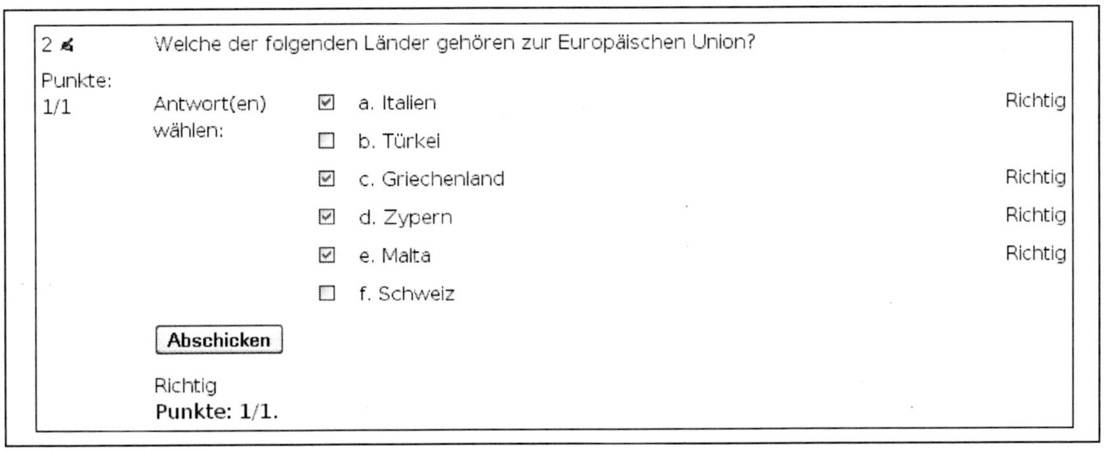

Fragen können direkt in einem Test angelegt werden oder unabhängig von einem konkreten Test über das Administrationsmenu -> „Fragen“ im Kurs.

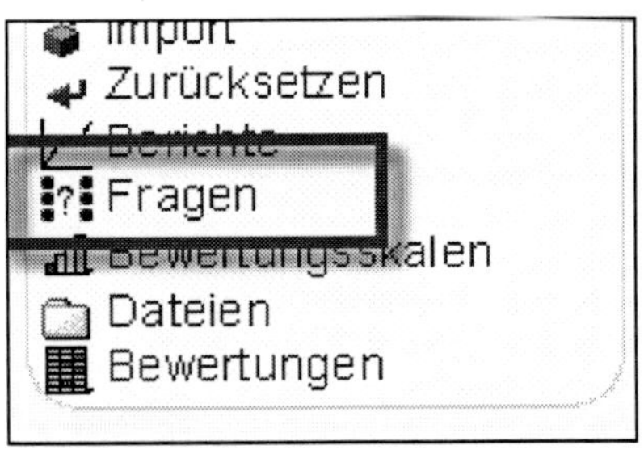

Ablauf der Erstellung eines Tests

Das Anlegen von Tests erfordert mehrere Schritte:

- Lernaktivität Test anlegen und Einstellungen vornehmen.
- Kategorien zur Verwaltung von Testfragen anlegen.
- Testfragen einrichten und mit Hilfe der Vorschaufunktion kontrollieren.
- Testfragen zu einem Test zusammenstellen.
- Reihenfolge der Fragen definieren und Punktwerte für jede Frage festlegen.
- Testvorschaufunktion nutzen.

Einstellungen

Name: ist auch hier der Link auf der Kursseite.

Einführung: erlaubt die Eingabe eines einführenden Textes. Hier sollten Bearbeitungshinweise und Bewertungskriterien veröffentlicht werden.

Zeitsteuerung

Einen Test beginnen/Diesen Test schließen: legt fest, in welchem Zeitfenster (Datum und Uhrzeit) der Test für Teilnehmer/innen zur Verfügung steht.

Testöffnung/Testschließung: Zugriffszeitraum für Teilnehmer/innen auf den Test.

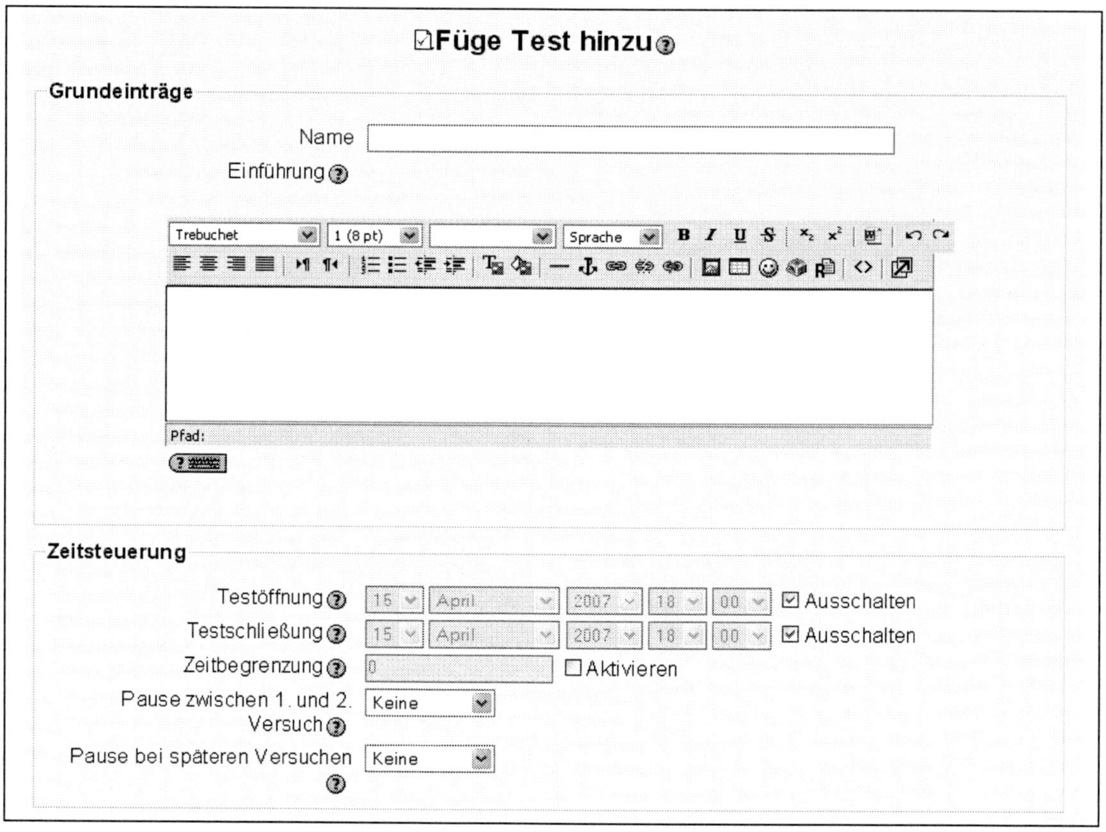

Zeitbegrenzung (in Minuten): verfügbare Zeit für die Bearbeitung. Teilnehmer/innen erhalten nach dem Start des Tests eine Zusatzinformation mit der verbleibenden Restzeit für die Bearbeitung. Am Ende der vorgegebenen Zeit wird der Test automatisch gespeichert. Versuchen Teilnehmer dennoch nach dem Ende mit dem Test weiter zu arbeiten, wird dies als Versuch des Schummelns gewertet und alle Eingaben werden annulliert. Die Zeitdauer kann minutengenau bis 110 Minuten eingestellt oder deaktiviert (Einstellung „nichts") werden. Die Zeitbegrenzung erfordert die Aktivierung von Javascript im Browser.

Pause: Sie können zwischen den einzelnen Versuchen der Testdurchführung eine Pause „verordnen". Erst nach dieser Zeit kann der nächste Versuch gestartet werden.

Anzeige

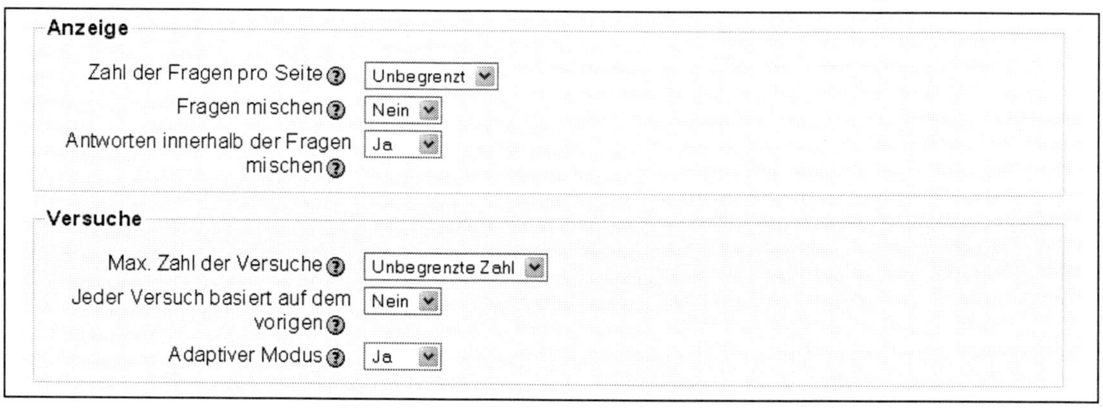

Zahl der Fragen pro Seite: definiert die Anordnung der Fragen auf einer Bildschirmseite. Sie können später diese noch genauer gestalten.

Fragen mischen: zeigt die Fragen des Tests bei den Teilnehmer/innen in einer zufälligen Reihenfolge an. Damit wird das Abgucken beim Nachbarn erschwert.

Hinweis: Wenn Sie zwischen den verschiedenen Fragen des Tests Zusatzinformationen und Beschreibungen als Text eingefügt haben, wird auch dieser Text zufällig gemischt. In dem Falle ist die Option „Fragen mischen" nicht sinnvoll.

Antworten innerhalb der Fragen mischen: zeigt die Antworten zu den einzelnen Fragen in einer zufälligen Reihenfolge.

Versuche

Maximale Zahl der Versuche: legt fest, wie viele Durchgänge des Testes ein/e Teilnehmer/in machen darf (max. sechs Versuche).

Jeder Versuch basiert auf dem vorigen: bei den Wiederholungsversuchen wird das Ergebnis des vorherigen Versuchs den Teilnehmer/innen angezeigt.

Adaptiver Modus: Teilnehmer/innen erhalten die Option, eine Frage mehrfach zu bearbeiten, bis sie korrekt beantwortet ist. Dabei ist es auch möglich, die Frage durch eine andere einfacher zu beantwortende Frage zu ersetzen. Ein Beispiel: nach der falschen Beantwortung einer Kurzantwortfrage wird eine einfacher zu beantwortende Multiple-Choice-Frage zum gleichen Thema vorgelegt, für die es eine niedrigere Punktzahl gibt.

Bewertung

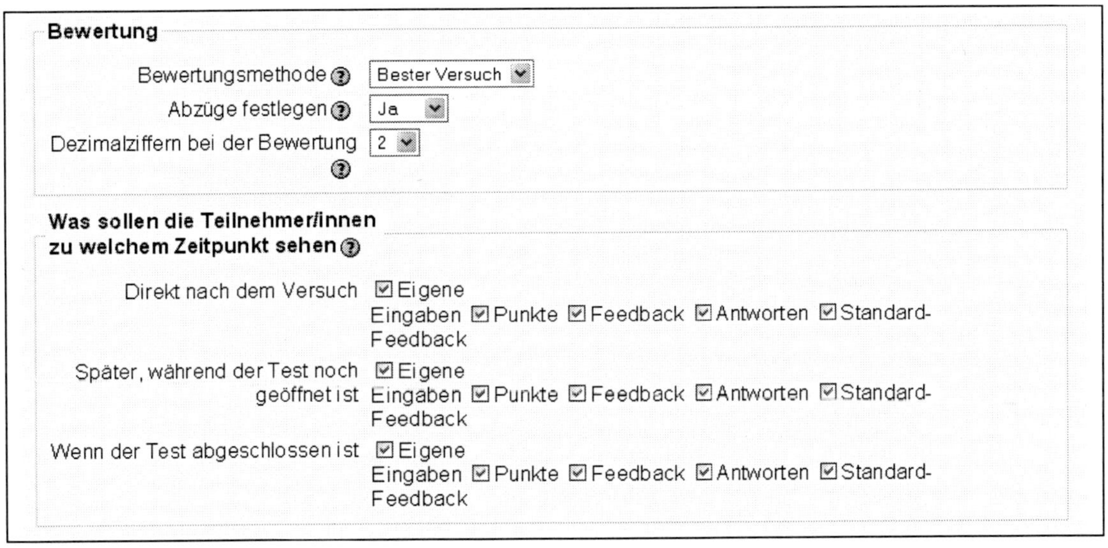

Bewertungsmethode: bei wiederholter Testdurchführung. Als Bewertung kann die höchste (beste) Bewertung, die durchschnittliche Bewertung aller Versuche, die erste Bewertung oder die letzte Bewertung genutzt werden.

Abzüge festlegen: Wenn ein/e Teilnehmer/in eine Frage mehrfach beantworten darf, kann man für jeden zusätzlichen Versuch einen Punktabzug einkalkulieren, da es ja mit jedem neuen Versuch einfacher wird, die richtige Antwort zu finden. Die Funktion ist nur in Verbindung mit dem Adaptiven Modus sinnvoll.

Dezimalziffern bei der Bewertung: Zahl der Nachkommastellen.

Was sollen die Teilnehmer/innen zu welchem Zeitpunkt sehen?

In diesem Abschnitt können Sie differenziert einstellen, welche Informationen Teilnehmer/innen zu welchem Zeitpunkt über die Testergebnisse einsehen können. Dabei werden drei Zeitpunkte unterschieden:

- direkt nach Abschluss der Testbearbeitung durch den/die Teilnehmer/in,
- zu einem späteren Zeitpunkt, wenn andere Teilnehmer/innen den Test noch bearbeiten können und
- nach Abschluss des Tests durch alle Teilnehmer/innen.

Sichtbar gemacht werden können die „Eigenen Eingaben" der Teilnehmer, die „Bewertung", das „Feedback", die gegebenen „Antworten des/der Teilnehmers/in" und das „Standard-Feedback".

Sicherheit

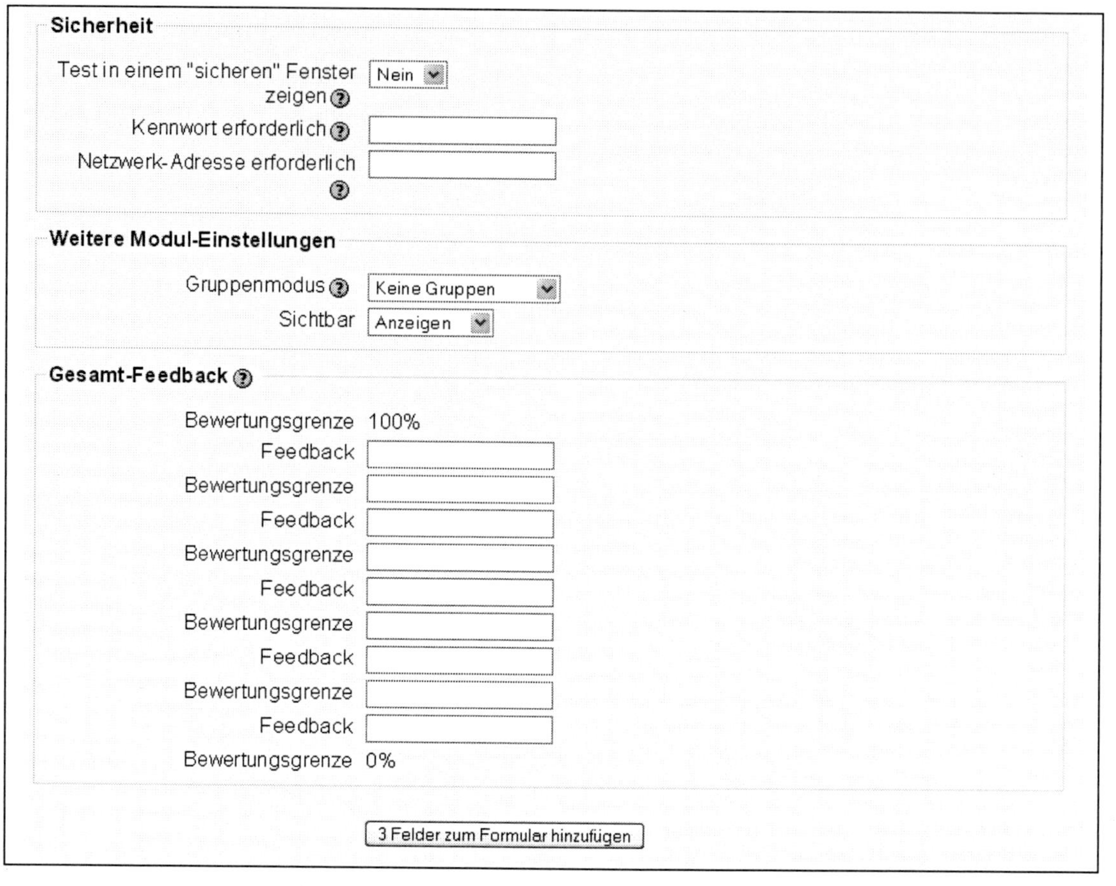

Test in einem „sicheren" Fenster zeigen: mit dieser Einstellung wird der Test in einem seitenfüllenden Fenster angezeigt. Einige Maus- und Tastaturfunktion sind deaktiviert. Dies ist eine Möglichkeit, Umgehungs- und Betrugsversuche während der Testbearbeitung zu erschweren.

Kennwort erforderlich: den Test können Teilnehmer/innen erst dann ausführen, wenn sie das hier eingetragene Passwort eingegeben haben. Damit kann der Personenkreis oder der Zeitpunkt der Testdurchführung beschränkt werden. Wenn Sie das Passwort z.B. im abschließenden Text einer Lektion eintragen, kann der Teilnehmer den Test erst dann durchführen, wenn er die Lektion bis zum Ende durchgeführt hat.

Netzwerk-Adresse erforderlich: Um den Zugriff auf die Rechner im PC-Schulungsraum zu beschränken, können Sie hier IP-Adressen der Rechner eintragen.

Gruppenmodus: aktiviert die Gruppenfunktion für Tests und zeigt die Ergebnisse nach Gruppen sortiert.

Gesamt-Feedback

Das Gesamtfeedback erlaubt ein Feedback in Abhängigkeit von der Gesamtbewertung des Tests jedes Teilnehmers.

Nach der Eingabe der Grundeinstellungen des Tests erscheint ein zweigeteiltes Fenster. Links werden bereits ausgewählte Fragen des Tests angezeigt und bearbeitet. Rechts werden Fragen angelegt und bearbeitet.

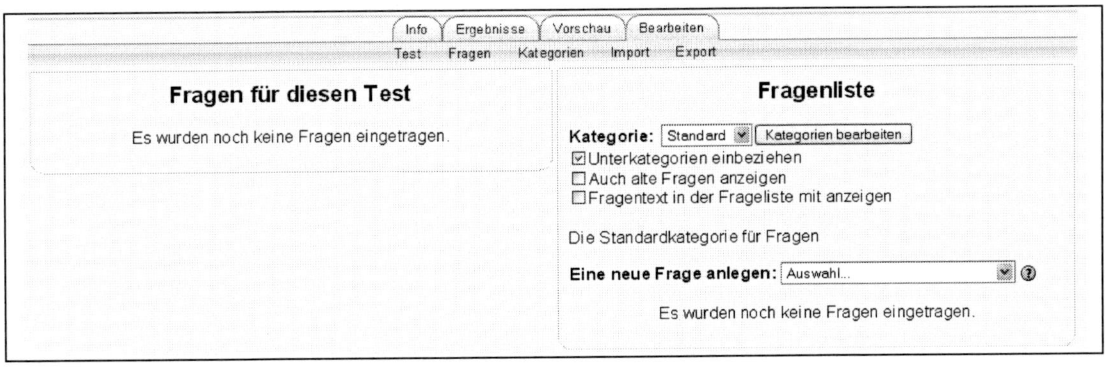

Die Abbildung oben zeigt die Ansicht vor der Erstellung von Fragen und die Abbildung unten nach der Zusammenstellung zu einem Test.

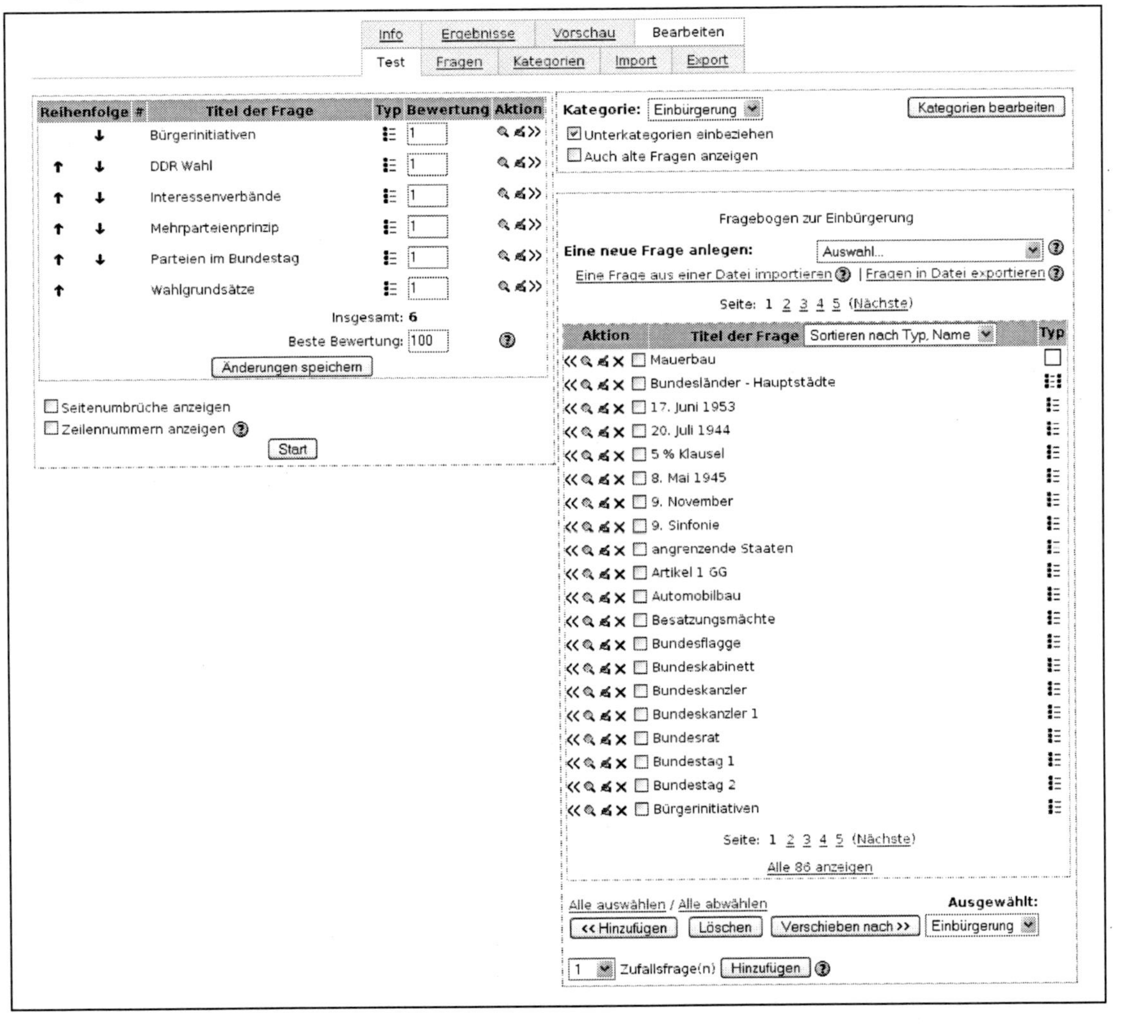

Für jeden Kurs gibt es eine Standardkategorie mit dem Kursnamen in Klammern. Die Kategorien erlauben Ihnen die Verwaltung der Testfragen und den Zugriff auf Testfragen, die Sie in anderen Kursen angelegt haben. Erstellen Sie eine Fragenkategorie für Ihren Test („Kategorie bearbeiten“).

Tipp: Wenn Sie mit vielen Testfragen arbeiten, ist der Aufbau eines eigenen Kategoriensystems zur Ablage der Fragen sinnvoll. Schnell sind mehrere hundert Fragen erarbeitet. Um diese zu bearbeiten und auszuwählen ist ein Kategorienschema mit verständlichen Bezeichnungen sehr hilfreich.

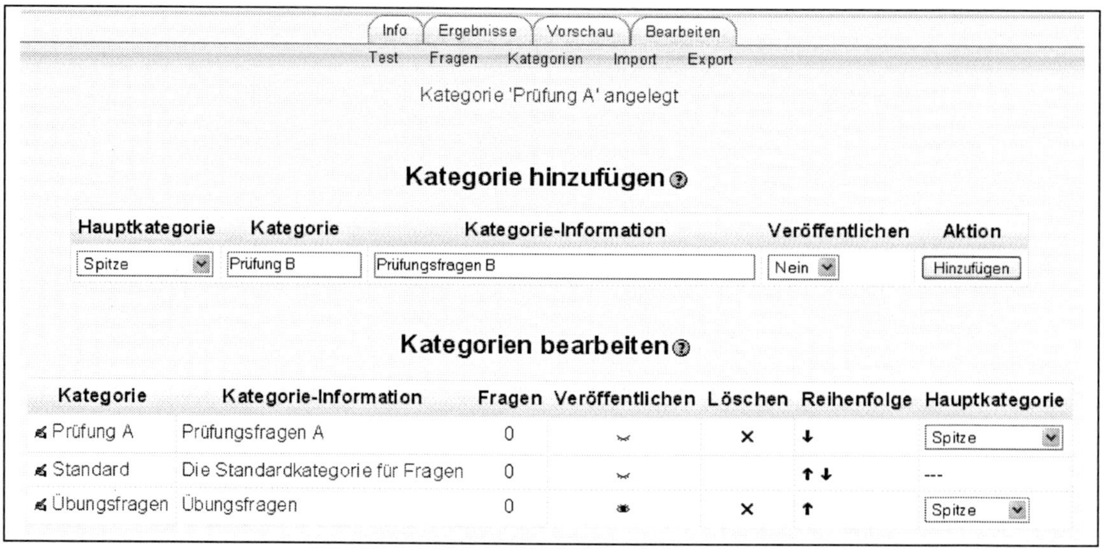

Beispiel für ein Kategorienschema im Fach Biologie (7. Klasse). Legen Sie verschiedene Kategorien für die verschiedenen Unterrichtsthemen an, zu denen Sie Tests durchführen wollen, z.B. Frösche, Fische, Vermehrung, Brutpflege,... Ab der Version 1.5 können neben Hauptkategorien auch Unterkategorien eingerichtet werden.

Die eigenen Testfragen anderen Trainer/innen zugänglich machen.

Unter „Kategorien bearbeiten" können Sie eigene Kategorien in Ihrem Kurs anlegen. Die Option **„Veröffentlichen"** ermöglicht die kursübergreifende Nutzung der Testfragen. Hinweis: Wenn Sie die Option „Veröffentlichen: Ja" nutzen, haben alle anderen Trainer in Ihren Kursen Zugriff auf die von Ihnen angelegten Fragen.

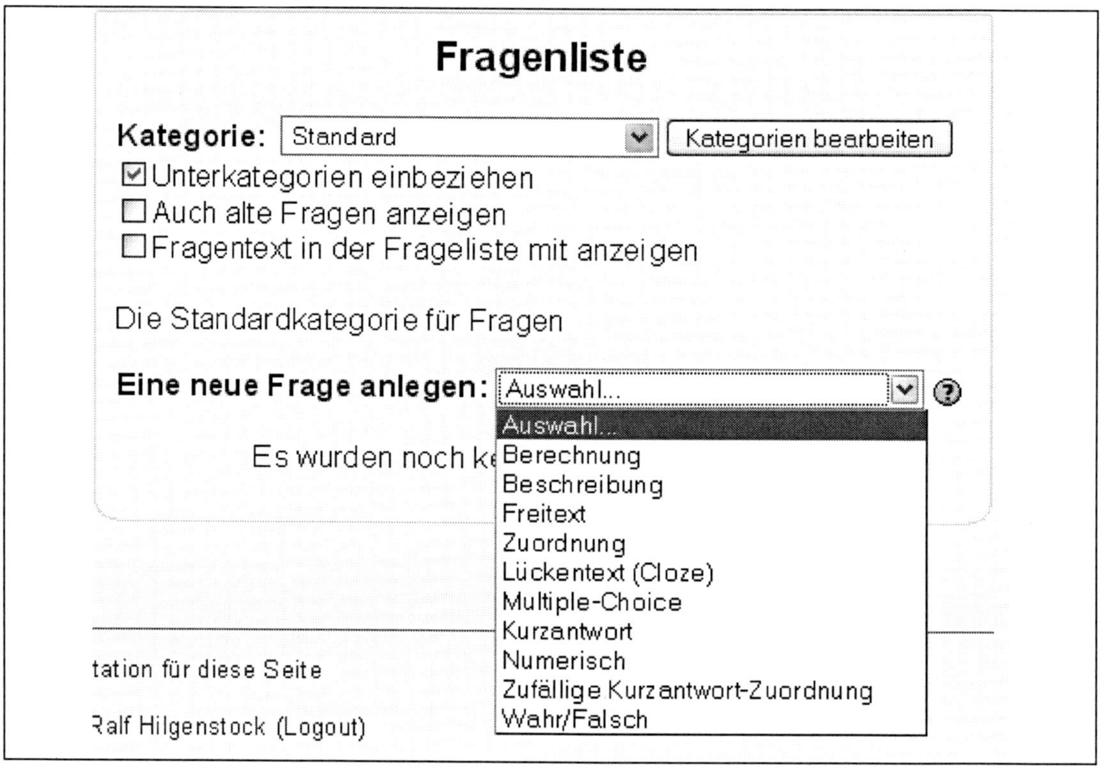

Nach der Auswahl einer Kategorie können Sie neue Fragen anlegen. Sie haben die Auswahl zwischen folgenden Frageformen:

Fragetypen

Bezeichnung	Kurzbeschreibung	Beispielanzeige
Multiple-Choice	Multiple-Choice-Frage mit mehreren Antwortalternativen. Mehrere Antworten können richtig sein.	Wer ist deutscher Bundeskanzler? Antwort: ○ a. Angela Merkel ○ b. Gerhard Schröder ○ c. Helmut Kohl ○ d. Konrad Adenauer
Wahr/Falsch	Eine Aussage soll als wahr oder falsch bewertet werden.	Der Meisterbrief ist verpflichtende Voraussetzung für die selbständige Ausübung vieler Handwerksberufe. Antwort: ○ Wahr ○ Falsch
Kurzantwort	Eingabe eines kurzen Begriffs oder Wortes in ein Antwortfeld.	Wie heißt die ehemalige Hauptstadt Deutschlands am Rhein? Antwort: Bonn
Numerisch	Eingabe einer Zahl als Antwort.	Wie lautet die Zahl Pi in Ziffern (auf zwei Ziffern nach dem Komma genau)? Antwort:
Berechnung	Berechnungsfragen, bei denen Zahlen aus einem vorgegebenen Zahlenraum in einer Formel eingetragen werden und von den Teilnehmer/innen berechnet werden müssen.	Bitte lösen Sie die folgende Aufgabe 5 cm + 111 cm ? Antwort:
Zuordnung	Auswahl und Zuordnung von Antworten. Seit der Version 1.7 ist es möglich, dass gleiche Zuordnungen für mehrere Felder genutzt werden.	Bitte ordnen Sie die Hauptstädte den Bundesländern zu. Nordrhein-Westfalen [Auswahl...] Schleswig-Holstein [Auswahl... / Düsseldorf / Bremen / Kiel] Bremen [Auswahl...]
Beschreibung	Keine Fragen, sondern Option zum Einfügen von weiteren Informationstexten oder Überschriften.	
Zufällig setzen ?	Wählt zufällig eine Frage aus den verfügbaren Fragen der gewählten Kategorie aus.	

Bezeichnung	Kurzbeschreibung	Beispielanzeige
Zufällige Kurzantwort-/Zuordnungsfrage	Wählt zufällig eine Kurzantwort- oder Zuordnungsfrage aus.	
Freitext	Die Teilnehmer erhalten ein Texteingabefeld und können einen beliebig langen Text eingeben.	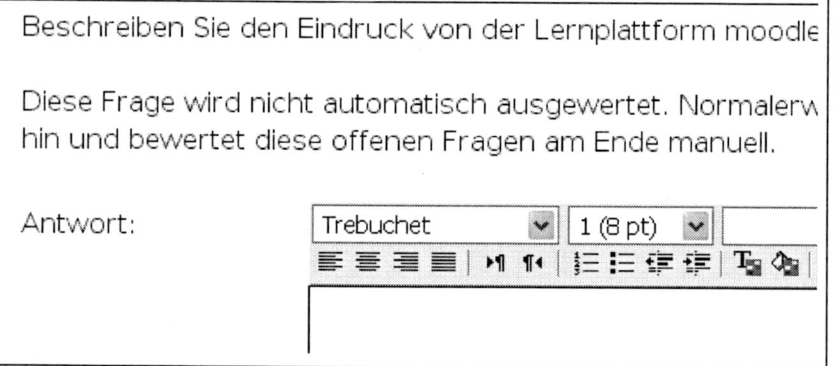
Lückentext	Fortlaufender Text, in dem fehlende Textelemente eingetragen werden müssen.	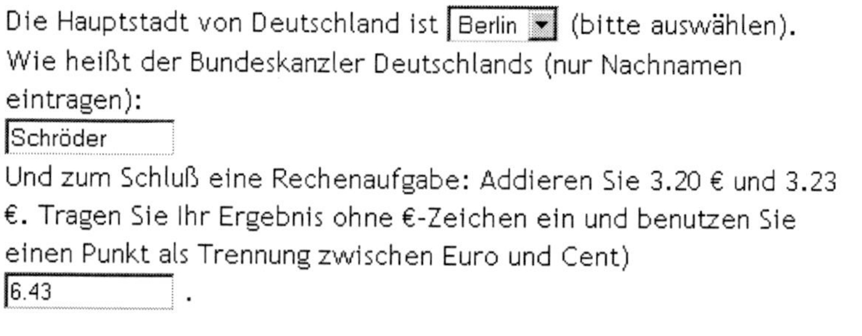

Beim Anlegen neuer Fragen müssen wieder verschiedene Felder ausgefüllt werden, die hier stichwortartig beschrieben werden.

Bezeichnung	Informationen zu den wichtigsten Feldern
Multiple-Choice:	**Bild für die Anzeige:** Erlaubt, ein Bild in den Fragetext einzubinden, muss aber zuvor in das Kursverzeichnis geladen werden. **Eine oder mehrere Antworten:** legt fest, ob nur eine oder mehrere Antworten richtig sind. **Antwort:** Text des Antwortfeldes **Punkte/Bewertung:** Prozentwert bei Auswahl. Zwischen 0% und 100%, aber auch negative Prozentwerte (Punktabzug) möglich. Die Summe aller richtigen Antworten einer Frage muss 100% ergeben, sonst gibt es eine Fehlermeldung. **Rückmeldung:** Feedback an Teilnehmer, wenn das Feld angeklickt wurde in der Anzeige der Ergebnisse
Wahr/Falsch	**Frage**: Hier formulieren Sie eine Aussage, die als wahr oder falsch bewertet werden soll. **Richtige Antwort:** Legen Sie fest, ob die Aussage im Fragefeld wahr oder falsch ist.
Kurzantwort	**Antwort:** In jedem Antwortfeld können Sie eine mögliche Antwort, die ein Teilnehmer eintragen könnte, vorab definie-

Bezeichnung	Informationen zu den wichtigsten Feldern
	ren. Dabei können Sie auch unterschiedliche Schreibweisen der richtigen Antwort festlegen und mit der vollen Punktzahl bewerten.
Numerisch	**Frage:** stellen Sie hier eine Aufgabe, die berechnet werden muss. **Richtige Antwort** enthält die exakt richtige Antwort. **Akzeptierter Fehler:** erlaubt die Festlegung einer Toleranz für die als richtig gewertete Aufgabe (z.B: Wert der Zahl Pi mit der Toleranz 1,3 bis 1,5. Als Toleranzwert müsste hier 0,1 eingegeben werden.)
Berechnung	Sie beschreiben zunächst eine mathematische Aufgabe mit mehreren Variablen, die später durch Zahlenwerte ersetzt werden. Danach definieren Sie die Formel für die Berechnung der richtigen Lösung. In weiteren Schritten legen Sie den Wertebereich fest, der in den Variablen verwendet werden soll und generieren auf Knopfdruck Aufgaben. Beachten Sie bitte die Hilfetexte.
Freitext	Sie müssen hier nur die Aufgabenstellung formulieren.
Zuordnung	**Frage:** enthält das bei der Auswahl der Zuordnungen feststehende Element. **Zugeordnete Antwort:** enthält zur Frage passende Antwort. Beispielfrage: Welche Landeshauptstadt gehört zu welchem Bundesland? Frage1: Schleswig-Holstein; zugeordnete Antwort: Kiel.
Lückentest	Im Fragentext müssen codiert die Lückentextfelder eingetragen werden. Lückentexte werden im Moodle-Testmodul mit Hilfe einer Codierung eingegeben (s.u.).

In einen Fragetext wird die Lücke folgendermassen eingegeben:

Beispiel für einen Lückentext

Die Landeshauptstadt von Hessen ist
`{1:MULTICHOICE:=Wiesbaden#Richtig.~Frankfurt#Falsch.~Mainz#Falsch}`

Hier die Erklärung der einzelnen Elemente:

1. Alle Antwortoptionen stehen zwischen geschweiften Klammern { }.
2. Nach der öffnenden Klammer steht eine Zahl. Dies ist die Gewichtung der Frage. „{2“. Falls die Gewichtung ‚1' ist, kann auf die Angabe verzichtet werden.
3. Zwischen zwei Doppelpunkten folgt die Angabe des Fragetyps: :MULTICHOICE:, :SHORTANSWER:, :NUMERICAL:. Die Syntax für MULTICHOICE und SHORTANSWER oder NUMERICAL ist identisch. Die Anzeige für die Teilnehmer unterscheidet sich jedoch.
4. Die Reihenfolge der unterschiedlichen Antworten ist nicht von Bedeutung. Es sei denn, Sie wollen ein Sammelfeedback für alle falschen Antworten einrichten.
5. Eine richtige Antwort wird durch ein = Zeichen oder einen Prozentwert eingeführt (z.B.: %100%). Eine falsche Antwort erhält kein Vorzeichen oder einen Prozentwert als Einführung (z.B.: %0%). Sie können Prozentwerte zwischen 0 und 100 angeben.

6. Die verschiedenen Antworten werden durch ein ~-Zeichen voneinander getrennt. Vor der ersten Antwort ist das nicht erforderlich.
7. Ein Feedback zu einer Antwort wird durch ein #-Zeichen direkt hinter der Antwort eingegeben. Wenn das Feedback in den Testeinstellungen aktiviert wurde, wird es als kleines Pop-Up-Fenster bei Mouse-Over angezeigt.
8. Beim SHORTANSWER Fragentyp kann eine Wildcard für alle falschen Antworten durch ein ‚*' definiert werden und der Teilnehmer durch den Feedbacktext aufgefordert werden, es noch einmal zu versuchen.
9. Im MULTICHOICE Modus ist es nicht möglich, die Antwortoptionen zu mischen. Im SHORTANSWER Modus ist es nicht möglich, Groß- und Kleinschreibung zu berücksichtigen.

Hinweis: Vermeiden Sie Leerzeichen zwischen den einzelnen Elementen. Diese führen zu Funktionsfehlern.

Nach dem Erstellen der Fragen finden Sie im rechten Block eine Auflistung der Fragen mit dem Fragentitel, einem Symbol der Fragenart und Bearbeitungsmöglichkeiten (Löschen, Vorschau der Frage und Bearbeiten).

Wählen Sie die Fragen aus, die Sie in Ihrem Test verwenden wollen und fügen Sie die ausgewählten Fragen Ihrem Test zu. Die Auswahl kann mit Hilfe des Doppelpfeils oder der Auswahlkästchen erfolgen. Sie können nun auch aus anderen Kategorien Fragen auswählen und zum Test hinzufügen.

Die ausgewählten Fragen des Tests stehen nun in der linken Spalte. Sie können mit den Pfeiltasten die Reihenfolge der Frage bearbeiten (nur sinnvoll, wenn nicht die Zufallsreihenfolge gewählt wurde) und die Punktwerte der einzelnen Fragen für die Benotung festlegen. Speichen Sie nach dem Verändern der Punktwerte die Noten noch einmal ab. Nach dem Abspeichern des Tests können Sie den Test selber ausprobieren.

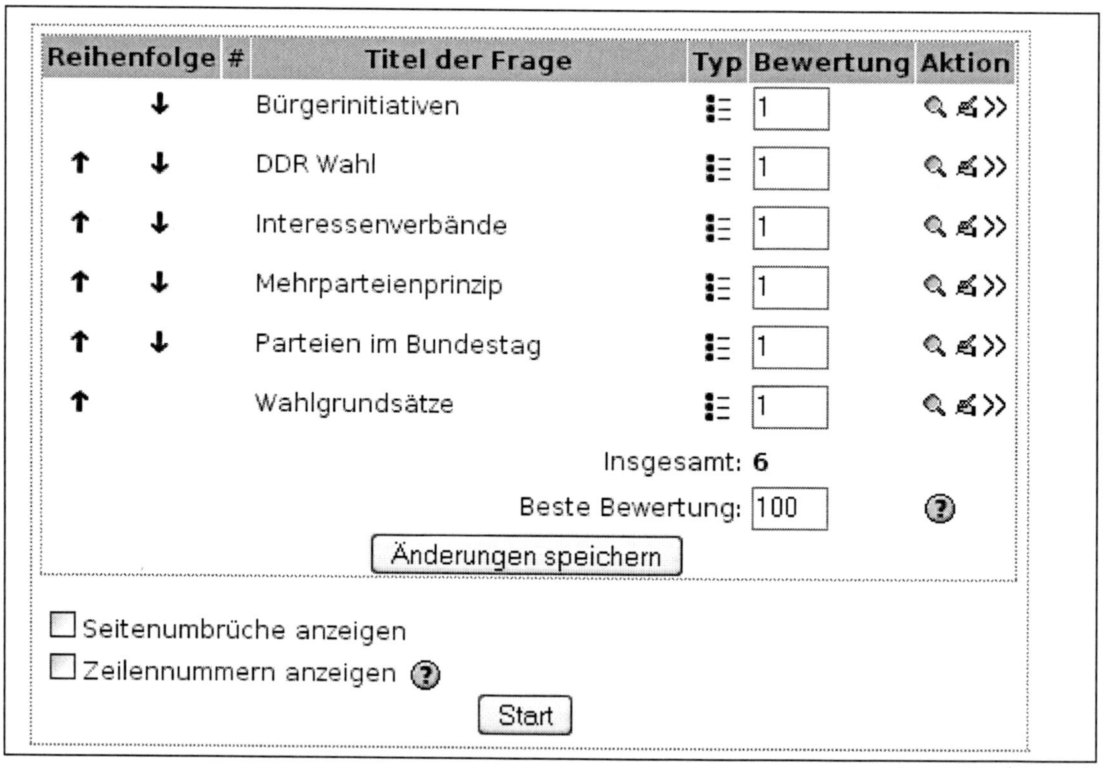

Das Verschieben der Fragen mit Hilfe der Pfeiltasten ist etwas mühsam. Statt dessen können Sie die Funktion „**Zeilennummern aktivieren**" auswählen. Danach können

Sie in einer zusätzlichen Spalte Zeilennumern eingeben. Durch einen Klick auf „Änderungen speichern“ können Sie die veränderte Reihenfolge sichern.

Die Option **„Seitenumbrüche anzeigen“** zeigt, an welcher Stelle Seitenumbrüche erfolgen. Die Einstellung korrespondiert mit dem Wert, den Sie auf der Einstellungsseite „Test bearbeiten“ unter „Zahl der Fragen pro Seite“ gewählt haben. In manchen Tests ist es sinnvoll, pro Bildschirmsseite nur eine Frage anzuzeigen, in anderen soll diese Zahl höher sein. Hier haben Sie nun die Möglichkeit, nicht nur stur nach z.B. jeder zweiten Frage eine neue Bildschirmseite anzeigen zu lassen, sondern dies an den Inhalten zu orientieren und z.B. vier zusammengehörige Fragen auf einer Seite anzeigen zu lassen. **Achtung:** diese Funktion ist nur sinnvoll, wenn Sie die Funktion **„Fragen mischen“** auf der Einstellungsseite nicht genutzt haben.

Wenn Sie später noch einmal Einstellungen des Tests verändern wollen, können Sie rechts oben mit dem Button „Test bearbeiten“ die Einstellungsseite aufrufen.

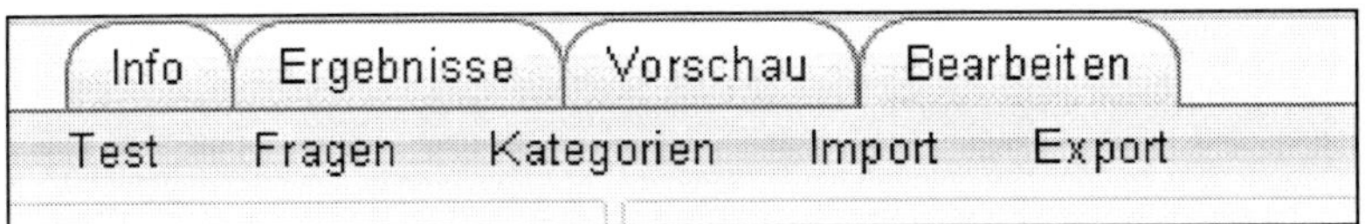

Die vier Reiter der Testseite haben folgende Bedeutung:

Der Reiter **„Info“** zeigt den Inhalt der Startseite des Tests an. Sie enthält den Beschreibungstext der Einstellungsseite, die Bewertungsmethode und die Termine, zu denen der Tests durchgeführt werden kann.

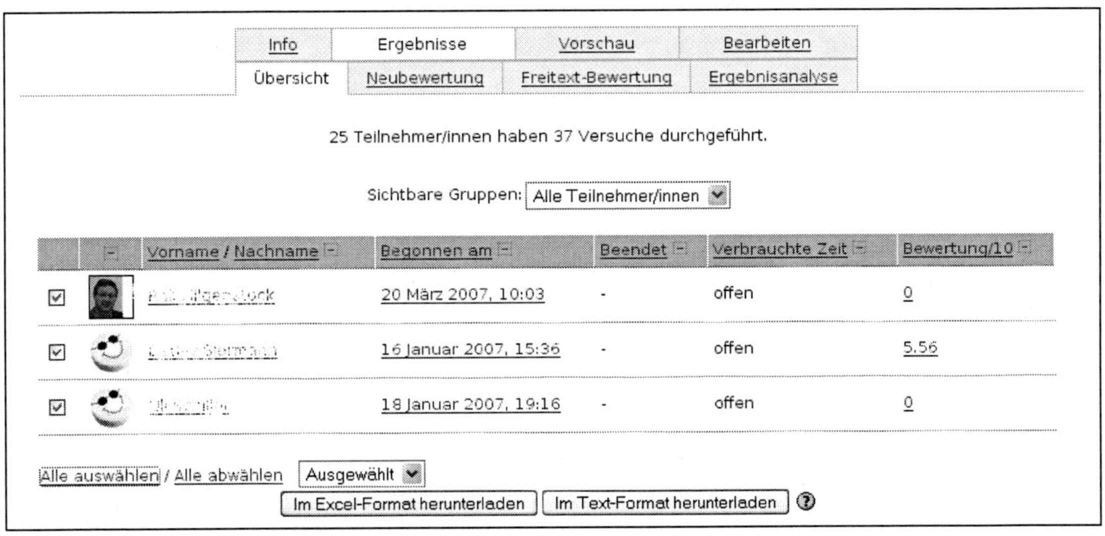

Der Reiter **„Ergebnisse“** zeigt die Ergebnisübersicht der Teilnehmer/innen. Mit einem Klick auf das Datum in der Spalte **„Begonnen am“** können die einzelnen Versuche angezeigt werden. Falls Sie eine Änderung im Bewertungsschema vorgenommen haben, erlaubt der Reiter **„Neubewertung“** eine Neuberechnung der Ergebnisse. Der Link **„Freitextbewertung“** zeigt die ausgefüllten Freitextfragen und ermöglicht Ihnen, diese zu bewerten.

Unter **„Ergebnisanalyse“** finden Sie eine statistische Auswertung der beantworteten Fragen. Für jede Frage und zu jeder Antwort gibt es Informationen zur absoluten und prozentualen Verteilung und zu verschiedenen statistischen Auswertungen. Am Fuß der Seite können zusätzliche Einstellungen vorgenommen werden und die Tabelle als Excel-Datei oder im Text-Format gesichert werden.

Der Reiter **„Vorschau“** erlaubt eine Voransicht auf den gesamten Test.

Der Reiter **„Bearbeiten“** führt Sie zu den bereits angelegten Fragen und ermöglicht es Ihnen, neue Fragen anzulegen oder bestehende zu bearbeiten. Mit den Links

„Test“ (Übersichtsseite zur Zusammenstellung der Fragen eines Tests), „Fragen“ (Anlegen neuer Fragen), „Kategorien“ (Verwalten von Testkategorien), „Import“ und „Export von Fragen“ rufen Sie weitere Funktionen der Testbearbeitung auf.

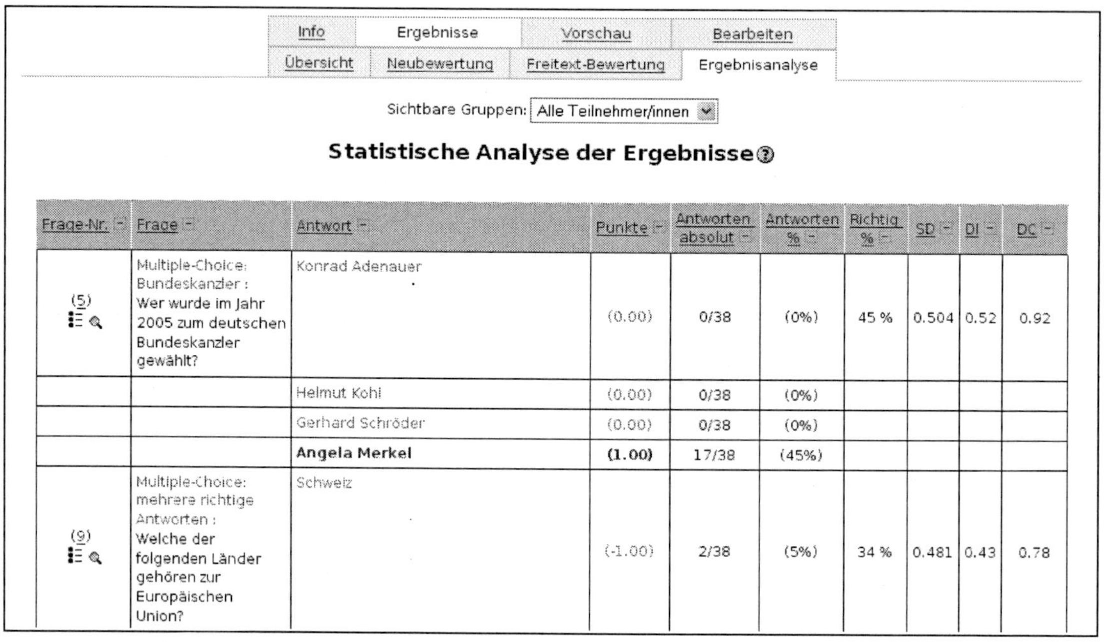

Frage-Nr.	Frage	Antwort	Punkte	Antworten absolut	Antworten %	Richtig %	SD	DI	DC
(5)	Multiple-Choice: Bundeskanzler : Wer wurde im Jahr 2005 zum deutschen Bundeskanzler gewählt?	Konrad Adenauer	(0.00)	0/38	(0%)	45 %	0.504	0.52	0.92
		Helmut Kohl	(0.00)	0/38	(0%)				
		Gerhard Schröder	(0.00)	0/38	(0%)				
		Angela Merkel	**(1.00)**	17/38	(45%)				
(9)	Multiple-Choice: mehrere richtige Antworten : Welche der folgenden Länder gehören zur Europäischen Union?	Schweiz	(-1.00)	2/38	(5%)	34 %	0.481	0.43	0.78

Feedback

Das Feedbackmodell in Moodle-Tests

Moodle bietet Ihnen mittlerweile ein sehr differenziertes Feedbackmodell für Testfragen an.

Beim Anlegen einer Frage finden Sie bei jeder Testfrage ein Standardfeedback. Der dort eingetragene Text wird als Rückmeldung unabhängig von der Antwort des Teilnehmenden verwandt. Bei den meisten Testfragen gibt es die Möglichkeit, zu jeder einzelnen vorgegeben Antwort ein individuelles Feedback einzugeben. Zusätzlich gibt es unterhalb dieser Einträge bei verschiedenen Testfragetypen die Option, ein Feedback für alle richtigen Antworten (100 % Bewertung), alle teilrichtigen Antworten (positive Bewertung kleiner als 100 %) und alle falschen Antworten (negative Bewertung) zu definieren.

Zusätzlich können Sie eine Rückmeldung für die Gesamtleistung beim Test festlegen. Diese wird auf den Einstellungsseiten des Tests „Test bearbeiten“ angelegt. Die verschiedenen Feedbacks werden für von Ihnen festgelegte Leistungsstufen definiert. Unter Bewertungsgrenze tragen Sie den Schwellenwert ein, zwischen dem Sie eine Trennung vornehmen wollen. Tragen Sie den Wert 80% (ohne Leerzeichen) ein, dann wird der darüber stehende Feedbacktext für alle Teilnehmer/innen mit einem Testergebnis zwischen 100% und 80% genutzt. Standardmäßig können Sie fünf Feedbacktexte für unterschiedliche Ergebnisse eingeben. Sollten Sie mehr Stufen benötigen, so können Sie dies, nachdem Sie Ihre ersten Eingaben abgeschlossen und die Änderungen gespeichert haben. Wenn Sie nun die Seite nochmals aufrufen, finden Sie weitere leere Eintragsfelder zu Ihrer Verfügung.

Hinweis: Sie können den Test so lange anpassen und verändern, bis der erste Teilnehmer einen Testversuch begonnen hat. Dann ist der Test für Veränderungen gesperrt, damit die Teilnehmer nicht unterschiedliche Tests vorfinden. Um den Test dann doch noch zu ändern ist es erforderlich, unter **„Ergebnisse“** die vorhandenen Testversuche der Teilnehmer zu löschen.

Umfrage

Unter „Umfragen" stehen Ihnen verschiedene standardisierte Befragungen zur Verfügung.

Relevanz

In Bezug auf diesen Online-Kurs denke ich folgendes:	Fast nie	selten	manchmal	oft	fast immer
1 Mein Lernen ist auf Themen konzentriert, die mich interessieren.					
2 Was ich lerne, ist für meine berufliche Praxis wichtig.					
3 Ich lerne, wie ich meine berufliche Praxis verbessern kann.					
4 Was ich lerne, lässt sich gut mit meiner Berufspraxis verbinden.					

Die Umfragen nutzen die folgenden Standardinstrumente zur Befragung der Teilnehmer/innen:

- **COLLES (Constructivist On-Line Learning Environement Survey)** mit 24 Fragen zu den Bereichen: Bedeutung des online Lernens für die Befragten, Widerspiegelung und Anreiz für kritisch reflektives Denken, Interaktivität beim Online lernen, erlebte Unterstützung durch den/die Trainer/in, Unterstützung durch die Lerngruppe, Interpretation und Gespür für die online-Kommunikation. Weitere Informationen zum Fragebogen unter http://survey-learning.com/colles (englisch). Dieser Fragebogen liegt dreifach vor. „COLLES (bevorzugt)" erhebt die Lernstilpräferenzen und Einstellungen zu Beginn des Kurses. „COLLES (tatsächlich)" erhebt die im Verlauf des Kurses wahrgenommenen Aspekte. „COLLES (bevorzugt und tatsächlich)" erhebt beide Dimensionen in einer Befragung. Der Fragebogen kann gut zu Beginn und am Ende des Kurses eingesetzt werden.
- **ATTLS (Attidues of Thinking and Learning Survey**): Die Befragung erhebt die Einstellung zum online Lernen und basiert auf einem Modell unterschiedlicher Arten des Denken von BELENKY. Der Ansatz basiert auf unterschiedlichen Wahrnehmungen und Gewichtungen in der Kommunikation, manchmal vereinfachend als „typisch männliche" und „typisch weibliche" Kommunikationsformen bezeichnet. Im deutschen Sprachgebrauch wird auch von der Fokussierung auf die Sachebene oder auf die Beziehungsebene (nach Watzlawick oder Schulz von Thun) gesprochen. Die Kommentierung von Beiträgen mit Hilfe dieser Skala ermöglicht es, unterschiedliche Wahrnehmungs- und Interpretationsweisen der Lernenden zu verdeutlichen und sie auch dazu anzuregen, im Verlauf der Diskussion zu einer „integrierten" Sichtweise zu gelangen.

Ein solcher Ansatz ermöglicht es Ihnen, zwischenmenschliche Interaktionen zu betrachten, ohne sie im klassischen Sinn zu bewerten. Er beschreibt unterschiedliche Wege, die Dinge, die wir sehen und hören, zu beurteilen und aus ihnen zu lernen.

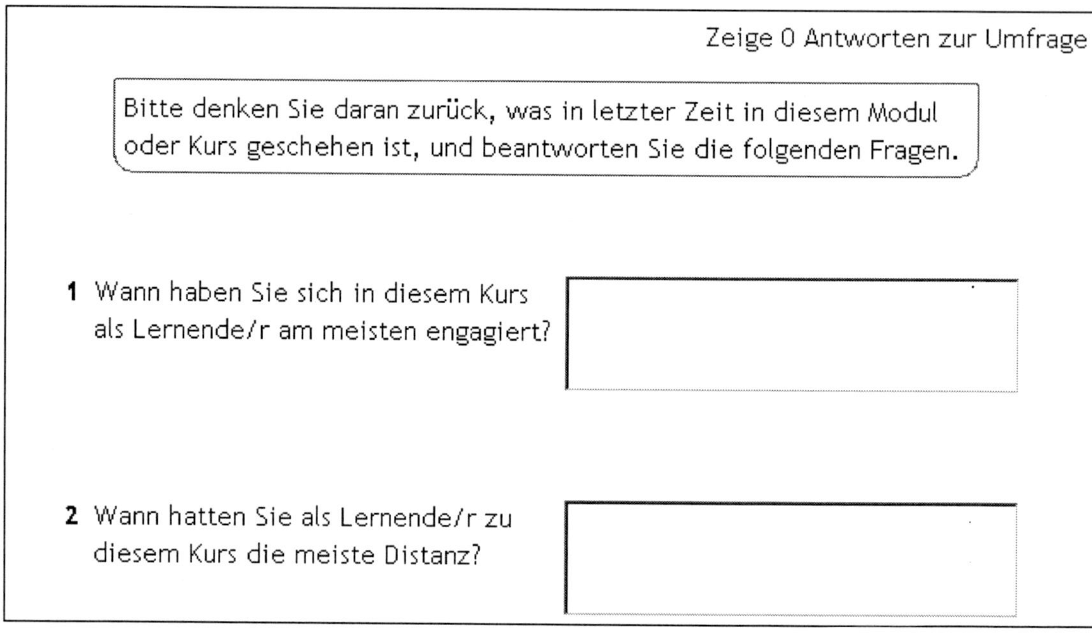

- **Kritische Ereignisse:** Diese Befragung stellt Ihnen sechs offene Fragen zu kritischen Situationen und Ereignissen während des Kurses zur Verfügung.

Nehmen Sie nun die erforderlichen Einstellungen vor.

Einstellungen

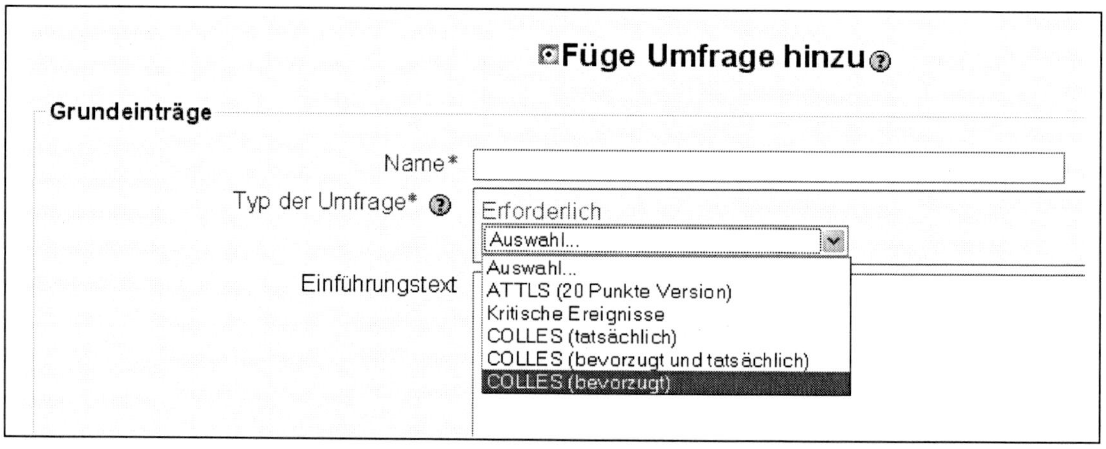

Name der Umfrage: erscheint als Link auf der Kursseite.

Typ der Umfrage: wählen Sie eine der oben beschrieben Umfragearten aus.

Danach können Sie einen Einführungstext zur Erläuterung für die Teilnehmer/innen erstellen. Der vorgeschlagene Text kann von Ihnen beliebig abgeändert werden.

Wenn Sie als Trainer/in während der Beantwortung der Umfrage oder nach deren Abschluss die Umfrage anklicken, können Sie die Ergebnisse einzelner Teilnehmer/-innen mit grafischer Aufbereitung anschauen oder als Excel-Datei herunterladen. Die Auswertung zeigt in der grafischen Ansicht gleichermaßen den Mittelwert der Antworten, wie die Bandbreite der abgegebenen Antworten.

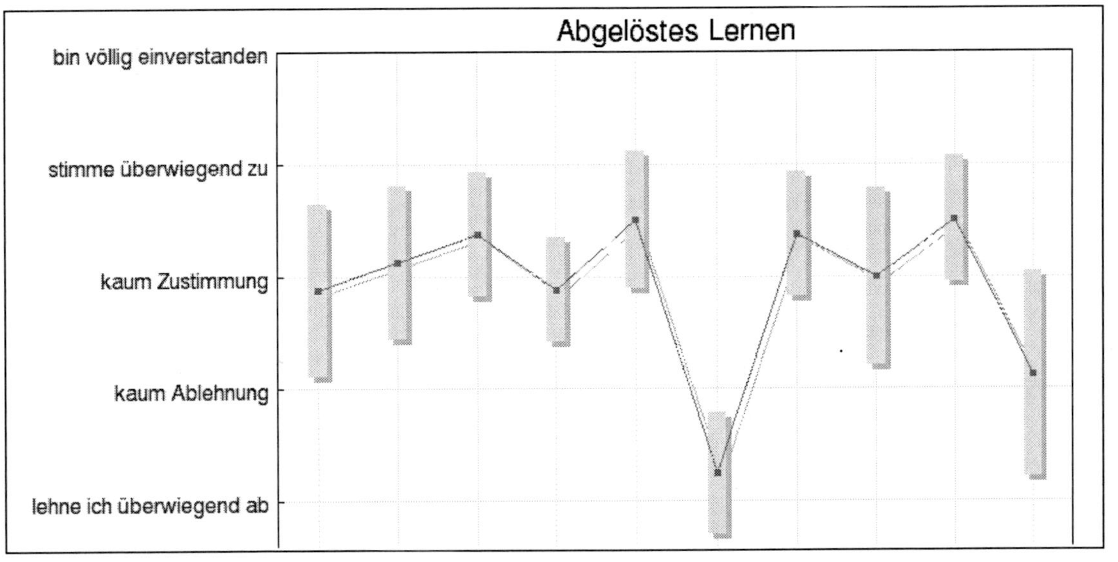

Beispielauswertung

Das Umfragemodul eignet sich gut, um die Einstellungen zu Kursbeginn und Erfahrungen der Teilnehmer/innen zum Kursabschluss auszuwerten. Damit erhalten Sie ein Feedback zum Aufbau des Kurses, zur Ihrer Lernunterstützung und der Kooperation der Teilnehmer/innen. Diese Informationen sind für die Weiterentwicklung Ihres Kursangebotes sehr wertvoll. Sie sind zudem auf der sicheren Seite, weil die Befragungen mit einem fundierten wissenschaftlichen Hintergrund erstellt wurden.

Umfragen anpassen

Die Umfragen können nicht ohne weiteres verändert und angepasst werden. Um individuelle Umfragen zu erstellen, nutzen Sie einen Test oder das optionale Zusatzmodul Feedback. Wir empfehlen hier das Modul Feedback, da geplant ist, es als Standard in Moodle zu integrieren. Ein anderes fast funktionsgleiches Modul ist „Befragung (Questionnaire)“.

Wenn Sie die Umfragen nutzen wollen, um eigene Umfragen zu erstellen, kann der Text der Fragen im Sprachmodul angepasst werden. Das Grundmuster der Umfrage bleibt dabei jedoch bestehen. Zugriff auf das Sprachmodul haben lediglich Administratoren Ihres Moodle-Systems. Die Änderungen gelten immer für alle Kurse des Systems. Flexibler sind Sie mit dem Test-Modul oder dem Zusatzmodul Befragung.

Wiki

Wikis sind in der pädagogischen Arbeit erst in den letzten Jahren bekannt geworden. Was sind Wikis? Wikis bieten eine einfache Möglichkeit zur gemeinsamen Bearbeitung von Texten durch Gruppen. Eine online im Wiki erstellte Seite kann jederzeit zur Bearbeitung aufgerufen, ergänzt, korrigiert oder verbessert werden.

Wikis sind bisher nur wenigen Menschen bekannt. Sie müssen daher gut erklärt werden.

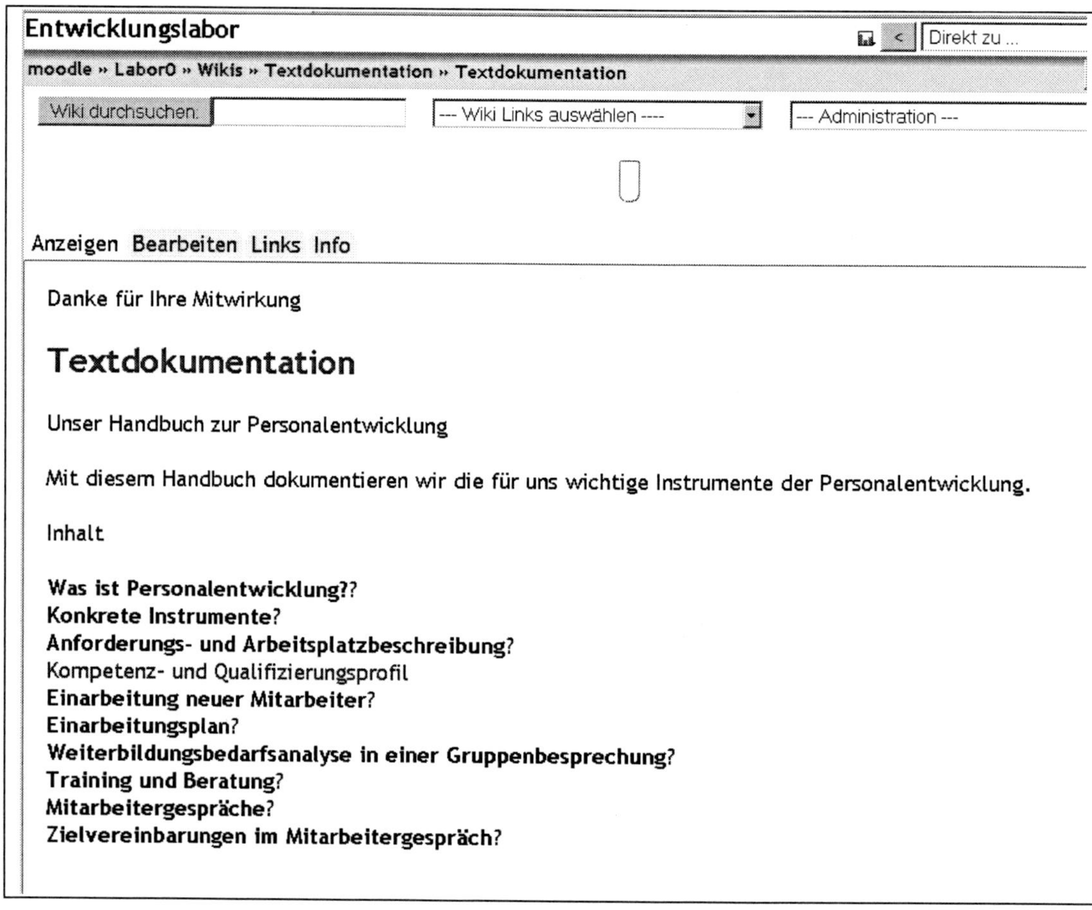

Damit kann eine Seminargruppe, eine Teilgruppe oder jeder Teilnehmer für sich Dokumente erstellen und überarbeiten. Was wird damit möglich? Die Teilnehmergruppe erstellt während des Seminars z.B. eine Dokumentation der Lerninhalte oder des Projektverlaufes.

Die bekannteste Nutzung eines Wiki ist die Enzyklopädie Wikipedia. Dieses öffentliche Lexikon kann von jedermann bearbeitet und ergänzt werden (www.wikipedia.de). Starten Sie einfach ein Wiki und probieren Sie aus, wie einfach es ist, Texte zu verfassen und zu bearbeiten.

Einstellungen

Name: ist der Link auf der Kursseite zum Wiki. Vermeiden Sie die Nutzung von Sonderzeichen in Wikinamen. Bei verschiedenen Begriffen in Verbindung mit einem Doppelpunkt „:“ wird kein Wiki eingerichtet, sondern ein Link auf eine andere Webseite erstellt. Dies gilt z.B. für die Begriffe Wiki, Google, ISBN und ICQ.

Beschreibung: Beschreiben Sie zusätzliche Informationen zum Sinn und Zweck des Wikis.

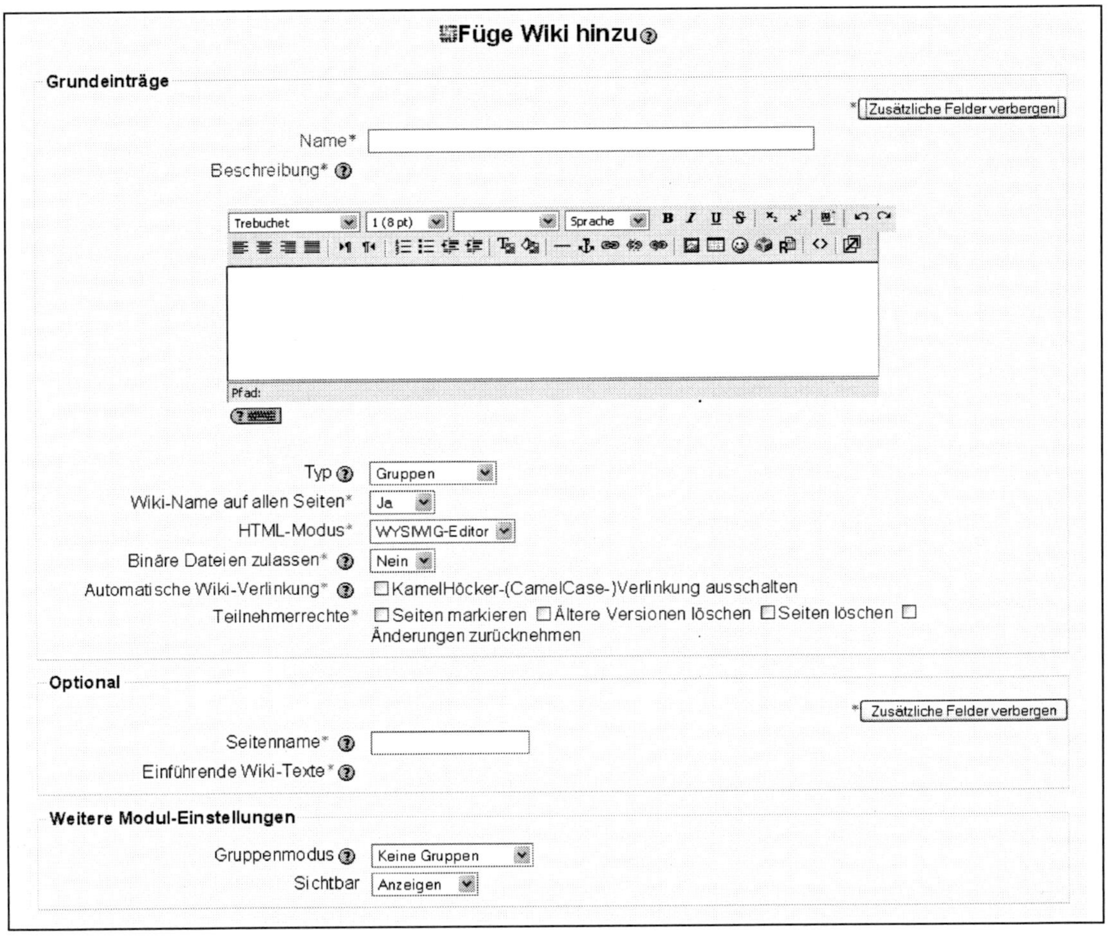

Typ: legt die Bearbeitungsrechte für das Wiki fest. „Trainer/in" erlaubt nur den Trainer/innen, Texte zu bearbeiten. „Teilnehmer/innen" können die Texte lesen. Die Einstellung „Gruppen" erlaubt die Bearbeitung des Wikis durch alle Teilnehmer/innen (wenn keine Gruppen im Kurs aktiviert sind) oder durch die einzelnen Gruppen. Jede Gruppe hat dann ihr eigenes Wiki. „Teilnehmer/in" stellt jeder/m Teilnehmer/in ein eigenes Wiki zur Verfügung. Teilnehmer/innen können dann nicht in den Wikitexten anderer Teilnehmer/innen arbeiten.

Wiki und die Gruppenfunktion

Wenn in den Kurseinstellungen **Gruppen** übergreifend aktiviert sind, kann nur auf Umwegen ein Wiki für alle Teilnehmer/innen eingerichtet werden. Nach dem Einrichten des Wikis muss dann auf der Kursseite die Gruppeneinstellung für das Wiki angepasst werden.

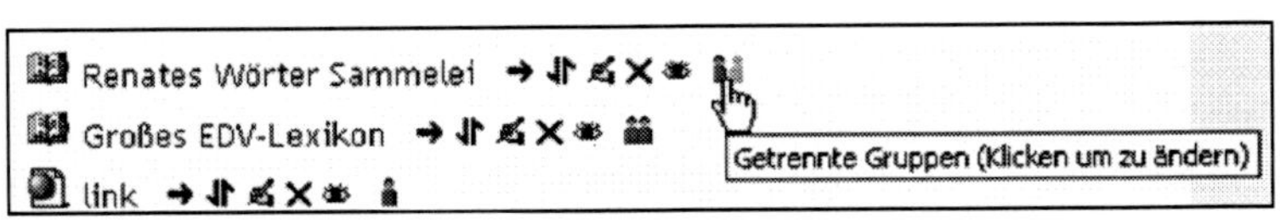

Wikiname auf allen Seiten: zeigt den Titel des Wikis auf jeder Seite des Wikis an.

HTML-Modus: legt fest, wie Wikitexte formatiert werden. „Kein HTML" nutzt die Wiki-interne Formatierung. Es gibt einige Formatierungsoptionen für Wikis, die durch Zeicheneinträge vorgenommen werden. „Sicheres HTML" erlaubt die Eingabe von einigen HTML-Formatierungen und „WYSIWYG-Editor" aktiviert den Editor für Formatierungen.

Binäre Dateien zulassen: erlaubt die Einbindung von Grafiken und Fotos in die Wikitexte.

Mit Wikis praktisch arbeiten

Neue Seiten anlegen und mit bestehenden Seiten verlinken.

Automatische Wiki-Verlinkung: Wikis haben eine eigene Option zu Erstellung von Unterseiten. Durch Schreiben eines Wortes mit zwei nicht direkt aufeinander folgenden Großbuchstaben (z.B. AuTo) wird eine neue Seite im Wiki mit dem Namen Auto erstellt. Durch einen Klick auf das Wort AuTo im Text gelangt man zu der verlinkten Seite. Diese Schreibweise wird im englischen CamelCase genannt, weil zwei Großbuchstaben in einem Wort wie die Höcker eines Kamels aussehen. Im deutschen ist diese Schreibweise oft verpönt. Diese Möglichkeit kann daher abgeschaltet werden. Stattdessen erfolgt eine Verlinkung durch die Einklammerung [in eckigen Klammern] um einen Link zu einer neuen Seite zu erzeugen. Nach dem Abspeichern der Seite wird hinter dem Wort ein Fragezeichen angezeigt. Dies symbolisiert, dass hier eine Unterseite vorbereitet ist, die jedoch noch nicht mit Inhalt gefüllt wurde. Das Fragezeichen kann angeklickt werden, um die Seite mit Inhalt zu füllen. Nachdem die Seite erstellt wurde, ist das Fragezeichen verschwunden und das ganze Wort wird als Link dargestellt. Eine Verlinkung kann auch zu anderen schon vorhandenen Seiten hergestellt werden. Dazu wird das entsprechende Wiki-Wort in der Seite geschrieben. Nach dem Speichern erkennt das Wiki-Modul selbständig, dass die Seite bereits besteht und verlinkt dorthin. Achten Sie auf die exakte Schreibweise.

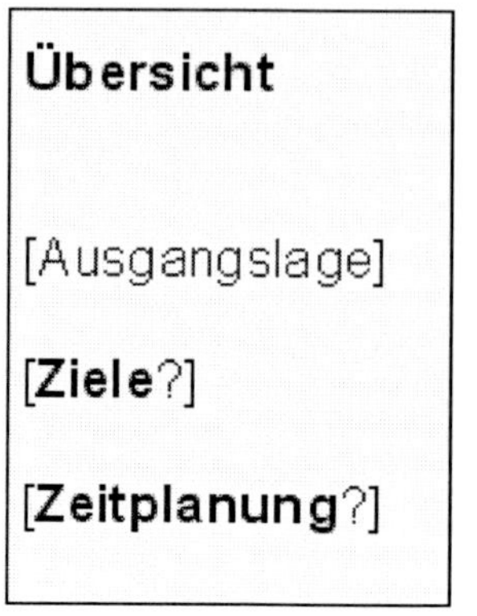

Teilnehmerrechte: definieren, welche späteren Bearbeitungsoptionen nutzbar sind.

Seitenname: definiert die Überschrift der ersten Seite des Wikis.

Einführende Wiki-Texte: In vielen Wikis werden einführende Seiten mit Informationen zu Wikis und dem Umgang mit Wikis bereitgestellt. Sie können diese Seiten selber als Text-Dateien (im txt-Format) erstellen und in einem Kursverzeichnis ablegen. Um diese Seiten aufzurufen, können Sie an dieser Stelle das Verzeichnis und die erste Seite aktivieren.

Wikieinstellungen können nach dem ersten Bearbeiten der Wikiseiten u.U. nicht mehr verändert werden. Planen Sie daher genau, welche Art von Wiki und welche Einstellungen Sie benötigen. Nach dem Speichern der Einstellungen kommen Sie im Trainer- und im Gruppenmodus (ohne aktivierte Gruppen) auf die erste Seite des Wikis und können diese bearbeiten. Nach dem Speichern steht die Seite anderen Personen zum Lesen und Bearbeiten zur Verfügung.

Wenn Sie eine Wikiseite lesen, brauchen Sie nur auf **„Bearbeiten"** klicken, um sie zu überarbeiten. Als Trainer/in können Sie sich auch einen Überblick über Veränderungen und die Autoren verschaffen. Alle Änderungen an den Seiten werden gesichert. Selbst wenn mal etwas schief geht, haben Sie so die Möglichkeit, Änderungen wieder rückgängig zu machen.

Wer sich das erste Mal mit Wikis befasst, fragt meist, ob da nicht auch Missbrauch betrieben wird. Die Erfahrung zeigt eindeutig, dass die Nutzer damit sehr verantwortungsvoll umgehen. Wikipedia ist ein öffentliches Lexikon. Alle Seiten können jederzeit von jedermann bearbeitet werden. Trotzdem gibt es keinen Missbrauch.

Workshop

Nun kommen Sie zu einem der letzten großen Geheimnisse von Moodle: die Lernaktivität „Workshop“. Der Name ist irritierend, weil es so gar nichts mit dem zu tun hat, was man sich gemeinhin unter einem Workshop vorstellt.

Workshop ist ein Prüfungsinstrument für komplexe Aufgabenstellungen. Dabei erlaubt es Selbsteinschätzungen, Fremdeinschätzungen und ein Kriterienraster für die Bewertung einzusetzen.

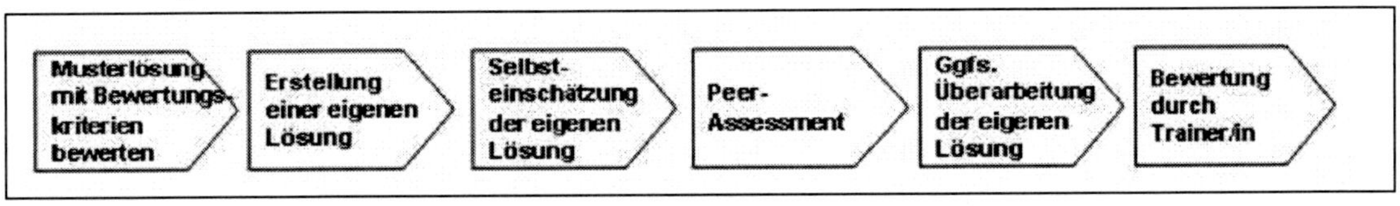

Ablauf aller Elemente des Workshops aus Teilnehmer/innensicht

Ablauf aller Elemente des Workshops aus Trainer/innensicht

Der Einsatz des Workshop-Moduls verbessert das Verständnis für die Leistungsanforderungen bei der Entwicklung einer eigenen Lösung für eine Aufgabenstellung und fördert das konstruktive gegenseitige Feedback innerhalb der Teilneh-mer/ -innengruppe.

Teilnehmer/innen erhalten Feedback zu ihrer Arbeit.

Die Teilnehmer/innen kennen von Anfang an die Aufgabenstellung, zu der sie eine eigene Lösung entwickeln sollen und die Kriterien der Bewertung. Die Musterlösung für eine ähnlich gelagerte Aufgabenstellung wird zunächst von den Teilnehmer/innen an Hand der Bewertungskriterien bewertet und kommentiert. Dadurch verbessert sich ihr Verständnis für die Anforderungen der Aufgabe. Im nächsten Schritt erstellen sie selber eine eigene Lösung der Aufgabe. Wenn diese fertiggestellt ist, nehmen die Teilnehmer/innen eine Selbstbewertung ihrer eigenen Lösung an Hand der Bewertungskriterien vor. Nun können sie die eigene Lösung noch einmal überarbeiten oder diese abgeben. Anschließend werden ihnen die Lösungen anderer Teilnehmer/innen zur Kommentierung und Bewertung vorgelegt. Dies regt die Teilnehmer/innen an, noch einmal über die eigene Arbeit nachzudenken und diese ggfs. zu bearbeiten. Abschließend bewertet der/die Trainer/in die Lösungen der Teilnehmer/innen und veröffentlicht sie. Er/sie kann dabei die Bewertungen der Teilnehmer/innen aus den verschiedenen Schritten mit in die Gesamtbewertung einbeziehen.

Was heißt eigentlich Peer-Assessment für Ihre Lehr-/Lernsituation?

Die Arbeit mit dem Workshop-Modul setzt voraus, dass man sich mit dem Gedanken des Peer-Assessments und seinen Möglichkeiten auseinandergesetzt hat.

Der Grundgedanke für dieses Modul ist, in einer Prüfungssituation eine Reflexion der Prüfungskriterien und ein kollegiales Feedback zu integrieren.

Die Einstellungen des Workshop Moduls sind vielfältig. Die vollständige Nutzung umfasst viele Schritte. Sie müssen nicht alle Teilschritte nutzen. Als Trainer/in entscheiden Sie, welche Teile Sie nutzen wollen, welche Bewertungskriterien in welcher Weise genutzt werden und wie sie in die Gesamtnote einfließen.

Ein Beispiel für die Arbeit mit Musterlösungen.

So ist es z.B. denkbar, nur die Bewertung von Musterlösungen anhand von Bewertungskriterien einzusetzen. Die Teilnehmer/innen erfahren dabei, um was es bei dem neuen Lernstoff geht und was später bewertet wird. Dies kann die Grundlage für eine eigene Analyse des Lernbedarfs sein. „Ich kann nun einschätzen, was ich schon kann und was ich noch erarbeiten muss." Im Unterricht kann danach gezielter gelernt werden. Der/die Trainer/in sieht anhand der Bewertungen der Musterlösungen, wo die Teilnehmer/innen ein gutes Gefühl für die Anforderungen entwickelt haben und wo ihnen das Verständnis in Teilen noch fehlt. Darauf kann der Unterricht abgestimmt werden.

Teilnehmer/innen schätzen den Workshop.

Die Erfahrungen mit dem Einsatz des Workshop-Moduls zeigen, dass die Teilnehmer/innen sehr schnell die Vorzüge erkennen und die Resultate wesentlich besser sind, als wenn sie alleine arbeiten müssten. Die Konfrontation mit den Bewertungskriterien und die Einschätzung von Musterlösungen und Arbeiten anderer Teilnehmer/innen schärft das Verständnis für die Aufgabenstellung und die kritische Betrachtung der eigenen Lösung.

Teilnehmeransicht im Workshop.

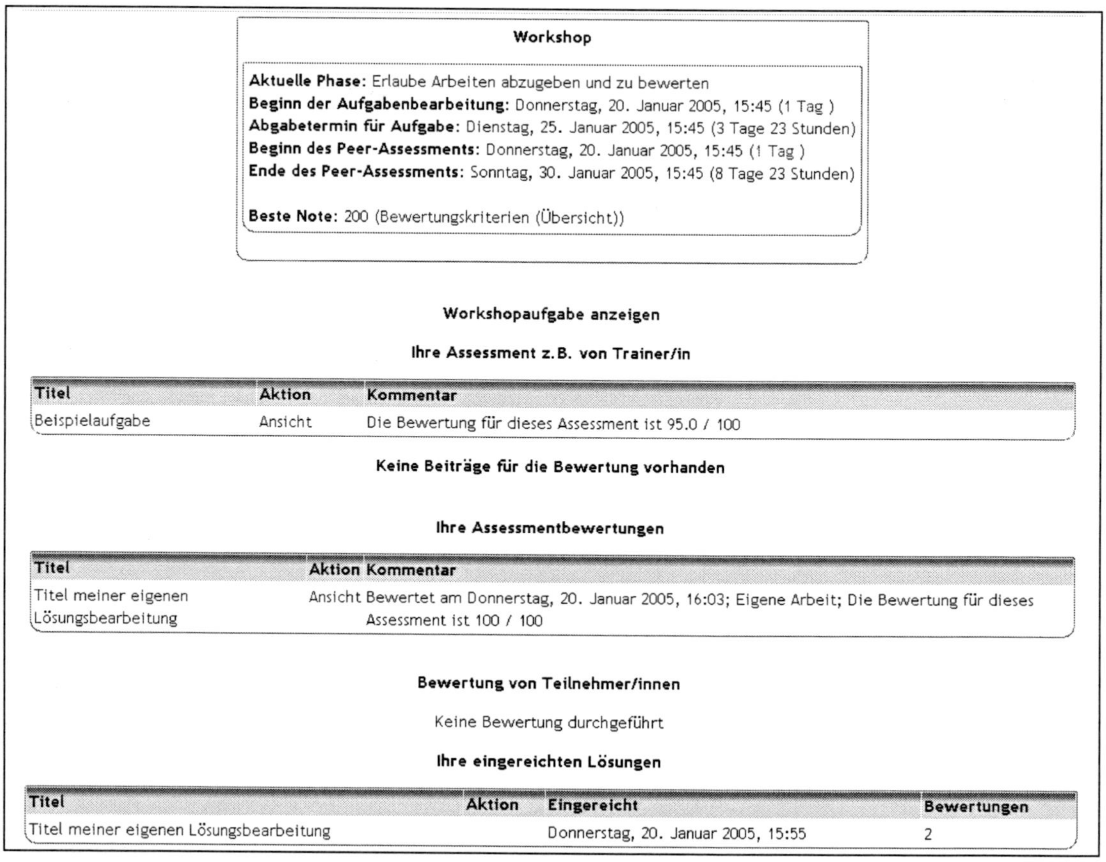

Die verschiedenen Bearbeitungsschritte (Phasen) werden in den Grundeinstellungen von dem/der Trainer/in mit Anfangs- und Endzeiten festgelegt. (In früheren Versionen mussten sie einzeln freigeschaltet werden.)

Einstellungen:

Titel: Bezeichnung des Workshops auf der Kursseite.

Beschreibung: Informationen für die Teilnehmer/innen zur Aufgabenstellung und zum Ablauf des Workshops.

Höchstbewertung für das Assessment: maximale Punktzahl für die Bewertungen des Teilnehmers und durch andere Teilnehmer/innen.

Bewertung für abgegebene Arbeiten: maximale Punktzahl für die Bewertung der eingereichten Lösung.

Bewertungsstrategie: legt fest, wie verschiedene Bewertungskriterien eingesetzt werden sollen. Sie finden später in diesem Abschnitt dazu weitere Erläuterungen.

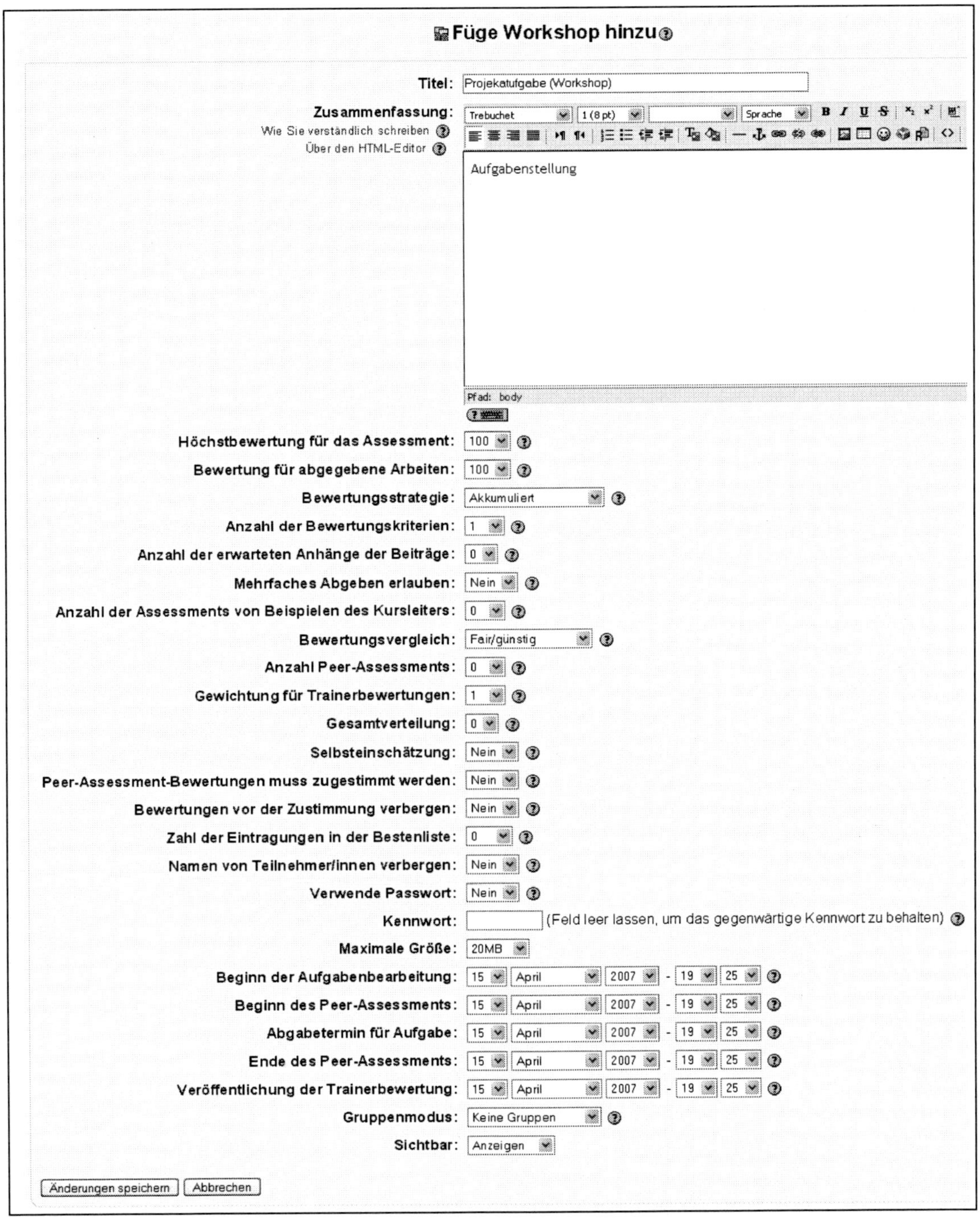

Anzahl der Bewertungskriterien: legt die Zahl der Bewertungskriterien fest.

Zulässige Zahl der angehängten Dateien: Teilnehmer/innen können einen Text in einem Textfenster einstellen und zusätzlich bis zu fünf Dateien hochladen. Sie legen hier fest, wie viele Dateien maximal hochgeladen werden können. Die Einstellung gilt auch für Ihre Musterlösungen.

Mehrfaches Abgeben erlaubt: lässt zu, dass der/die Teilnehmer/in die Lösung wiederholt abgibt.

Anzahl der Bewertungen von Beispielen des Kursleiters: Zahl der Musterlösungen des Kursleiters, die von jeder/m Teilnehmer/in bewertet werden müssen. Sie können beliebig viele Musterlösungen anlegen. Wenn Sie mehr Musterlösungen zur Verfügung stellen, wird den Teilnehmer/innen nach dem Zufallsprinzip die festgelegte Zahl vorgelegt.

Bewertungsvergleich: Der/die Trainer/in kann die eigene Musterlösung ebenfalls bewerten. Die Übereinstimmung bzw. Abweichung der Bewertung der Trainerin und des Teilnehmers kann in der Gesamtbewertung berücksichtigt werden. Kriterium ist hier der Grad der Übereinstimmung/Abweichung. Der Bewertungsvergleich definiert, ob der Grad der Übereinstimmung sehr eng oder eher weit verstanden werden soll.

Anzahl Peer-Assessments: Zahl der Arbeiten anderer Teilnehmer/innen, die von jeder/m Teilnehmer/in bewertet werden müssen.

Gewichtung für Trainer/innenbewertung: legt fest, wie die Bewertung durch den/die Trainer/in ins Verhältnis gesetzt wird zur Bewertung durch die Teilnehmer/innen für die Lösung eines Teilnehmers. Der Wert „1" integriert beide Teile als gleichwertig. Ein höherer Wert erhöht die Bedeutung der Bewertung durch den/die Trainer/in gegenüber den Bewertungen anderer Teilnehmer/innen. Zudem werden Bewertungen der Teilnehmer/innen ignoriert, die stark von den Bewertungen des/der Trainers/in abweichen.

Gesamtverteilung: Im Peer-Assessment (Bewertung der Teilnehmer/innen untereinander) werden die Lösungen automatisch zugewiesen. Dabei sollten alle abgegebenen Lösungen gleich häufig zum Peer-Assessment vorgelegt werden. Der Wert Gesamtverteilung legt fest, welche Abweichung zulässig ist. „O" bedeutet, dass alle Arbeiten gleich häufig vorgelegt werden müssen. „1" bedeutet, eine Arbeit darf nur einmal mehr oder weniger vorgelegt werden. Diese Einstellung ist wichtig, wenn sich die verschiedenen Phasen überschneiden und „schnelle" Teilnehmer/innen bereits mit dem „Peer-Assessment" befassen, während andere ihre Lösung noch nicht abgegeben haben.

Selbsteinschätzung: Soll eine Selbsteinschätzung der eigenen Lösung durchgeführt werden?

Peer-Assessment-Bewertungen muss zugestimmt werden: Mit dieser Option wird dem zweiten Bewerter im Peer Assessment die Bewertung des ersten vorgelegt. Wenn er/sie der Erstbewertung zustimmt, wird das Ergebnis angenommen. Wird der Bewertung nicht zugestimmt, wird der Bewertungsprozess unter den Peers für diese Arbeit fortgesetzt, bis sie sich auf eine gemeinsame Bewertung geeinigt haben.

Bewertungen vor der Zustimmung verbergen: macht die Bewertungen unsichtbar für den/die Teilnehmer/in, bevor die Peers eine Übereinstimmung erzielt haben.

Zahl der Eintragungen in der Bestenliste: Die Bestenliste zeigt die besten Ergebnisse an. Hier legen Sie fest, ob keine (Wert „0") oder wie viele Arbeiten dort angezeigt werden sollen. Eine Zahl, die gleich hoch oder höher ist als die Zahl der Teilnehmer/innen im Kurs, sorgt für die Veröffentlichung aller Ergebnisse.

Name von Teilnehmer/innen verbergen: versteckt in der Bestenliste die Namen der Teilnehmer/innen.

Verwende Passwort und Passwort: legt fest, ob der Workshop durch ein Passwort geschützt werden soll und wie das Passwort lautet.

Maximale Größe: definiert die zulässige Größe für den Dateiupload.

Anfangs- und Endtermine: definiert den Zeitpunkt für Beginn und Ende der Bearbeitung der Übungsaufgaben und des Peer-Assessments.

Veröffentlichung der Bewertung des/der Trainers/in: Zeitpunkt der Bekanntgabe der Bewertungen.

Spätere Änderungen der Einstellungen möglich

Bei so vielen Einstellungen wie in diesem Falle kann es gut sein, dass Sie zu einem späteren Zeitpunkt Ihre Einstellungen noch einmal anpassen wollen. Das können Sie jederzeit über den Button „Workshop bearbeiten“ (rechts oben) ohne Gefahr tun. Im Fenster des Workshops finden sich an dieser Stelle auch Links, um schnell die „Workshopaufgabe anzuzeigen“ oder die „Administration“ aufzurufen.

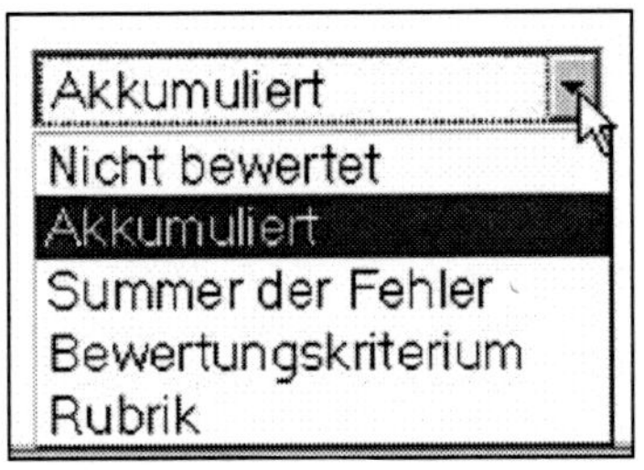

Bewertungsstrategien auswählen

Mit dem Workshop verbunden sind verschiedene Bewertungsstrategien (siehe Einstellungen weiter oben). Diese müssen näher erklärt werden, damit sie verständlich werden.

Nicht bewertet: heißt, der Workshop wird ohne quantitative Bewertung durchgeführt, ein qualitatives Feedback ist möglich.

Akkumuliert: ist die Standardeinstellung. Hiermit wählen Sie später ein oder mehrere Bewertungskriterien für die Aufgabe im Workshop aus. Zur Verfügung stehen verschiedene Bewertungsskalen (z.B. „Ja/Nein“, nach Schulnoten, 100 Punkte-Skala), die Sie für jedes einzelne Bewertungskriterium individuell auswählen können. Die einzelnen Kriterien können zueinander gewichtet werden, um eine Gesamtnote zu ermitteln, da zumeist nicht alle Kriterien gleich wichtig sind.

Summe der Fehler: Sie erstellen hierbei eine Reihe von Kriterien, die die Arbeit im besten Falle alle erfüllen soll. Die Teilnehmer/innen bekommen die Kriterien und haben mit Ja-Nein-Fragen zu bewerten, ob jedes einzelne der Kriterien erfüllt ist. Am Ende der Skala zur Erstellung der Kriterien legen Sie fest, wie viel Prozent der max. erreichbaren Punktzahl die Arbeit erhält, wenn alle Kriterien erfüllt sind (in der Regel 100%), wie viel Prozent vergeben werden, wenn ein, zwei, drei oder mehr Kriterien nicht erfüllt sind. Je höher die Zahl der nicht erfüllten Kriterien, desto schlechter das Ergebnis.

Bewertungskriterium: meint, dass der Bewerter eine Liste von Einschätzungen für die Arbeit erhält, die gestaffelt sind. Z.B.

- „Die Arbeit erfüllt mehr als man erwarten kann. Es geht über die Erwartungen deutlich hinaus“,
- „Die Arbeit erfüllt alle Anforderungen“,
- „Die Arbeit erfüllt die wesentlichen Anforderungen“,
- „Die Arbeit erfüllt einige Anforderungen“,
- „Die Arbeit erfüllt einige wenige Anforderungen“.

Für jedes Kriterium wird von dem/der Trainer/in eine Prozentzahl als Bewertung hinterlegt, die auf die maximale Punktzahl umgerechnet wird.

Rubrik: Diese Strategie entspricht vom Aufbau her der Strategie „Bewertungskriterium“. Während beim Bewertungskriterium nur ein Kriterium bereit gestellt wird, können bei Rubrik mehrere Kriterien eingestellt und untereinander gewichtet werden.

Bewertungskriterien anlegen

Nachdem Sie nun alle Einstellungen vorgenommen haben, müssen Sie je nach gewählter Bewertungsstrategie zunächst die erforderlichen Bewertungskriterien einstellen. Für jedes Kriterium haben Sie drei Felder auszufüllen:

Bewertungskriterium: beschreibt das Kriterium. Achten Sie darauf, das Kriterium so genau zu beschreiben, dass damit die Teilnehmer/innen Einschätzungen vornehmen und Feedback geben können.

Skalentyp: legt fest, welche quantitative Bewertungsskala für das Kriterium genutzt werden soll. Diese muss für jedes Bewertungskriterium individuell eingestellt werden.

Gewichtung: definiert, wie die verschiedenen Kriterien im Verhältnis zueinander gewichtet werden sollen.

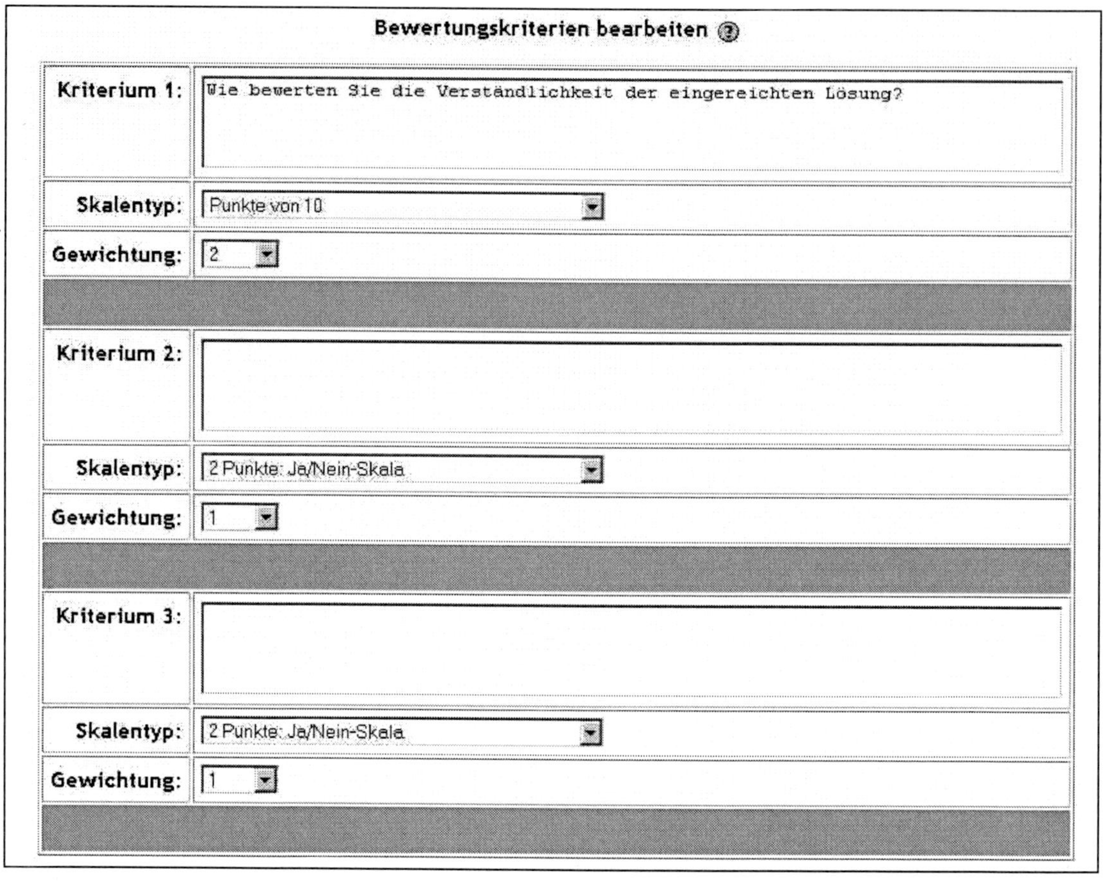

Bei allen Bewertungsvorgängen wird für jedes Kriterium der Beschreibungstext, die quantitative Bewertungsskala und ein Textfeld für ein qualitatives Feedback angezeigt. Zusätzlich steht am Ende ein weiteres Textfeld für eine Gesamteinschätzung oder eine Zusammenfassung der Bewertungen zur Verfügung.

Musterlösungen anlegen

Klicken Sie nun auf **„Musterlösungen anlegen“,** um eine Musterlösung zur Verfügung zu stellen. Geben Sie der Lösung einen Titel. Im Textfeld können Sie die Lösung oder eine kurze Beschreibung eingeben. Zusätzlich stehen Felder für den Upload von Dateien mit der Lösung oder Anhängen zur Verfügung. Mit „Lösung einfügen“ werden der Text und die Dateianhänge abgespeichert. Um mehrere Musterlösungen anzulegen, wiederholen Sie den Vorgang.

So kommen Sie zu Musterlösungen.

Tipp: Als Musterlösung können Arbeiten aus früheren Gruppen genutzt werden, die anonymisiert bereitgestellt werden. Diese Lösungen sollen durchaus auch Schwächen aufweisen, da sich mit Hilfe der Bewertungskriterien auch diese Schwächen erkennen lassen.

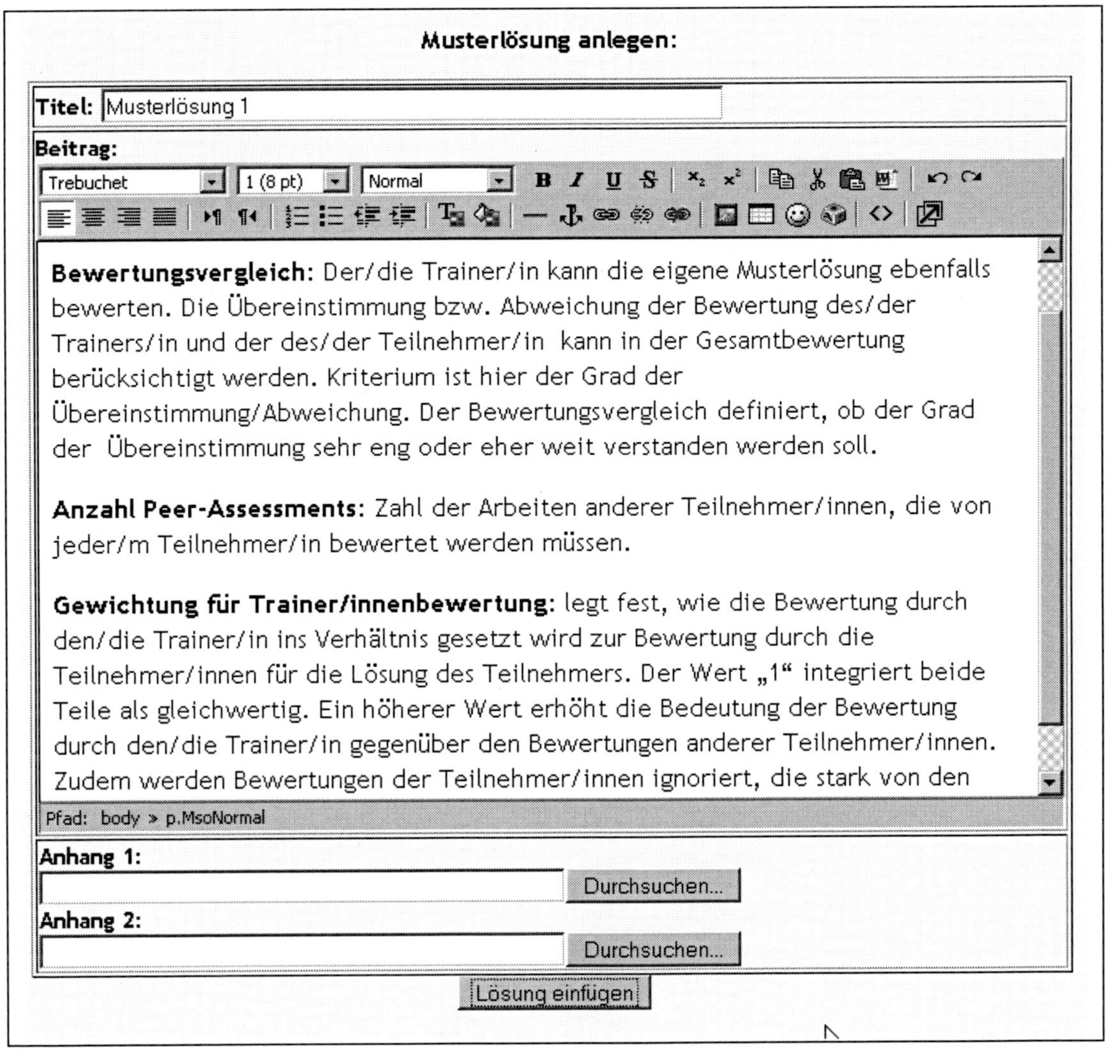

Übersichtsseite

Auf der Übersichtsseite finden Sie mehrere Kästen. Der oberste Kasten gibt Ihnen einen schnellen Überblick über die aktuelle Phase und die festgelegten Termine. Der Link „Bewertungskriterien“ erlaubt den schnellen Zugriff auf die eingestellten Bewertungskriterien.

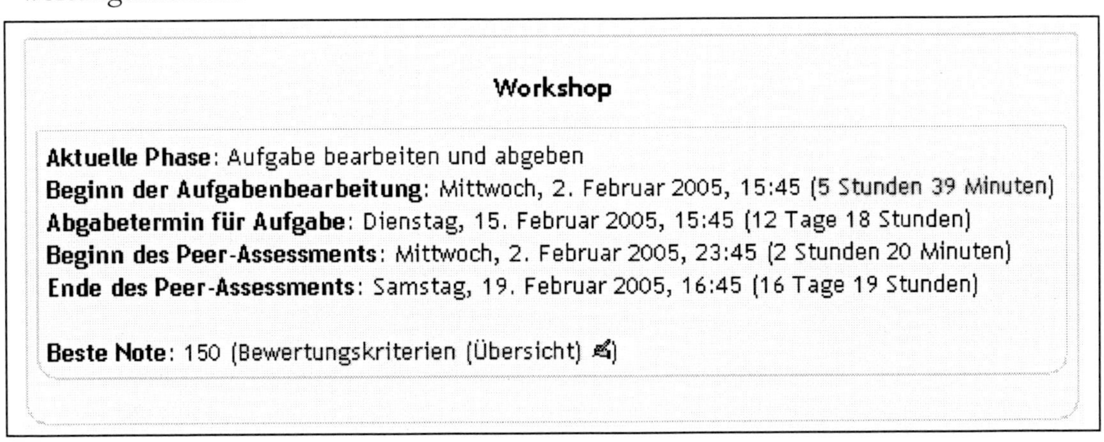

Darunter befinden sich die Musterlösungen und die dazu gehörigen Bewertungen. „Musterlösungen anlegen“ erlaubt, weitere Musterlösungen hinzuzufügen. Die weiteren Spalten zeigen die Bewertungen des/der Trainers/in und der Teilnehmer/innen.

Musterlösungen	Bewertung von Trainer/innen	Bewertung von Teilnehmer/innen
Beispielaufgabe ✎ ×	[60] ✎ ×	{90 (100)} {80 (95)}
Musterlösung eingeben ⓘ		

Danach finden Sie die eingereichten Lösungen der Teilnehmer/innen und die verschiedenen Bewertungen für jede/n Teilnehmer/in.

Vorname / Nachname ↓	Bewertungen	Assessment Beurteilung	Titel	Datum	Trainer/innen Bewertung	Peer Assessments	Beitrag Beurteilung	Gesamt Beurteilung
Alex Black	{80 (95)} {60 (100)}	97.5	Titel meiner eigenen Lösungsbearbeitung ✎ ×	20/01/05 15:55	[70] ✎ ×	{60 (100)}	60.0	157.5
Achim Burgermeister	{90 (100)} {80 (100)}	100.0	Meine Lösung ✎ ×	20/01/05 16:01	[20] ✎ ×	{80 (100)}	80.0	180.0

Ein weiterer Kasten (ohne Abbildung) zeigt verschiedene statistische Auswertungen zu den Bewertungen.

Um eine Bewertung vorzunehmen, klicken Sie in der Spalte „Trainer/innenbewertung" auf eine der Aufgaben, die Sie bewerten wollen. Das nächste Fenster ist zweigeteilt. Der obere Teil enthält die Bewertungskategorien und kann ausgefüllt werden. Das untere Fenster enthält die Lösungsarbeit des/der Teilnehmers/in.

In den Übersichtskästen sind mehrere Einträge in den Kopfzeilen farbig abgesetzt. Diese Spalten können Sie sortieren lassen nach Alphabet, Datum, Punktzahl. Durch nochmaliges Anklicken wird die Sortierreihenfolge geändert.

Am Anfang dieses Kapitels haben wir davon geschrieben, Workshop sei eines der letzten Geheimnisse von Moodle. Das liegt daran, dass bisher nur wenige Trainer/innen sich getraut haben, dieses mächtige Instrument einzusetzen.

Sicher sind die Bewertungs- und Berechnungsmöglichkeiten sehr komplex und nicht leicht nachzuvollziehen. Viele Möglichkeiten ergeben sich jedoch bereits durch einfache Formen der Bewertung. Schwierig nachzuvollziehen wird es erst, wenn man die Peer-Assessments mit den Trainerbewertungen ins Verhältnis setzt. In den meisten pädagogischen Situationen kann man auf diese Option jedoch getrost zunächst verzichten.

Das Modul erschließt eine große Zahl von Möglichkeiten des Einsatzes. Einige Beispiele:

- Reine Aufgabenbearbeitung ohne Musterlösungen und Peer-Assessment. Im Unterschied zu anderen Lernaktivitäten können hier mehrere Dateianhänge hochgeladen werden und ein Textfeld ausgefüllt werden.
- Nur Bearbeitung der Musterlösungen als Vorbereitung einer Klausur.
- Nur Aufgabenbearbeitung und Peer-Assessment ohne Musterlösungen stärkt die Kooperation in der Gruppe und das gegenseitige Feedback.
- Wegfall der Bewertung und Nutzung nur für qualitatives Feedback.

Tipp: Wenn Sie die Optionen der verschiedenen Beurteilungseinstellungen ausschöpfen wollen, empfiehlt es sich, zuerst ein wenig zu üben und verschiedene Optionen auszuprobieren. In keinem Falle sollten Sie dies direkt in einer großen Teilnehmer/innengruppe und in echten Prüfungssituationen machen.

Berichte von Trainer/innen, die dieses Instrument einsetzen, sind überaus positiv. Die Teilnehmer/innen schätzen es besonders, sich gegenseitig Rückmeldungen zu geben.

Weitere Lernaktivitäten

Moodle stellt weitere Lernaktivitäten zur Verfügung. Da diese jedoch als Zusatzfeatures installiert werden, noch als instabil gelten oder sich in Entwicklung befinden, wollen wir sie nur der Vollständigkeit halber erwähnen.

Hotpotatoes (hotpot) erlaubt die Nutzung von Hotpotatoe-Tests in Moodle. Hotpotatoe (http://web.uvic.ca/hrd/hotpot) ist eine Software zum Durchführen von Tests, die für den nichtgewerblichen Einsatz kostenfrei zur Verfügung steht und im schulischen Bereich verbreitet ist. Sie ermöglicht z.B. Aufgabenstellungen in Form von Kreuzworträtseln oder durch Verschieben von Bildern und Begriffen. Die Lückentextfunktion von Hotpotatoe ist wesentlich komfortabler zu bedienen als die vergleichbare Funktion in Moodle. Die Nutzung von Hotpotatoes ist auch im schulischen Bereich nur dann kostenfrei, wenn die mit Hotpotatoes angelegten Tests wieder öffentlich frei verfügbar gemacht werden.

Diese und weitere Zusatzmodule können auf der internationalen Entwicklerseite http://moodle.org/ unter „Modules and Plugins" heruntergeladen werden. Eine Installation erfordert Administrationszugriff und FTP-Zugang zum Server Ihres Moodle-Systems.

Die Installation zusätzlicher Module bedeutet immer einen gewissen Unsicherheitsfaktor. Man kann nie ganz sicher sein, ob ein Modul in der Zukunft weiter entwickelt und an neuere Versionen von Moodle angepasst wird. Die Installation eines solchen Moduls kann damit dazu führen, dass es bei einem späteren Update Ihres moodle-Systems nicht mehr genutzt werden kann.

Bei der Entwicklung von Moodle wird sehr sorgfältig darauf geachtet, dass alle Kernmodule, die im Standardsystem enthalten sind, weiter gepflegt werden. Falls ein Modul nicht mehr weiter gepflegt wird, wird dafür Sorge getragen, dass ein anderes Modul diese Funktion übernimmt und zugleich die Daten aus einem alten Moodle-System übernommen werden.

Gruppenarbeit

Gruppenarbeit ist ein wichtiges didaktisches Element in der Gestaltung pädagogischer Lern- und Arbeitssituationen. Alle Aktivitäten in Moodle unterstützen Gruppenarbeit.

Gruppen in den Kurseinstellungen aktivieren.

Moodle kennt zwei verschiedene Modi der Gruppenarbeit, „getrennte" und „sichtbare" Gruppen. „Getrennte Gruppen" bedeutet, dass die Mitglieder verschiedener Gruppen nichts von den Aktivitäten anderer Gruppen sehen können. Im Modus „sichtbare Gruppen" können Aktivitäten anderer Gruppen eingesehen, aber nicht bearbeitet werden.

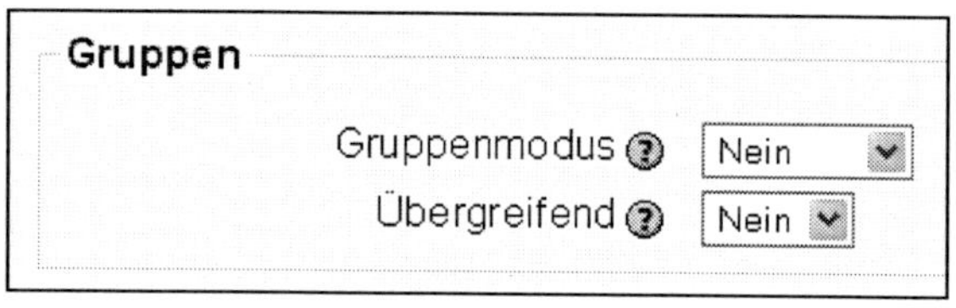

Die Option „übergreifend" in den „Einstellungen" des Administrationsblocks legt fest, ob alle Lernaktivitäten automatisch mit dieser Gruppenfunktion aktiviert sein sollen.

Seit der Version 1.7 ist es möglich, dass Teilnehmer/innen innerhalb eines Kurses Mitglieder verschiedener Gruppen sein können.

Ab der Version 1.8 gibt es den Begriff „Gruppierung" beim Anlegen von Gruppen. Damit wird es möglich, mehrere Gruppenarbeiten mit unterschiedlicher Zusammensetzung innerhalb eines Kurses zu steuern. Eine Gruppierung ist damit eine Gruppenarbeit mit den zu ihr gehörenden Gruppenaufteilungen und Gruppen. Sie wählen dann künftig eine Gruppierung mit den zugeordneten Gruppen aus und ordnen sie einer Lernaktivität zu (z.B. einem Forum). Einer anderen Lernaktivität ordnen Sie eine andere Gruppierung zu. In Moodle 1.8 hat die Einrichtung von Gruppierungen noch keine Auswirkung in den Lernaktivitäten.

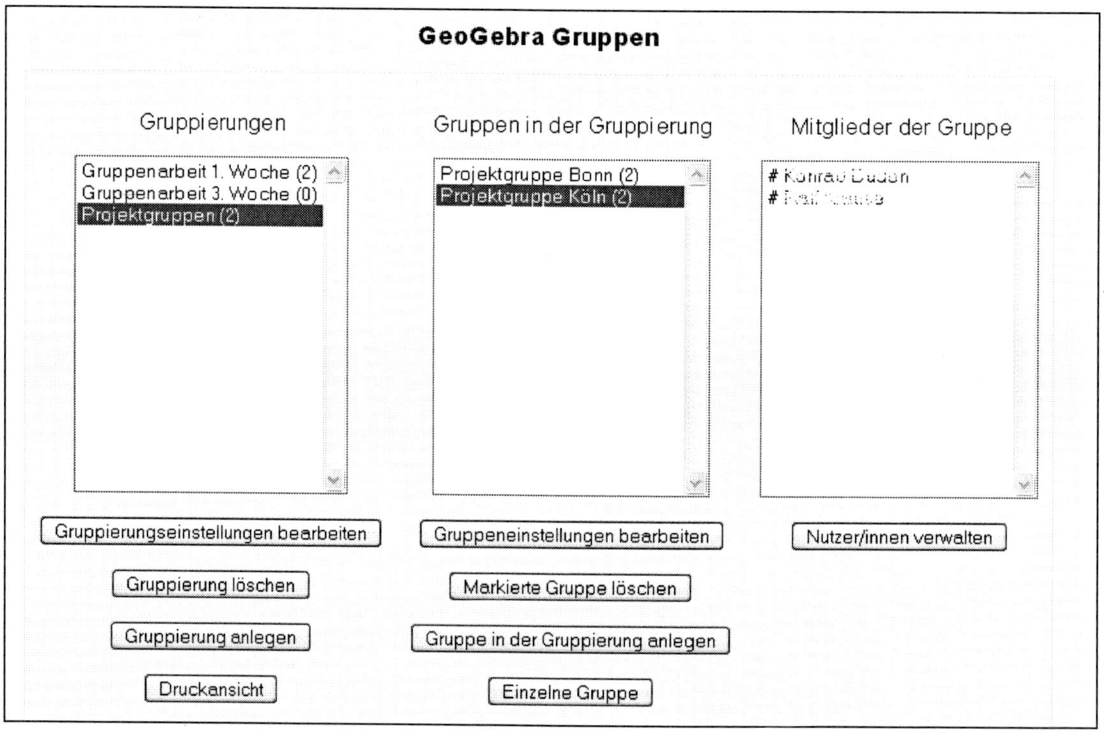

Gruppen einrichten

Im Block „Administration“ auf der Kursseite finden Sie eine Gruppenfunktion. Hier legen Sie an, welche Gruppen es geben soll und wer diesen Gruppen zugeordnet wird. Zunächst müssen Gruppierungen eingerichtet werden. Wählen Sie „Gruppierung anlegen“ und legen Sie den Namen der ersten Gruppierung fest und tragen Sie ihn in das Eingabefeld ein. Speichern Sie die Eingaben.

Klicken Sie nun auf den Namen der Gruppierung in der linken Spalte und wählen Sie in der mittleren Spalte „Gruppe in der Gruppierung anlegen“. Legen Sie den Namen der neuen Gruppe unter „Gruppenname“ fest. Durch die optionale Eingabe eines Zugangsschlüssels können Teilnehmer/innen, die sich mit diesem Zugangsschlüssel erstmals in den Kurs eintragen, automatisch auch dieser Gruppe zugewiesen werden.

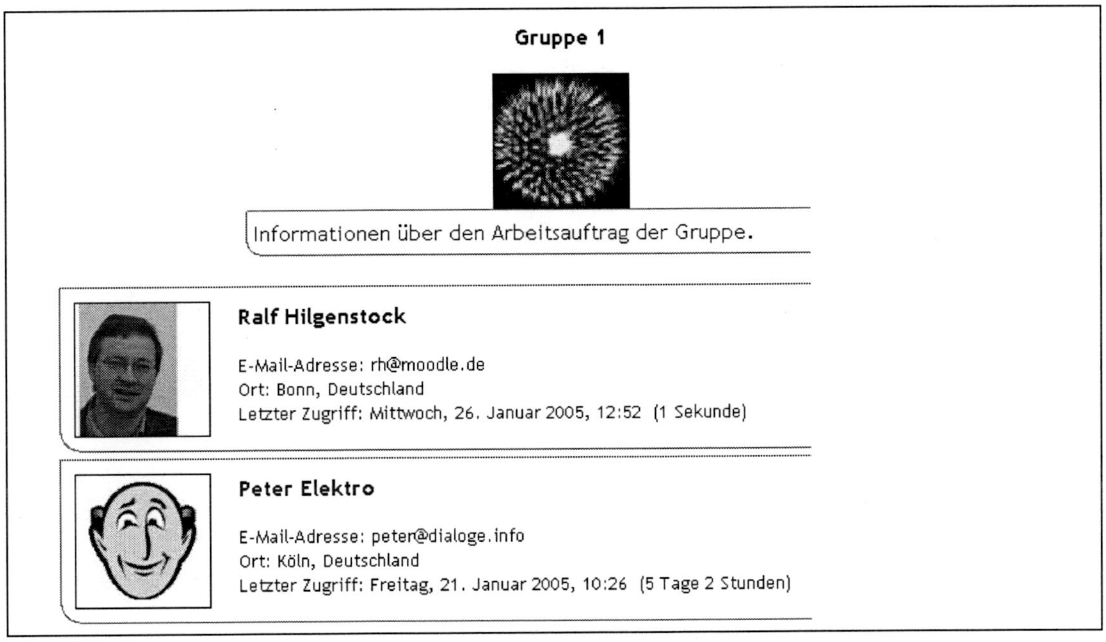

Informationen zur Gruppe, ihren Funktionen und Aufgaben und ein Bild für die Identifikation der Gruppe können ebenfalls eingegeben werden. Das Gruppenbild wird auch bei Forenbeiträgen mit abgebildet. Damit ist die Zugehörigkeit des/der Teilnehmers zu einer Gruppe zu erkennen.

Die Funktion „isolierte Gruppe“ (Create orphaned group) erlaubt es, Gruppen anzulegen, die keiner Gruppierung zugewiesen sind.

Teilnehmer zuordnen

Nachdem Sie die Gruppen festgelegt haben, können die Teilnehmer den Gruppen zugeordnet werden. Klicken Sie einen Gruppennamen an und Klicken Sie „Nutzer/innen verwalten“ unter der rechten Spalte an. Wählen Sie nun die Teilnehmer/innen für diese Gruppe aus. Mit der festgehaltenen STRG-Taste können auch mehrere Personen markiert werden. Fügen Sie die Ausgewählten jetzt der Gruppe hinzu. Trainer/innen sind durch ein „#“-Zeichen vor ihrem Namen gekennzeichnet.

Gruppenfunktionen für Lernaktivitäten

Auf der Kursseite können Sie nun für die einzelnen Lernaktivitäten die Gruppenfunktion festlegen. Im Bearbeitungsmodus der Kursseite finden Sie hinter jeder

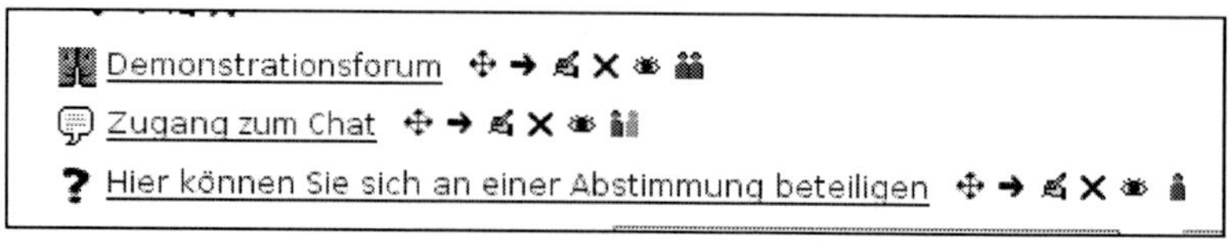

Lernaktivität verschiedene Symbole. Das letzte Symbol beschreibt den Status der Aktivität in Bezug auf Gruppen. Für jede Aktivität können Sie durch mehrmaliges Anklicken festlegen, ob hier keine Gruppenfunktionalität ( ) genutzt wird, Gruppen untereinander sichtbar ( ) sind oder nicht sichtbar ( ) sind.

Die Aktivitäten der verschiedenen Gruppen sind für die Trainer/innen einsehbar und auch kommentierbar. Wenn Sie sich als Trainer/in einer Gruppe zuordnen und zugleich die Funktion „getrennte Gruppen" verwenden, haben Sie keinen Zugriff mehr auf die Aktivitäten der anderen Gruppen.

Gruppenbildung

Die Zuordnung der Teilnehmer/innen zu Gruppen kann nur durch die Trainer/innen erfolgen. Damit die Teilnehmer/innen sich selber in Gruppen einteilen können, müssen Sie einen kleinen Trick anwenden.

Trick: Gruppenbildung durch Abstimmung

Richten Sie eine Abstimmung ein, mit der die Teilnehmer/innen sich für die verschiedenen Gruppen entscheiden. Lassen Sie die wiederholte Abstimmung zu und aktivieren Sie Funktionen für Ergebnisse sichtbar und nicht-anonyme Abstimmung. Definieren Sie in jedem Falle einen Zeitpunkt, bis zu dem die Teilnehmer sich entschieden haben sollen und kündigen Sie an, dass alle, die sich bis zu diesem Zeitpunkt noch nicht zugeordnet haben, von der Kursleitung zugeordnet werden. Ggfs. müssen auch Höchstzahlen für die Besetzung der Gruppen festgelegt werden. Als Antworten der Abstimmung definieren Sie die Namen der Gruppen.

Nach Abschluss der Abstimmung übertragen Sie das Ergebnis in die Gruppeneinteilung. In einer der künftigen Versionen von Moodle wird es Möglichkeiten zur Nutzung weiterer Gruppenfunktionalitäten geben.

Mit Blöcken im Kursraum arbeiten

Blöcke sind die Kästen auf der rechten und linken Seite des Moodle Kursraums. Sie stellen den Teilnehmer/innen zusätzliche Informationen und Orientierungshilfen zum Kurs zur Verfügung. In jedem Moodle-Kursraum sind von Anfang an eine Reihe von Blöcken eingerichtet. Sie können die Blöcke individuell auswählen und anordnen, je nachdem was in Ihrem Kurs benötigt wird.

Blöcke hinzufügen

Im Bearbeitungsmodus können Sie die bestehenden Blöcke löschen oder neu anordnen und zusätzliche Blöcke hinzufügen. Nach dem Umschalten in den Bearbeitungsmodus finden Sie in der rechten Spalte am unteren Ende ein Auswahlmenu mit zusätzlichen Blöcken. Wählen Sie hier einen der Blöcke aus, um ihn hinzuzufügen.

Es gibt unterschiedliche Typen von Blöcken. Manche füllen sich automatisch mit Inhalten, manche werden von Ihnen gestaltet. Automatisch gefüllt werden z.B. die Blöcke: „Aktivitäten", „Neueste Aktivitäten", „Neueste Nachrichten". Von Ihnen selber gestaltet werden die Blöcke

- „Kalender" (zusätzliche Termine zu den in den Aktivitäten definierten und automatisch übernommenen),
- „Zugriff auf RSS-Feed" (Übernahme von Informationen aus RSS Feeds aus Webseiten),
- „HTML" (freie Gestaltung mit Texten und Formatierung über HTML-Code).

Einzelne Blöcke (z.B. „Glossarblock", „HTML-Block", „Testergebnisse") können im Kursraum auch mehrfach mit unterschiedlichen Inhalten positioniert werden.

Blöcke löschen

Sie können jeden Block jederzeit wieder löschen. Mit Ausnahme der HTML-Blöcke werden dabei keine Inhalte gelöscht. Zum Löschen klicken Sie auf das Kreuzsymbol in der Kopfzeile des Blocks.

Blöcke verschieben

Die Blöcke können Sie an den gewünschten Ort innerhalb einer Spalte und zwischen den Spalten verschieben. Im Bearbeitungsmodus finden Sie dazu Pfeiltasten in jedem Block. Mit den „Aufwärts-" und „Abwärts"-Pfeilen verschieben Sie einen Block um jeweils eine Position. Mit den „Rechts" bzw. „Links"-Pfeilen auf die andere Seite. Dabei wird der Block immer unten unter dem letzten vorhandenen Block abgelegt.

Wenn Sie in ihrem persönlichen Profil die Funktion „AJAX und Javascript" aktivieren, können Sie die Blöcke einfacher verschieben. Die Pfeiltasten verschwinden jetzt und Sie können mit der linken Maustaste den Block einfach in der Kopfzeile „anfassen" und an einen anderen Ort verschieben. Diese Funktion muss zuvor von der Administration aktiviert worden sein.

Blöcke unsichtbar machen

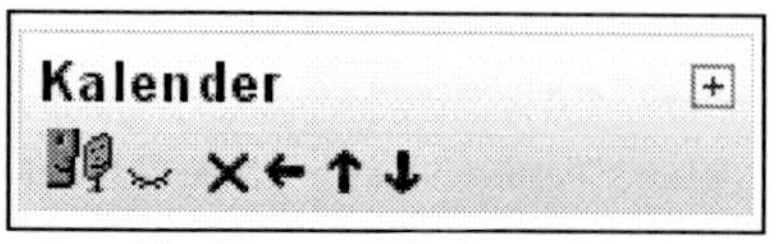

In manchen Situationen ist es hilfreich, einen Block zunächst vor den Teilnehmern zu verbergen und erst später sichtbar zu machen (z.B. „Testergebnisse“). Dazu klicken Sie im Block auf das Augensymbol und verbergen damit den Block vor den Teilnehmer/innen.

Blöcke „Einklappen“

Manchmal finden Sie in der Kopfzeile der Blöcke ein kleines Kästchen mit einem Minuszeichen. Damit können einen Block „einklappen“ und wieder „aufklappen“. Beim Einklappen wird der Inhalt des Blocks ausgeblendet und nur die Überschriftenzeile bleibt sichtbar. Diese Funktion kann jeder Nutzer für sich bedienen. Die Änderungen, die Sie selber damit an der Kursseite vornehmen, haben keine Auswirkung auf die Anzeige des Kursraums für Teilnehmer/innen.

Tipp: Die Zahl der standardmässig im Kursraum zur Verfügung gestellten Blöcke ist sehr hoch. Für mein Gefühl sind es zu viele. Daher reduziere ich häufig die Zahl der Blöcke und versuche immer wieder, nur in einer der Randspalten Blöcke anzeigen zu lassen.

Weniger Blöcke bedeuten mehr Übersichtlichkeit, schnellere Orientierung. Es ist häufig sinnvoll, im Verlauf des Kurses nach und nach den einen oder anderen Block zusätzlich hinzuzufügen.

Kalender

Der Kalender ist im eigentlichen Sinn keine Lernaktivität. Er ist jedoch für den Lernprozess von großer Bedeutung, weil er den Überblick über terminierte Vorgänge gibt und damit den Teilnehmer/innen einen Überblick über die künftigen Anforderungen ermöglicht.

Der Kalender wird nicht als Lernaktivität bereitgestellt, sondern als Block in der linken oder rechten Spalte eingefügt. Im Bearbeitungsmodus sehen Sie rechts einen Block mit dem Titel „Blöcke". Wählen Sie dort den Kalender aus und schieben Sie ihn an die Stelle, an der er im Kursraum stehen soll. Wählen Sie evtl. auch den Block „Bald aktuell" aus. Er zeigt die kommenden Termine an.

Klicken Sie den Namen des aktuellen Monats aus, um in die zentrale Monatsansicht zu gelangen. Der größte Teil des Fensters wird von der Monatsansicht gefüllt. Rechts finden Sie eine Drei-Monats-Übersicht. In den einzelnen Monaten sind bereits eingetragene Termine farblich markiert. Im aktuellen Monat sind auch Textinformationen (Überschriften) angezeigt.

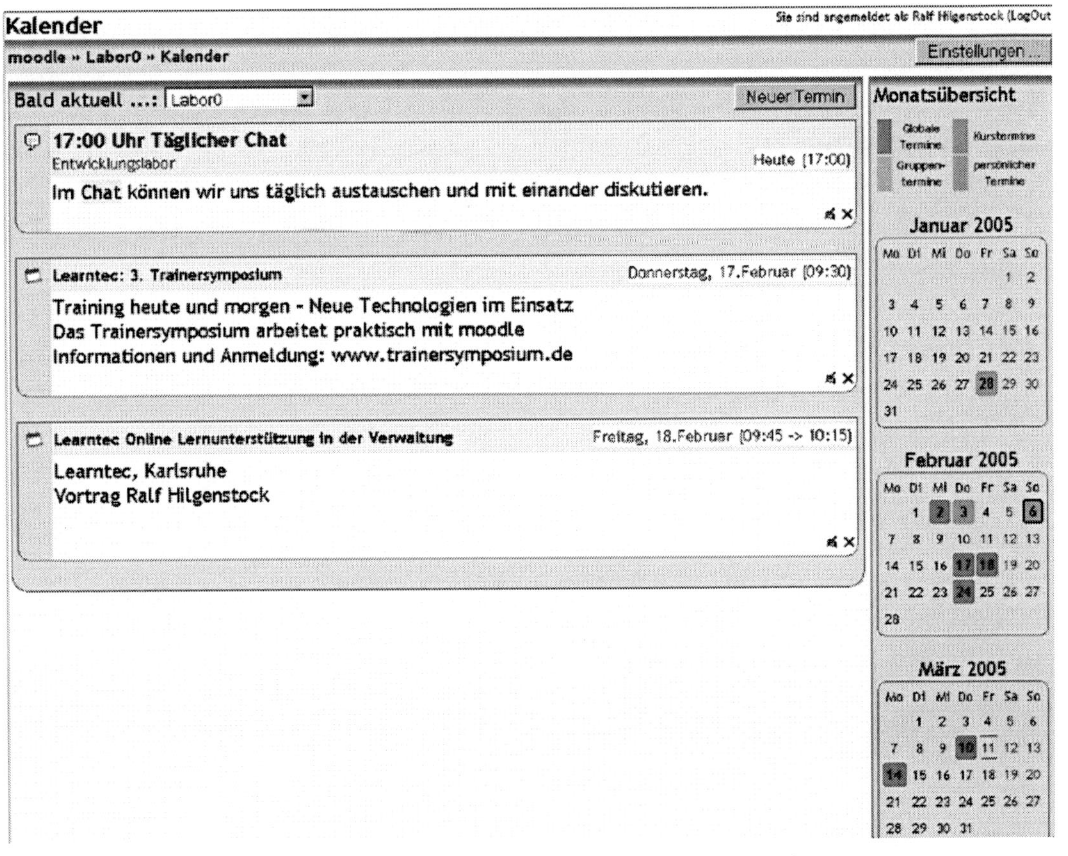

Im Monatsfenster finden Sie rechts oben einen Button für die Eintragung neuer Termine („Neue Termine"). Rechts oben können Sie Grundeinstellungen („Einstellungen") des Kalenders vornehmen.

Format der Zeitanzeige: Im Normalfall können Sie die Grundeinstellung stehen lassen. Wenn Sie von der Zeiteinstellung abweichen wollen, können Sie das 12-Stunden-Format oder das 24-Stunden-Format wählen. Einstellungen

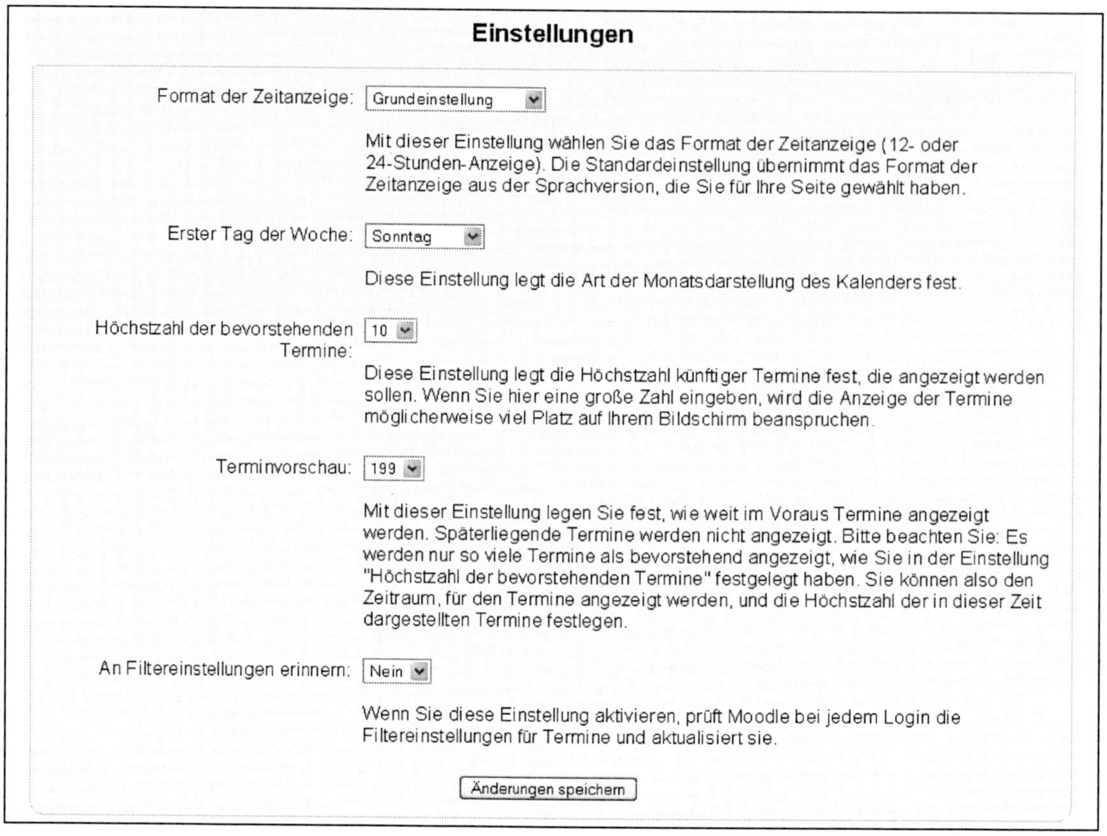

Erster Tag der Woche: Sie können die Woche an jedem Wochentag beginnen lassen. In Deutschland wählen Sie Montag als ersten Tag der Woche aus. Sie haben hier jedoch auch die Möglichkeit, den Wochenanfang z.B. auf Sonntag zu legen.

Höchstzahl der bevorstehenden Termine: legt fest, wie viele Termine (maximal 20) in dem Block bevorstehende Termine angezeigt werden.

Terminvorschau (Tage): definiert, wie viele Tage im Voraus (maximal 200) überhaupt bevorstehende Termine angezeigt werden sollen. Wenn Sie z.B. einen Monat im voraus eine Anzeige bevorstehender Termine darstellen wollen, tragen Sie 30 oder 31 ein.

Wenn Sie dazu bei Höchstzahl „5“ ausgewählt haben, werden die nächsten fünf Termine in den nächsten 30 Tagen angezeigt. Wenn in diesem Zeitraum weniger Termine eingetragen sind, werden auch nur diese gezeigt. Sind jedoch mehr Termine vorhanden, werden nur die nächsten 5 Termine gezeigt. Es erfolgt keine Auswertung der Wichtigkeit der Termine.

An Filtereinstellungen erinnern: stellt sicher, dass die Anzeige im Kalender bei jedem Login aktualisiert wird.

Sommerzeit-einstellung

Nach der Aktivierung durch die Administration kann jede/r Teilnehmer/in die eigene regionale Zeitzone festlegen. Dabei werden auch die regional unterschiedlichen Termine für die Umstellung berücksichtigt. Für Deutschland ist die Einstellung „Europe/Berlin“ passend. Diese Einstellung erfolgt innerhalb des persönlichen Profils jedes Nutzers.

Neuen Termin eintragen

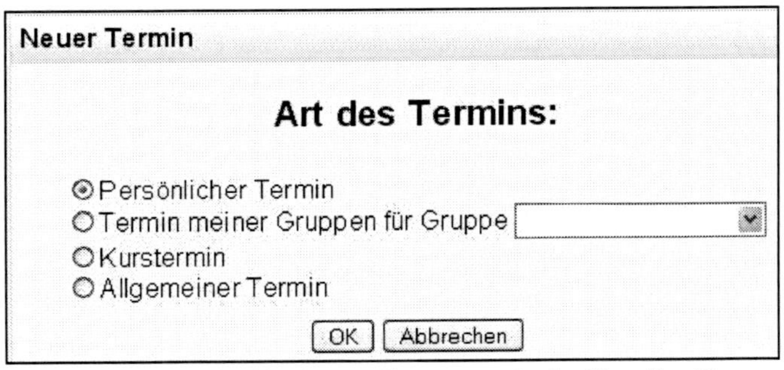

Nach dem Speichern der Grundeinstellung können Sie sich der Eingabe der Termine widmen. Klicken Sie auf den Button „Neuer Termin". Legen Sie zunächst fest, ob dieser Termin nur für Sie selbst („persönlicher Termin"), für die Teilnehmer/innen des Kurses („Kurstermin") oder, wenn Sie Mitglied einer Gruppe sind, für alle Gruppenmitglieder („Gruppentermin") sichtbar sein soll. Die Teilnehmer-/innen können auch Termine eintragen. Sie haben die Möglichkeit, persönliche Termine (Teilnehmertermine) oder Gruppentermine einzutragen.

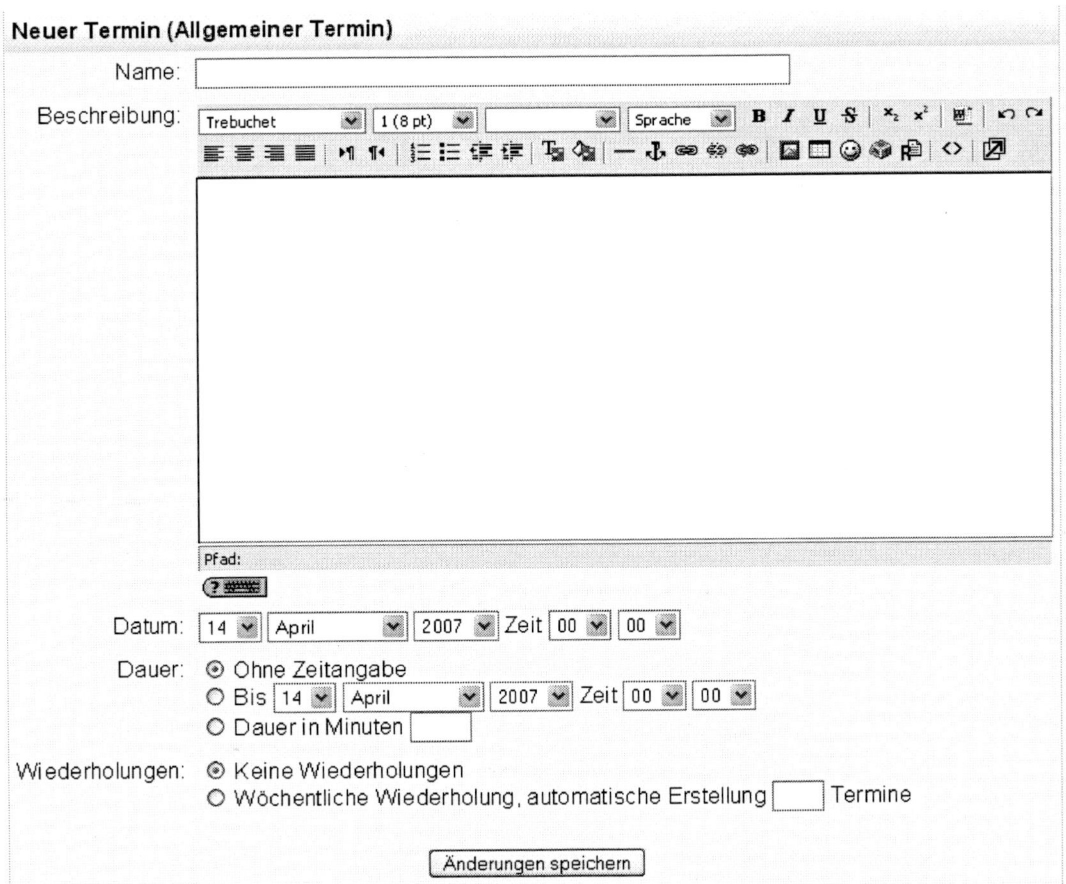

Name: Nach der o.g. Auswahl vergeben Sie für den Termin einen Titel. Dieser wird in der Kurzansicht/Monatsübersicht angezeigt. Er sollte daher prägnant sein: z.B. „Klausur in Mathematik".

Beschreibung: gibt Ihnen die Möglichkeit, einen ausführlichen Text einzufügen. Dieses Feld ist ein Pflichtfeld ab Version 1.8.

Datum: ist das Anfangsdatum.

Dauer: ermöglicht, keine Angabe zumachen (ohne Zeitangabe), einen Endtermin festzulegen oder die Länge anzugeben (in Minuten).

Wiederholungen: sind für wöchentlich sich wiederholende Termine gedacht. Zusätzlich können Sie festlegen, wie oft die Wiederholung erfolgt.

Termine aus anderen Aktivitäten werden automatisch in den Kalender übernommen (z.B. Termine für Aufgaben oder Tests).

In der Monatsanzeige des Kalenders finden Sie Farbbalken für die verschiedenen Arten von Terminen. Diese gelten als Hilfe zur Zuordnung, welche Art von Termin angezeigt wird. Durch einen Klick auf den Begriff können Sie bestimmte Typen von Terminen ausblenden. Wenn sehr viele Termine vorhanden sind, dient dies der Übersichtlichkeit.

Die Anzeige „Globaler Termin“ im Kalender ist für Termineinträge der Administration vorbehalten. Diese Termine werden in allen Kursräumen angezeigt.

Tipp: Immer wieder ist zu beobachten, dass im Kalender englischsprachige Anzeigen des Monats oder der Wochentage sichtbar sind. Diese Einstellung erfolgt nicht durch die Spracheinstellung des Kurses, sondern über eine Steuerung des Servers. Der Administrator Ihrer Moodle-Installation kann in der Administration „locale“ den Wert eintragen, um deutsche Zeiteinstellungen zu nutzen. Der richtige Wert ist vom Betriebssystem des Servers abhängig. Als Trainer/in haben Sie auf diese Einstellungen keinen Zugriff.

Zusatzfunktionen durch Filter

Moodle erschließt weitere sinnvolle Funktionen durch Filter. Diese können zusätzlich installiert und durch die Administration aktiviert werden. Die Filter prüfen jede Seite vor der Abbildung auf dem Browser und wandeln spezielle Steuerzeichen in Grafiken, Sprachdarstellungen oder Mediendarstellungen um. Die Installation und Aktivierung der Filter erfolgt durch die Administration.

Folgende Filter sind verfügbar:

Tex wandelt TeX-Code in gif-Bilder um. Mit Hilfe des Filters können mathematische Formeln abgebildet werden.

· Bsp. (mit vordefinierten Grössen): $$f(x,y)=\frac{2a}{x+y}$$ ergibt

$$f(x,y)=\frac{2a}{x+y}$$

Ein Glossar mit vielen Beispielen finden Sie unter htttp://moodle.de im Kurs „Präsentationsraum: Mit moodle Online lernen“, im Glossar: Mathematische Symbole verwenden.

Algebra erlaubt die Darstellung algebraischer Formeln in Moodle. Er erfordert den TeX-Filter.

Autoverlinkung des Glossars oder zu Datenbankinhalten. Dieser Filter sorgt für die automatische Verlinkung zu Begriffen, die im Glossar oder der Datenbank enthalten sind.

Mediaplugin. Der Filter erlaubt die Integration und Nutzung multimedialer Dateien (Video, Ton) in Moodle-Kursen. Wenn Sie an einer beliebigen Stelle in einem Moodle-Kurs einen Link auf eine MP3-Datei einfügen, wird automatisch ein Abspielsymbol eingefügt. Die Datei wird mit Klick auf das Dreieck abgespielt.

Multilang. Dieser HTML-Filter ermöglicht die mehrsprachige Gestaltung von Kursen. Er interpretiert den HTML-<lang>-Befehl und zeigt eine Seite in der Sprache des Nutzers an. Im Unterschied zur Spracheinstellung der Nutzer oder des Kurses fragt der Befehl die eingestellte Sprache des Browsers an und wechselt auf die entsprechende Sprache des Nutzers. Diese Option wird nicht von allen Browsern unterstützt und erfordert die mehrsprachige Eingabe von Texten in HTML-Code innerhalb des Kurses. Die folgende Texteingabe im HTML-Modus des Editors würde für Nutzer eines englischsprachigen Browsers das Wort „Mathematics“, bei einem deutschsprachigen Browser jedoch „Mathematik“ anzeigen.

<span lang=“en“ class=“multilang“>Mathematics</span> <span lang=“de“ class=“multilang“>Mathtematik</span>

Wortzensurfilter: Der Wortzensurfilter blendet Worte aus, die als „verboten“ deklariert wurden (z.B. bestimmte Schimpfwörter) und ersetzt jeden Buchstaben des Wortes durch ein Sternchen (*). Die zu zensierenden Wörter werden durch die Administration in den Sprachdateien definiert.

Diese Filter sind bereits auf Ihrem Moodle installiert oder können auf der internationalen Entwicklerseite http://moodle.org/ unter Modules and Plugins heruntergeladen werden. Nach der Installation sind die Filter nicht automatisch aktiviert. Sollte eine der Funktionen der Filter nicht verfügbar sein, fragen Sie die Administrator/innen, ob die Filter bereits aktiviert wurden.

Eine Installation erfordert Administrationszugriff und FTP-Zugang zum Server.

Rollen

Eine der größten Veränderungen in der Moodle Version 1.7 ist die Flexibilisierung des Rollenmodells. In allen vorherigen Versionen gab es ein fest definiertes Set von Rollen, die innerhalb des Moodle-Kursraumsystems vergeben wurden.

Wir beschränken uns hier auf die Auswirkungen des neuen Rechtemodells innerhalb des Kursraums. Die weiteren Handlungsmöglichkeiten auf der Administrationsebene sind Gegenstand des Handbuchs zur Installation und Administration.

Für jede Installation konnten Funktionen wie Administrator/in oder Kursverwalter/in vergeben werden. Innerhalb eines Kursraumes war man Trainer/in mit oder ohne Bearbeitungsrecht, Teilnehmer/in oder Gast.

Seit Moodle 1.7 ist es nun möglich

- neue Rollen zu entwickeln,
- bestehende Rollen anzupassen und
- mit Rollen verbundene Berechtigungen auf Kontextebene an Personen zu vergeben.

Was bedeutet das genau? Sie können nun einer Teilnehmerin in einem Forum Ihres Kurses Handlungsmöglichkeiten geben, die bisher nur Ihnen als Trainer zur Verfügung standen (z.B. Verschieben oder Löschen von Beiträgen). In früheren Versionen war es auch möglich, dieses Recht zu vergeben. Es war jedoch erforderlich, es als Trainerrolle für den gesamten Kurs mit allen Aktivitäten zu vergeben.

Ein Kontext ist das Gesamtsystem, eine Kurskategorie, ein Kurs oder eine einzelne-Lernaktivität. Die Rolle kann auf jeder dieser Ebenen zugeordnet werden.

Durch diese Veränderung ist der gesamte Umgang mit Berechtigungen innerhalb der Kursräume verändert worden.

Rollen zuordnen

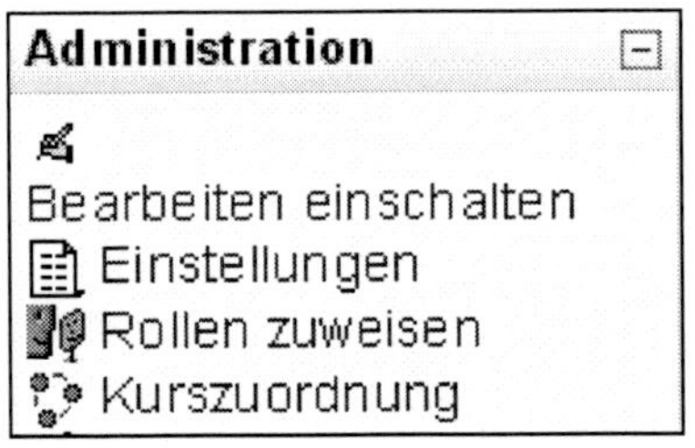

Im Block „Administration" entfallen die Links „Trainer/innen", um Trainer im Kurs zuzuordnen, und „Teilnehmer/innen", um Teilnehmer/innen in den Kurs aufzunehmen. An diese Stelle tritt der universelle Link **„Rollen zuweisen"**. In früheren Versionen wurde ein Nutzer als Teilnehmer in den Kurs aufgenommen. Heute wird einem Nutzer die Rolle „Teilnehmer" zugewiesen. Der Vorgang ist vom Prinzip her der Gleiche. Nur die Bezeichnungen und das Vorgehen haben sich geändert. Wählen Sie hier zunächst die Rolle aus, zu der Sie Teilnehmer/innen Berechtigungen zuweisen wollen, z.B. Teilnehmer/innen.

Danach sehen Sie ein zweigeteiltes Fenster. Links sehen Sie alle Nutzer/innen, die bereits in dieser Rolle im Kurs eingetragen sind. Rechts alle Personen, die Sie für die Funktion auswählen können. Das sind in der Regel alle in Ihrem Moodle-System registrierten Nutzer/innen. Sollten dies mehr als fünfzig Personen sein, wird keine Liste mehr angezeigt, da diese zu lang und unhandlich würde. Stattdessen nutzen Sie das Suchfeld unterhalb der Anzeige. Geben Sie den gesuchten Namen oder einen Namensbestandteil an. Nach der Bestätigung der Eingabe wird im Anzeigefeld das Suchergebnis gezeigt. Wählen Sie nun die gewünschten Personen durch Anklicken aus. Durch Halten der Strg-Taste können Sie mehrere Personen auf einmal markieren. Nachdem Sie die gewünschten Personen markiert haben, nutzen Sie die Pfeil-Taste nach links, um diese Personen nach links zu verschieben und damit der gewählten Rolle zuzuweisen. Nach dem nächsten Login haben diese Personen nun die mit der Rolle verbundenen Berechtigungen. Wiederholen Sie diesen Vorgang, bis alle Personen die entsprechenden Berechtigungen haben. Um andere Rollen zuzuweisen, wählen Sie im oberen Auswahlfeld eine andere Rolle aus und weisen den gesuchten Personen die entsprechenden Rollen zu.

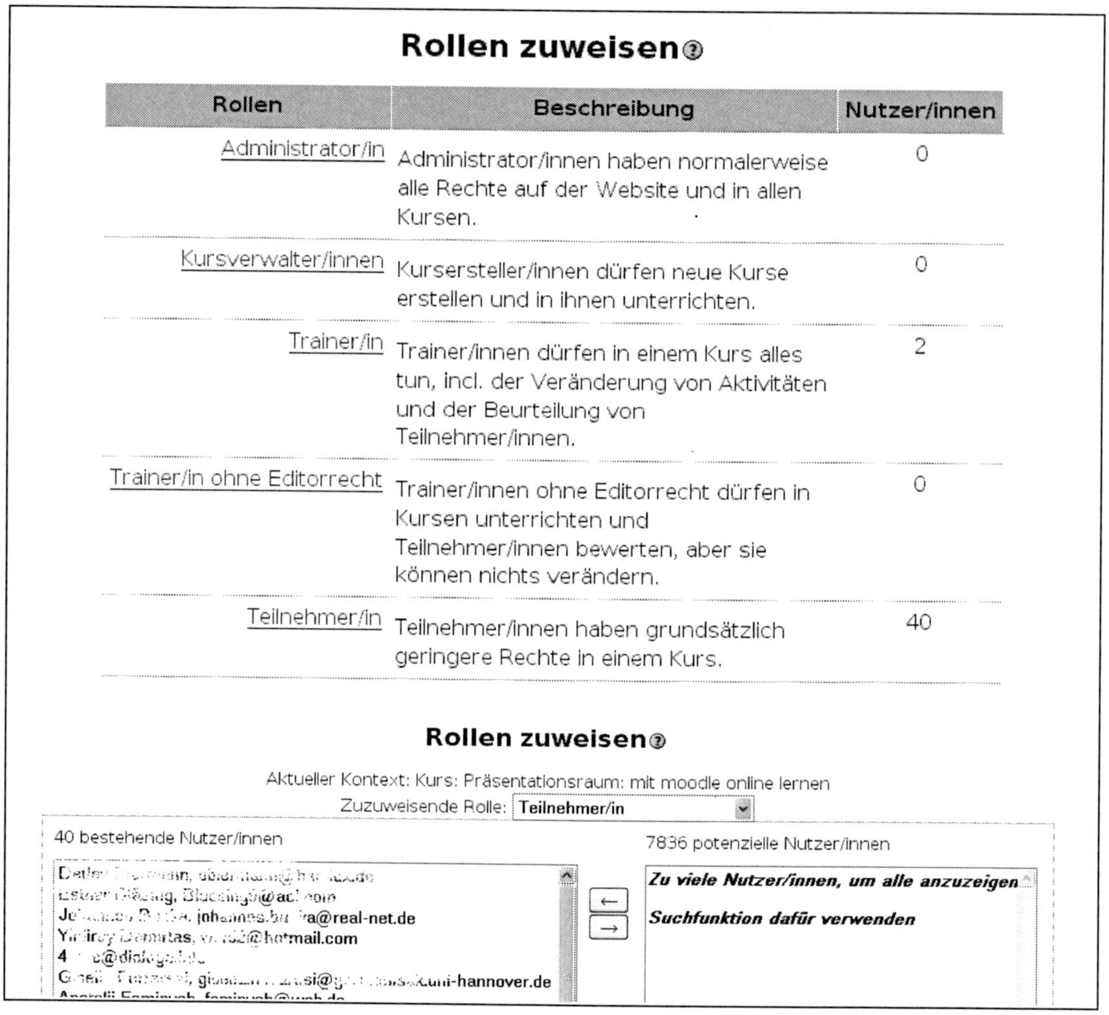

Der Entzug einer Berechtigung erfolgt auf die gleiche Art und Weise, indem Sie die Person von der Liste der Rechteinhaber auf der linken Seite entfernen und nach rechts verschieben. Diese Änderung wird mit dem nächsten Login der Person wirksam. Sollte die Person derzeit eingeloggt sein, handelt sie vorerst weiter mit den alten Berechtigungen bis zu ihrem nächsten Login.

Verborgene Trainer/innen

In manchen Situationen ist es sinnvoll, dass Personen am Kurs beobachtend teilnehmen können, ohne auf einer Nutzerliste im Block Personen angezeigt zu werden. Bis zur Version 1.6 war es möglich, die Anzeige von Trainer/innen im Block Personen auf unsichtbar zu schalten. In der Version 1.7 fehlt diese Option. In der Version 1.8 ist sie wieder verfügbar und kann für jede Rolle genutzt werden. Klicken Sie dazu vor der Zuordnung von Nutzer/innen zu einer Rolle auf das Anklickfeld zwischen den beiden Kästen. Nach der Zuweisung steht hinter dem Namen der Person der Hinweis „Verborgene Zuweisung" als Information, dass diese Person für andere nicht sichtbar ist.

Englischsprachige Rollenbezeichnungen

Hinweis: Bei der Installation kommt es immer wieder vor, dass die Rollenbezeichnungen englischsprachig als Standard in der Datenbank eingetragen werden. Bitten Sie die Administration Ihres Systems, diese Bezeichnungen anzupassen.

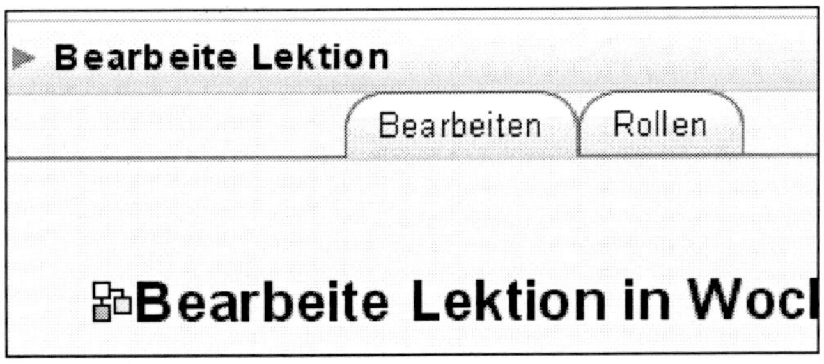

Die bislang vergebenen Rollen sind innerhalb des gesamten Kurses wirksam. Um nun innerhalb einer einzelnen Lernaktivität spezielle Berechtigungen für einzelne Personen zu vergeben, wechseln Sie in diese Lernaktivität und rufen die Einstellungsmenus auf. Hier finden Sie nun oben einen zusätzlichen Reiter mit der Beschriftung „Rollen". Sie können nun einzelnen Personen für diese spezielle Aktivität in Ihrem Kurs Rollen zuweisen. Die Auswahl erfolgt in der gleichen Weise wie oben beschrieben. Die zugewiesene Berechtigung ist auf jedoch auf die einzelne Lernaktivität beschränkt und nicht im gesamten Kurs wirksam.

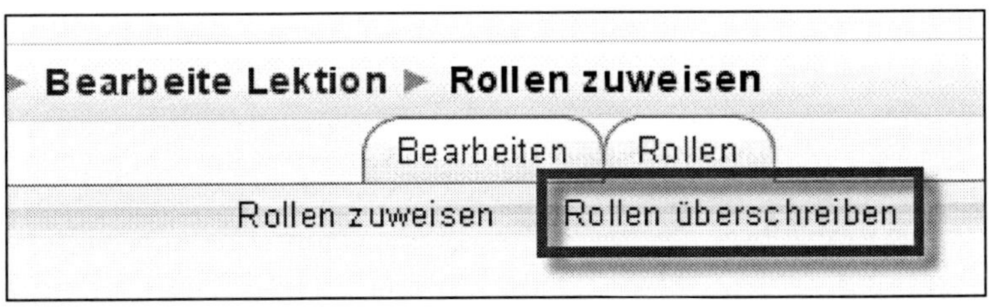

Rollen überschreiben

Neben dem nun sichtbaren Link „Rollen zuweisen" sehen Sie eine wietere Funktion „Rollen überschreiben". Dies ist die mächtigste und komplexeste Funktion des Moodle-Rollensystems. Sie haben hier die Möglichkeit, ganz individuell die Berechtigungen der Rolle für die Nutzer/innen in diesem speziellen Kontext anzupassen. Das Auswahlfeld zeigt Ihnen die für diesen Kontext bestehenden Detailberechtigungen an. Diese Liste kann unterschiedlich lang sein.

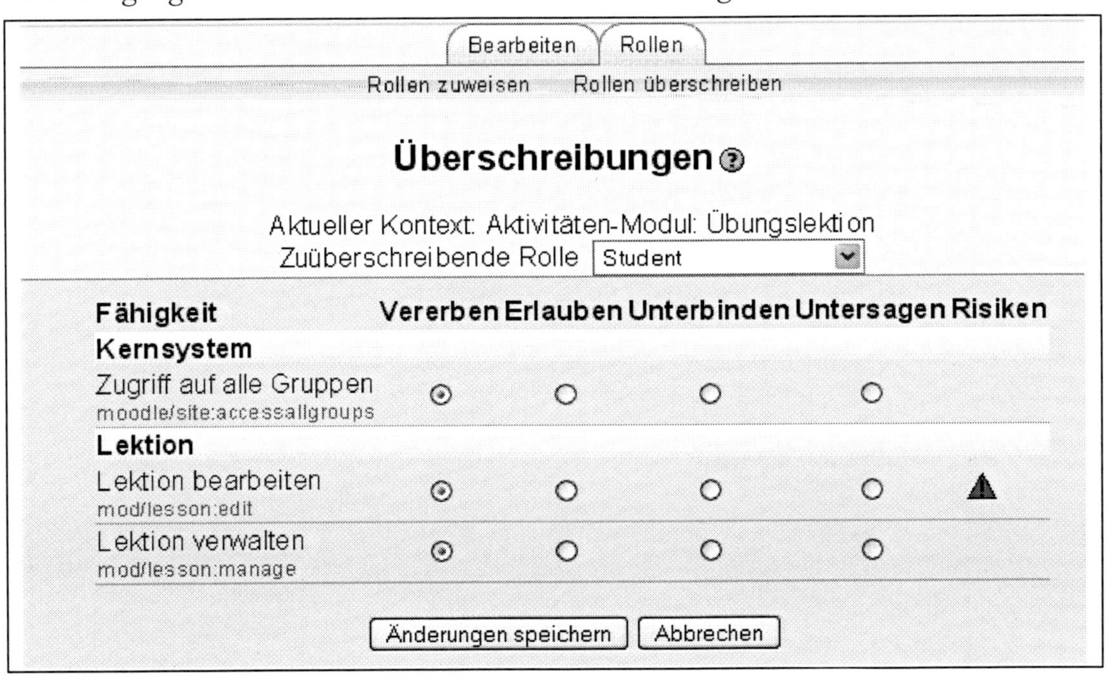

Die Liste enthält alle Berechtigungen (engl. Capabilities) für diese Funktion in dem Kontext. In den Spalten finden Sie die unterschiedlichen Level von Berechtigungen.

- Vererben: übernimmt die Funktionsweise von der Standard-Definition. Dies ist sicher der meistgenutzte Standardwert.
- Erlauben: vergibt eine Berechtigung, die in der Standardberechtigung nicht für diese Rolle vorgesehen ist, von Ihnen aber gewünscht ist.

- Unterbinden: deaktiviert eine Berechtigung der Standardrollenfunktion in Ihrem Kontext.
- Untersagen: verhindert, dass ein Rolleninhaber die Berechtigung in einem anderen Kontext anders definieren kann.
- Risiken: hier finden Sie Warnhinweise, da sich aus manchen Berechtigungen auch potenzielle Risiken ergeben. Klicken Sie das Symbol für weitere Informationen an.

Tipps: Das Rollenkonzept ist sehr flexibel und zugleich recht komplex. Tasten Sie sich vorsichtig an die Nutzung und Anpassung der Berechtigungen heran. Testen Sie die gewählte Rollenzuweisung sorgfältig, indem Sie in eine andere Person mit deren Login schlüpfen.

Insgesamt existieren über 150 unterschiedliche Berechtigungen, die in unterschiedlichen Kontexten vergeben werden können. Nicht alle Funktionen, die mit einer Lernaktivität verbunden sind, können über die Rollen und Berechtigungen differenziert zugewiesen werden. Da bisher keine exakte Beschreibung der einzelnen Berechtigungen in den unterschiedlichen Kontexten existiert, ist eine verlässliche Funktionsaussage nicht immer möglich. Experimentieren Sie sorgfältig, bevor Sie zu weit gehende Berechtigungen verteilen. Wir empfehlen zudem, die Berechtigungen und Rollen nicht zu sehr zu differenzieren, da sonst schnell eine zu große Unübersichtlichkeit entsteht.

Weitere wichtige Hilfen

Dateiverwaltung

In jedem Kurs fallen eine ganze Reihe von Dateien an. Texte und Präsentationen, die Sie als Lernmaterialien verwenden, oder Bilder und Grafiken, die in Forumsbeiträgen oder auf der Kursseite über den Editor eingebunden werden. Diese werden als Dateien hochgeladen und auf dem Server abgelegt. Texte, die z.B. in Foren geschrieben werden, werden in einer zentralen Datenbank abgelegt.

Für jeden Kursraum wird ein Kursverzeichnis auf dem Server automatisch beim ersten Dateiupload oder Backup angelegt. Hier werden die Dateien abgelegt, die im Kurs genutzt werden. Einzelne Lernaktivitäten richten gesonderte Unterverzeichnisse selbständig an, um darin Dateien von Aufgabenstellungen abzulegen (z.B. von Teilnehmer/innen hochgeladene Prüfungstexte). Diese Verzeichnisse haben den Namen „backupdata" (Kurssicherungsdateien) und „moddata" (Dateien der Lernaktivitäten). Die Namen dieser Verzeichnisse dürfen nicht umbenannt werden.

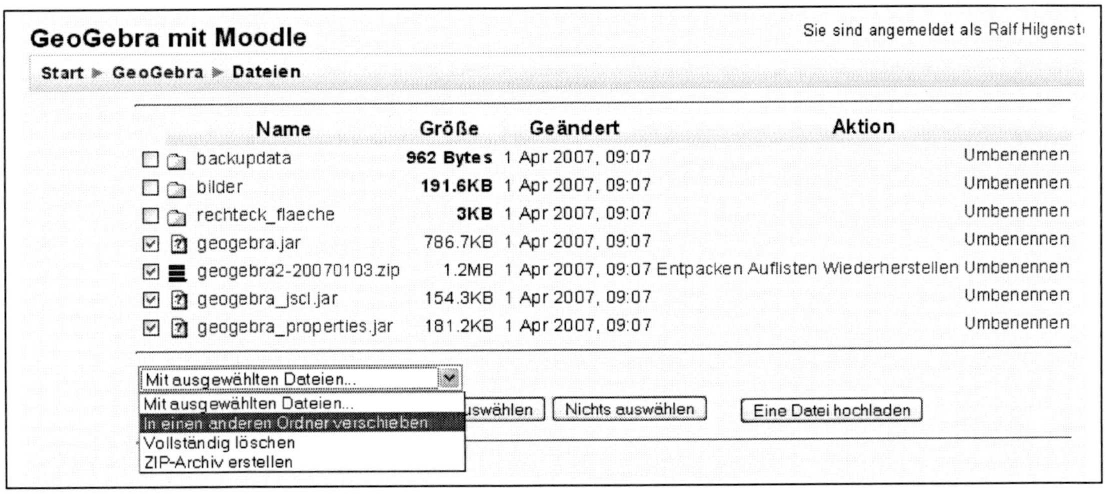

Um den Zugriff auf die Dateien zu strukturieren, empfehlen wir die Anlage von Unterverzeichnissen für wichtige Dateien im Kurs. Legen Sie in diesen Verzeichnissen Ihre eigenen Dateien so ab, dass Sie diese später leichter wieder finden.

Eine Unterteilung kann sich an Dateiarten (Lehrtexte, Quellen, Aufgaben, Bilder) oder nach Themen im Kursablauf (Thema 1, 2, 3) orientieren. In der Administration können Sie unter „Dateien" neue Verzeichnisse anlegen und Dateien hochladen. Beim Hochladen von Dateien kann jedes Mal nur eine Datei hochgeladen werden. Wenn Sie größere Dateimengen hochladen müssen, können Sie diese zu einer Zip-Datei packen und hochladen. Diese Datei können Sie dann im Kursverzeichnis entpacken (Klick auf „Entpacken" rechts neben dem Dateinamen).

Sie können Verzeichnisse für Teilnehmer/innen zum Zugriff freigeben (z.B. „Arbeitsmaterial anlegen" -> Verzeichnis). Die Teilnehmer/innen erhalten dann auch Zugriff auf eventuell angelegte Unterverzeichnisse.

Die Dateien in dem Verzeichnis können von Ihnen selber verwaltet werden. Dateien, die in der ersten Spalte durch Anklicken markiert werden, können mit dem Auswahlfenster „Mit ausgewählten Dateien ..." gelöscht, gezippt oder verschoben werden.

Zum Verschieben wählen Sie die Dateien aus, wählen „In einen anderen Ordner verschieben", wählen den Ordner, in den die Dateien verschoben werden sollen (dazu den Namen des Ordners anklicken) und klicken auf „Dateien hierhin verschieben". Das Packen oder Entpacken setzt voraus, dass ein entsprechendes Programm auf dem Server installiert ist. Sollten Probleme auftreten, setzen Sie sich mit Ihrer Administration in Verbindung.

Achtung: Wenn Sie Dateien in einen Ordner verschieben wollen, der nicht angezeigt wird, klicken Sie in der Navigation auf „Dateien" und wählen danach den gewünschten Ordner zum Verschieben aus.

Wenn Sie Dateien verschieben, die in irgendeiner Weise bereits im Kurs eingebunden sind, geht der Link auf diese Datei im Kursraum verloren und beim Aufruf durch Teilnehmer/innen wird die Datei nicht wieder gefunden. Um spätere Anpassungen im Kurs zu vermeiden ist es hilfreich, sich von Anfang an einige Gedanken zur Strukturierung der Dateiablage zu machen.

Dateiablage für Teilnehmer/innen

Teilnehmer/innen können in der Dateiablage keine eigenen Dateien ablegen. Statt dessen können sie folgende Funktionen nutzen, um selber Dateien hochzuladen:

- Forenbeitrag mit Dateianhang,
- Glossareintrag mit Dateianhang,
- Aufgabe mit hochgeladener Lösung,
- Datenbankeintrag mit Dateiupload.

Andere Lernprogramme integrieren

Manchmal stehen Lernpakete zur Verfügung, die in anderen Programmen erstellt wurden und nun in Moodle zum Einsatz kommen sollen. Lerneinheiten, die in HTML-Dateien erstellt wurden, können als Datei hochgeladen und dann verlinkt werden.

Lernprogramme aus anderen Online-Lerntools können in Moodle integriert werden. Für Webwork (mathematische Tests, http://webwork.math.rochester.edu/docs/) und Hotpotatoes (verschiedene Testoptionen, http://web.uvic.ca/hrd/hotpot) stehen eigene Zusatzmodule als Lernaktivitäten zur Verfügung.

Lerninhalt aus Autorensoftware kann ebenfalls in Moodle genutzt werden. Voraussetzung ist, dass sie im internationalen Standard SCORM, IMC Content Package oder AICC zur Verfügung steht. Diese können ebenfalls in Moodle eingebunden werden (siehe hierzu Abschnitt Lernlektionen und SCORM). Sie können hierfür die Lernaktivität Lernlektion/SCORM oder für Content Packages die Funktion „Arbeitsmaterial - Content Package einbinden" verwenden.

Bewertungsskalen selber anlegen

Moodle liefert einige Bewertungsskalen von sich aus mit. Diese finden Sie in den einzelnen Lernaktivitäten. Sie können jedoch leicht zusätzliche eigene Skalen anlegen und damit Moodle-Bewertungen an die gängigen Bewertungsverfahren der eigenen Organisation anpassen.

Im Bereich „Administration“ finden Sie einen Link „Bewertungsskalen“. In der Übersicht finden Sie alle bereits vorhandenen Skalen mit einer kurzen Beschreibung aufgelistet. Darüber ist ein Button „Neue Bewertungsskala anlegen“. Auf der folgenden Seite können Sie selber eine Skala anlegen.

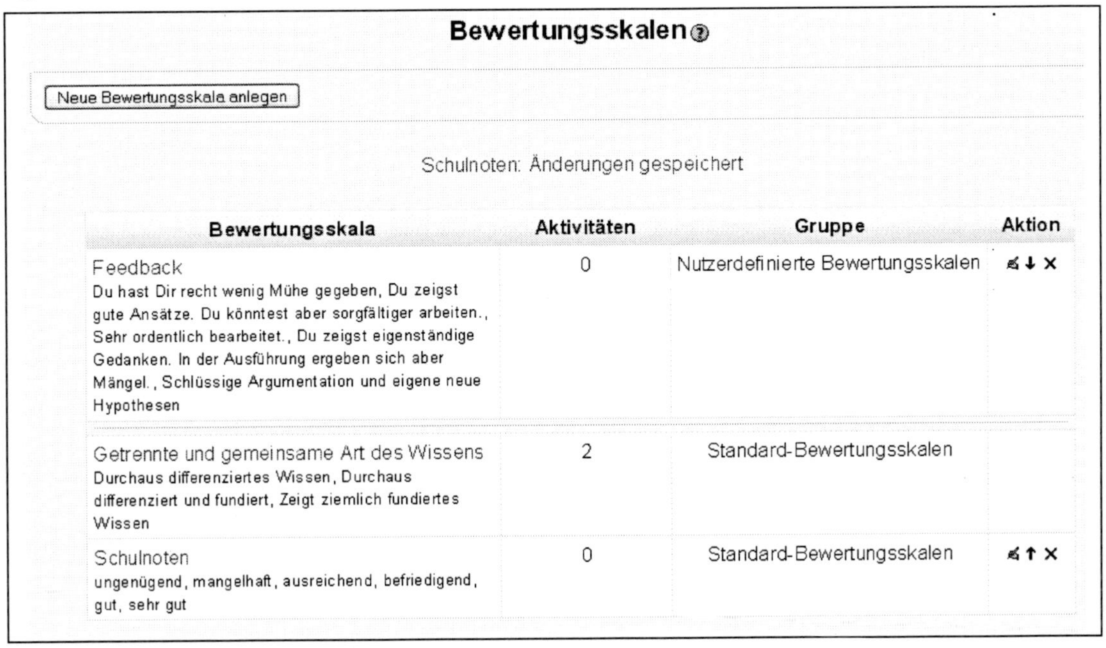

Einstellungen

Name: ist der Name der Bewertungsskala. Diesen Begriff können Sie dann auch bei den verschiedenen Aktivitäten später auswählen, um Ihre eigene Skala im Kurs einzusetzen.

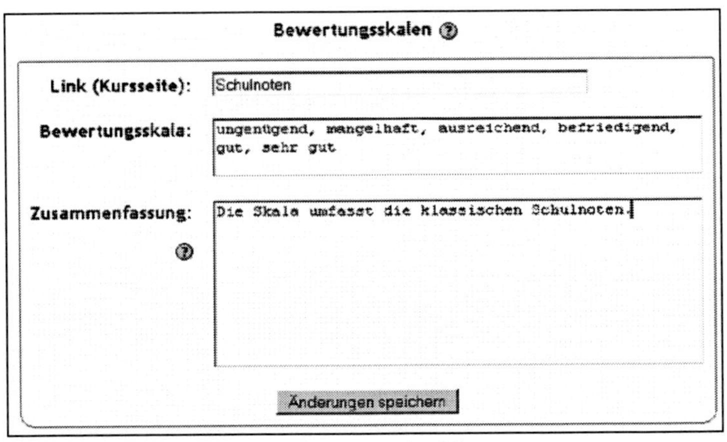

Bewertungsskala: tragen Sie hier die Bewertungskriterien ein. Beginnen Sie mit der niedrigsten Bewertung und gehen Sie dann weiter zur höchsten Bewertung. Beispiel bei Schulnoten: ungenügend, mangelhaft, ausreichend, befriedigend, gut, sehr gut. Setzen Sie zwischen die einzelnen Bewertungen immer ein Komma.

Zusammenfassung: enthält eine kurze aussagekräftige Beschreibung der Skala.

Sie können beliebig viele Skalen anlegen. In einem Test oder einer Übung können Sie dann die gewünschte eigene oder eine der vorbereiteten Skalen auswählen. Wenn Sie mehrere Bewertungskriterien haben, können Sie für jede einzelne eine andere Bewertungsskala auswählen.

Die Administration kann von Ihnen angelegte Bewertungsskalen in allen anderen Kursräumen verfügbar machen. In der Skalenübersicht steht in der Spalte „Aktion" ein Pfeil zur Verfügung. Damit kann eine im Kursraum angelegte Skala zur Standardskala für alle Kursräume gemacht werden.

Kurse oder Kursinhalte mehrfach nutzen

In vielen Situationen werden ein Kurs oder einzelne Teile aus einem Kurs mehrfach benötigt.

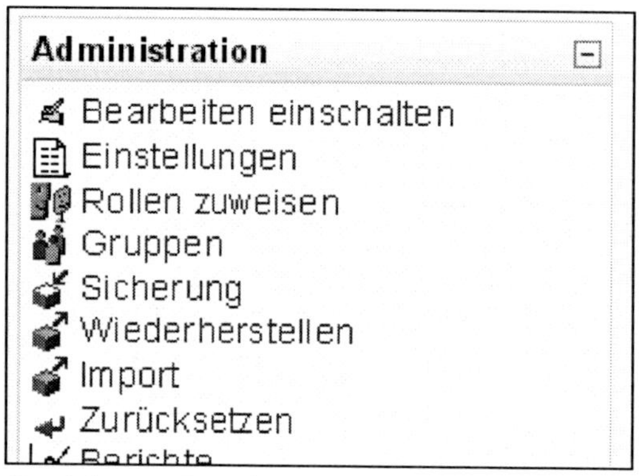

Wenn Sie den fertigen Kurs nach dem unter Datensicherung beschriebenen Prinzip gesichert haben, können Sie die Sicherungsdatei als Grundlage für den nächsten Kurs oder in einem anderen Moodle-System verwenden. Die Sicherungsdateien werden nach der Sicherung (s.o.) angezeigt. Über den Block Administration - Dateien finden Sie die Daten im Ordner backupdata.

Speichern Sie die Sicherungsdatei auf Ihrem PC ab (Dateinamen mit der rechten Maustaste anklicken und mit „Speichern unter" auf dem eigenen PC abspeichern). Wechseln Sie in den neuen noch leeren Kursraum. Aktivieren Sie „Wiederherstellung" im Block „Administration". Laden Sie die Sicherungsdatei hoch (eine Datei hochladen - Durchsuchen - Datei auf PC auswählen - Diese Datei hochladen), Wählen Sie mit „Wiederherstellen" unter Aktion die hochgeladene Datei aus. Bestätigen Sie die „Fortsetzen" Option.

Im nächsten Fenster finden Sie oben eine Auswahloption „Wiederherstellen auf". Wählen Sie aus, ob die Wiederherstellung in dem aktuellen Kursraum oder einem neuen Kurs erfolgen soll und ob vorhandene Daten zuvor gelöscht werden sollen. Danach werden die von Ihnen ausgewählten Kursteile in den Kursraum kopiert und stehen dort zur Verfügung.

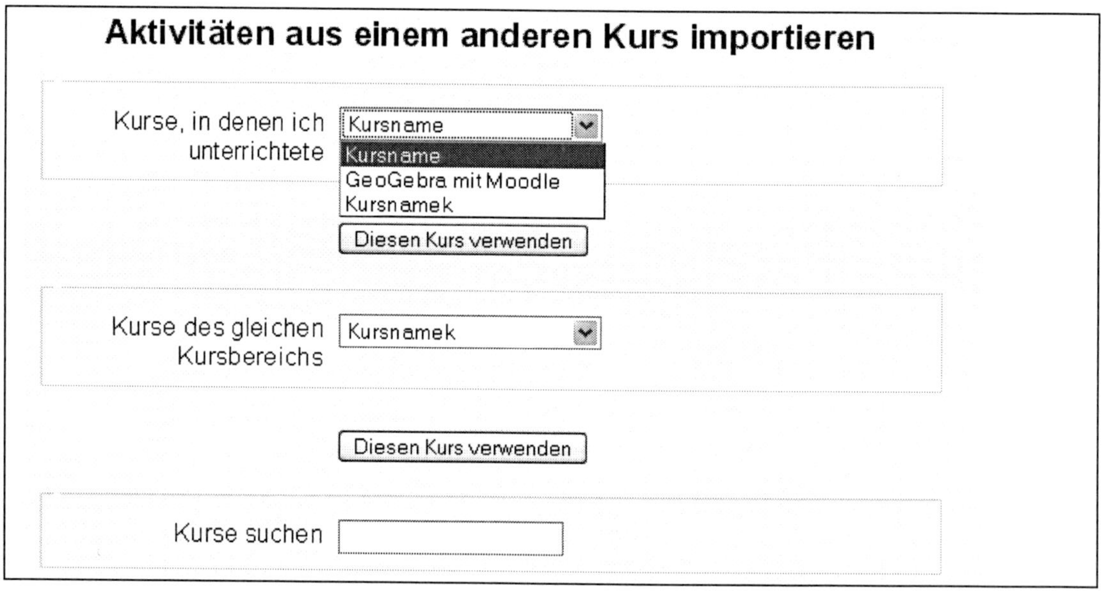

In der Kursraumadministration gibt es das Feld „Kursdaten importieren". Hiermit können Sie in einem neuen Kursraum die Kursinhalte eines anderen Kurses, in dem Sie unterrichten, importieren. Wählen Sie dazu aus dem Feld „Kurse in denen ich unterrichte" einen Kurs aus, dessen Inhalte Sie importieren wollen. Klicken Sie dann auf „Diesen Kurs verwenden", um den Import auszuführen.

In einem folgenden Schritt können Sie die Lernaktivitäten des Kurses, die Sie zum Import benötigen, auswählen. Der Import der Lernaktivitäten erfolgt an die gleiche Stelle, an der sie im Herkunftskurs standen.

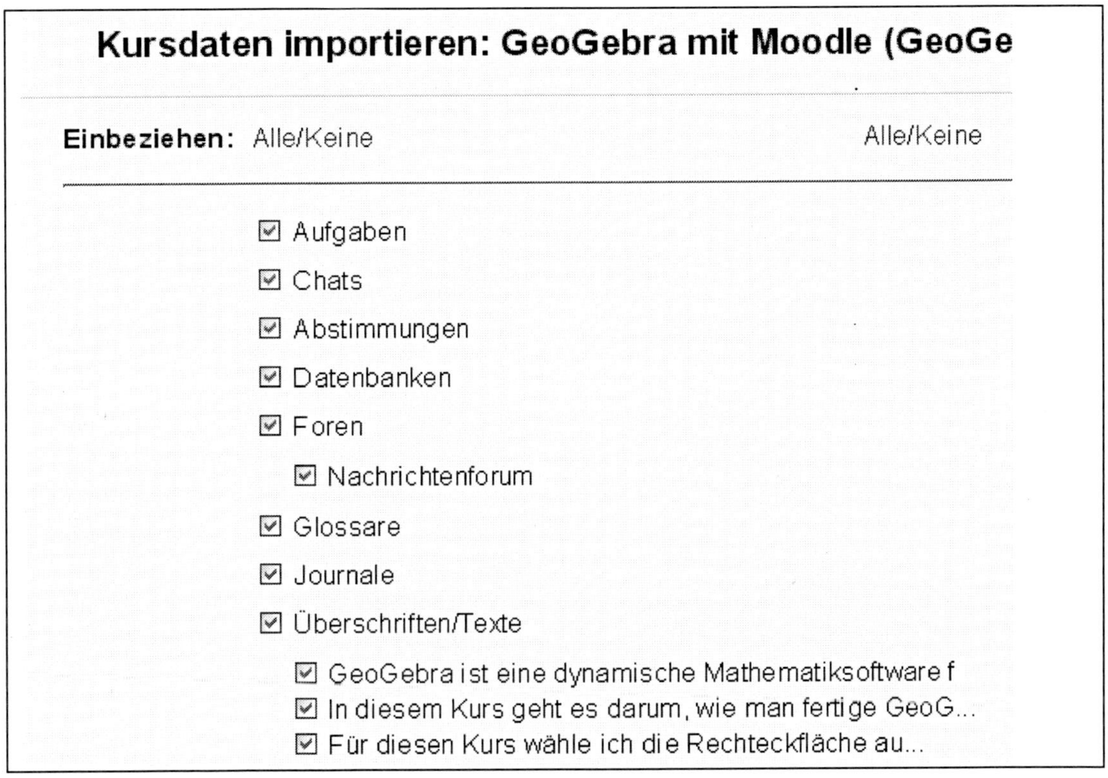

Achtung: keine Abwärtskompatibilität gewährleistet

Damit haben Sie innerhalb weniger Minuten den kompletten Kursinhalt kopiert. Wenn Sie Kursinhalte zwischen unterschiedlichen Moodle Installationen sichern und wieder herstellen, müssen Sie die verschiedenen Moodle Versionen beachten. Wenn die Moodle Installation, auf der Sie den Kurs wiederherstellen, aktueller ist als die Installation, von der Sie Ihre Datei gesichert haben, tauchen in der Regel keine Probleme auf.

In der anderen Richtung kann es zu Problemen kommen. Dies resultiert daraus, dass u.U. Funktionen in Lernaktivitäten genutzt wurden, die in einer früheren Version noch nicht existierten oder Datenbankveränderungen vorgenommen wurden.

Beim Import aus früheren Versionen vor Moodle 1.7 werden in vielen Fällen Probleme mit der Darstellung von Umlauten auftreten. Ursache ist die mittlerweile erfolgte Umstellung auf eine andere Darstellung der Zeichensätze (ISO nach UTF-8). Hilfe können wir Ihnen anbieten (DIALOGE Beratungsgesellschaft).

Zurücksetzen

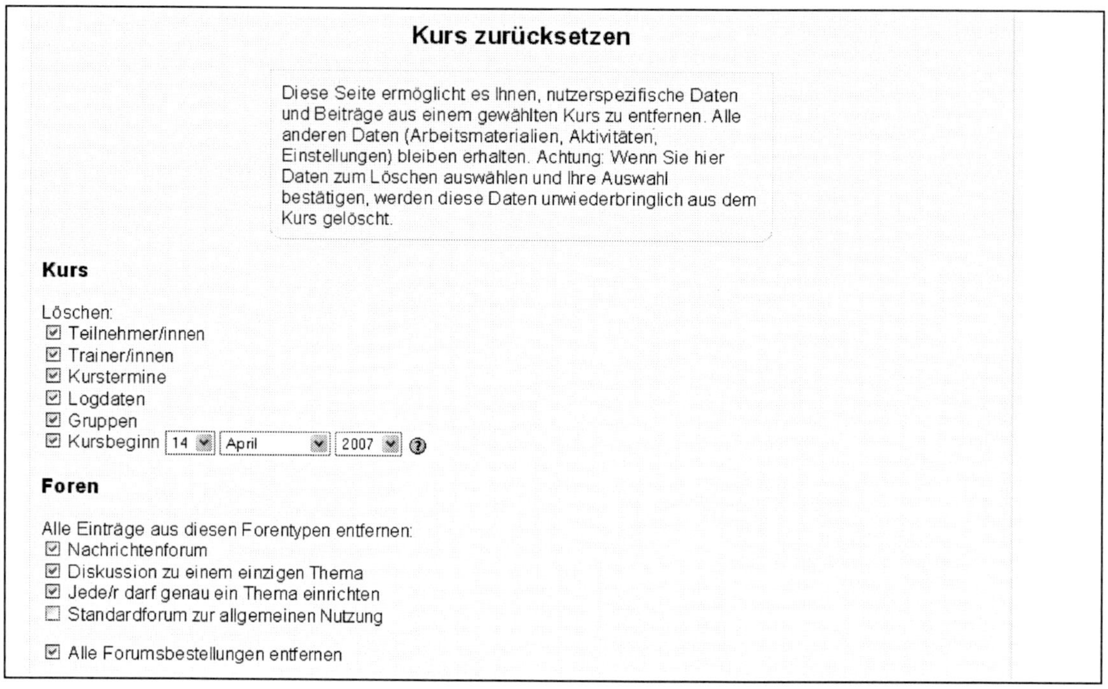

Wenn Sie Ihren Kurs abgeschlossen haben und den gleichen Kursraum später für eine andere Gruppe nutzen wollen, ist die Funktion „Zurücksetzen" des Administrationsmenus sehr sinnvoll. Sie entfernt alle Einträge der Teilnehmer/innen Ihres Kurses, z.B. Foreneinträge, Lösungen bei Aufgaben und Testergebnisse. Der Kurs kann direkt danach für eine neue Gruppe genutzt werden. Die Einträge werden jedoch nicht in der Datenbank gelöscht, sondern nur auf „unsichtbar" geschaltet. Daher kann es sein, dass Teilnehmer/innen, die den Kurs wiederholen, ihre alten Daten sehen.

Hinweis: Es kommt immer wieder vor, dass bestimmte Teile eines Kurses (z.B. Überschriften) nicht mit kopiert werden. Kontrollieren Sie daher jeden Import genau. Prüfen Sie auch die Termineinstellungen von Lernaktivitäten und passen Sie sie dem neuen Kurs an.

Achtung beim Glossar

Manche Lernaktivitäten (z.B. Glossar) sind eng mit den Teilnehmerdaten verknüpft. Wenn Sie Glossare sichern und in einen neuen Kursraum übernehmen wollen, müssen Sie die Nutzerdaten mitkopieren. Sie müssen dann die Nutzer/innen im neuen Kursraum wieder löschen. In der Administration des Kurses unter Teilnehmer/innen wird die Teilnehmerliste des alten Kursraumes angezeigt. Löschen Sie die ‚alten' Teilnehmer/innen.

Tipp: Wählen Sie für das Glossar eine Anzeigeform „ohne Autorenanzeige" aus, um die ursprünglichen Autor/innen unsichtbar zu machen. Achten Sie auch auf verbliebene Kommentare zu den Einträgen und löschen Sie diese bei Bedarf.

Datensicherung für Kurse

Die Datensicherung wird in der Regel automatisch von der Administration vorgenommen. Diese hat die Möglichkeit, die Datensicherung bei allen Kursen an bestimmten Tagen zu festen Zeiten automatisch durchzuführen. Im Kursraum finden Sie im Block Administration die Funktion Sicherung. Die Sicherung erstellt eine zip-Datei mit allen Kursinhalten, die Sie auswählen. Diese Datei können Sie anschließend auf Ihrem PC abspeichern und z.B. in anderen Kursen nutzen.

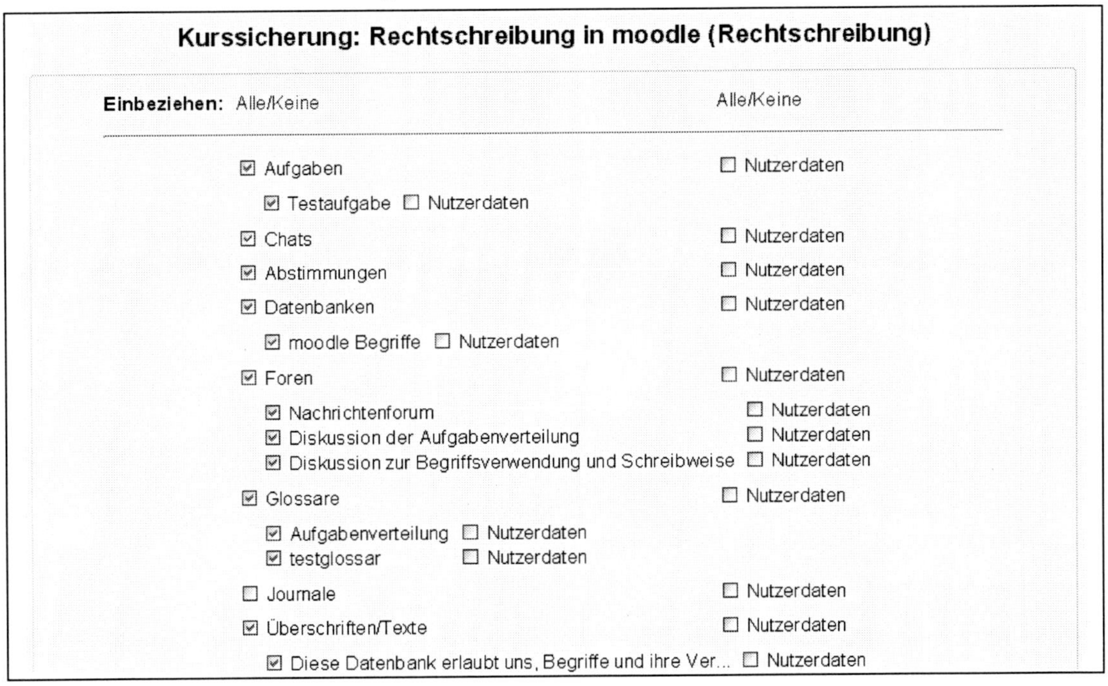

Wählen Sie aus, welche Lernaktivitäten gespeichert und ob die Nutzungsdaten gesichert werden sollen. Nach der Bestätigung wird gezeigt, welche Daten gesichert werden und nach einer weiteren Bestätigung wird die Speicherung durchgeführt. Die Datei wird im Verzeichnis „backupdata" Ihres Kurses gesichert. Der Dateiname besteht aus dem Wort Sicherung, der Kurzbezeichnung des Kurses, des Datums der Sicherung und Sicherungszeitpunkt, also z.B. „sicherung-rechtschreibung-20070414-2000.zip"

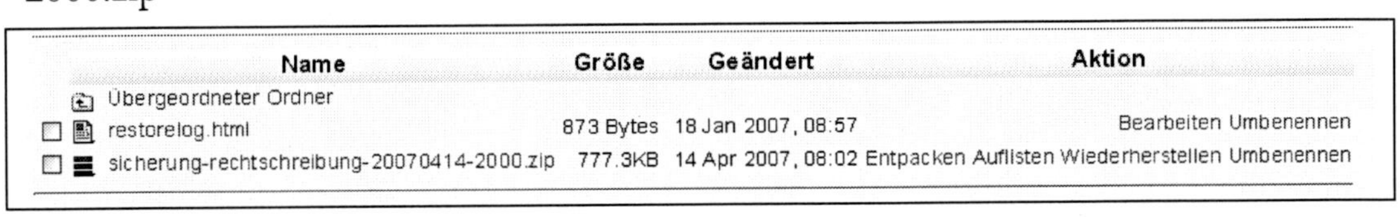

Die Sicherung einzelner Aktivitäten oder Medien des Kurses ist seit der Version 1.6 verfügbar. Zuvor konnte ein Lernaktivitätentyp pauschal bei der Sicherung ausgewählt werden.

Die komplette Sicherung des Kurses (inkl. der Dateien von Teilnehmer/innen) kann auch zur Dokumentation der Ergebnisse des Kurses und der Prüfungen verwandt werden.

Pädagogische Tipps fürs Online-Training

Einstellung und Haltung als Trainer/in

Wir möchten Ihnen als Trainerin oder Trainer nun keinen „Vortrag halten" über eine wünschenswerte, an ethischen oder humanistischen Grundwerten ausgerichtete Haltung, die die Art und Form der Beziehungen und den Umgang mit dem Seminarthema beeinflusst, wenn nicht sogar prägt.

Wir möchten Sie einladen, anhand folgender Übung Ihre Rolle und Grundhaltung als Trainer/in zu reflektieren.

Die Art und Weise, wir Sie Ihre Rolle beschreiben, resultiert aus den wechselseitig ausgesprochenen oder vermuteten Erwartungen relevanter Personen, die Ihre Arbeit beeinflussen oder früher beeinflusst haben.

Erwartungsanalyse

Nehmen Sie sich ein Blatt Papier und schreiben Sie Ihren Namen in einen Kreis in der Mitte. Ordnen Sie um sich herum weitere Kreise mit Personen, die für Ihre Arbeit als Trainer/in wichtig sind oder waren z.B.:

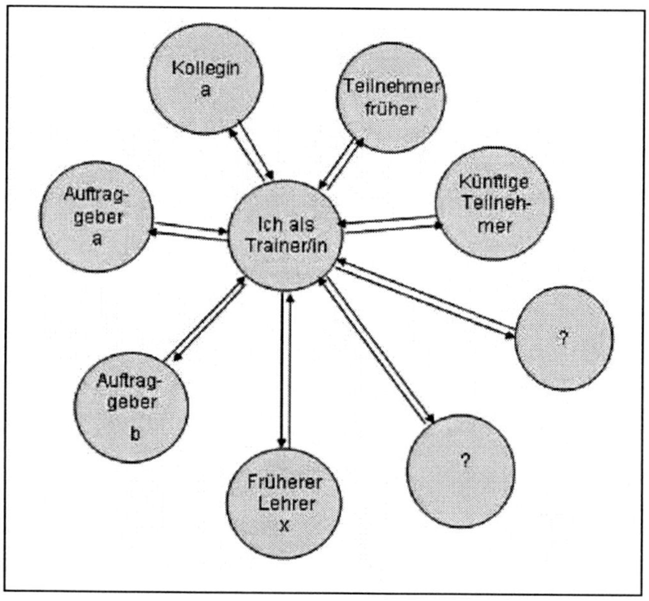

- die Teilnehmer/innen (ggfs. auch früherer Kurse),
- der Auftraggeber (der Sie ja auch bezahlt),
- weitere Trainerkollegen,
- Ihre früheren Lehrer/innen (wie sollten Sie als Schüler/in sein?)

Beantworten Sie anschließend folgende Fragen:

- Welche (vermuteten) Erwartungen haben die relevanten Personen an mich als Trainer/in (bzw. welche Erwartungen hatten früher meine Lehrer/innen oder Eltern an mich als Schüler/in)?
- Welche Erwartungen habe ich als Trainer/in an die verschiedenen Personen (bzw. welche Erwartungen hatte ich früher als Schüler/in an meine Eltern und Lehrer/innen)?
- Welche Erwartungen von wem sind mir bewusst?
- Wie handele ich aufgrund der angenommen Erwartungen anderer und meiner (unausgesprochenen) Erwartungen an diese Personen?
- Mit welchen Personen werde ich Erwartungen an meine Arbeit als Trainer/in klären?

Nun haben Sie eine Fülle von Erkenntnissen, die alle auf Ihre Arbeit als Trainer/in einwirken. Gewinnen Sie Klarheit darüber, welche Erwartungen Sie an andere richten und wie Sie die Erwartungen anderer an sich selbst erfahren. Auf diesem Wege werden Sie eindeutig in Ihren Verhaltensweisen, was Ihre Rolle angeht.

Denken Sie nun noch einmal zurück: Welche Lehrer/innen sind Ihnen besonders positv im Gedächtnis geblieben und warum?

Welche Lehrer/innen haben Sie besonders positiv beeindruckt?

Die Lehrer/innen, die uns nachhaltig (positiv) beeinflusst haben, haben nicht nur halbwegs interessant den Stoff vermittelt, sondern darüber hinaus auch Themen angesprochen, die das Zusammenlernen betreffen (Konfliktregelung bei Störern oder „ins Gewissen reden", wenn man erwischt wurde).

Aus der Kommunikationsforschung wissen wir seit langem, dass die „Beziehungsebene" die „Sachebene" steuert, d.h. je besser der Umgang untereinander, desto besser und intensiver das Ergebnis.

Daher arbeiten wir u.a. auf der Grundlage von TZI (der themenzentrierten Interaktion), ein Ansatz zum Gruppenleiten, in dem 1.) das zu bearbeitende Thema, 2.) jede einzelne Person mit Ihren Zielen, Bedürfnissen und Gefühlen und 3.) die gesamte Gruppe mit ihrer Dynamik als gleichwertig betrachtet werden. Entsprechend ist es nicht nur notwendig, das Thema interessant zu gestalten, sondern auch auf die Gestaltung der Beziehungen in der Gruppe höchsten Wert zu legen.

Thema und Interaktion in Einklang bringen.

Moodle bietet Ihnen vielfältige Möglichkeiten, diese drei Faktoren in eine Balance zu bringen.

Wir machen die Erfahrung, dass die räumliche Distanz zwischen Teilnehmer/innen und Trainer/innen schnell dazu verleitet, sich nur auf die sachlichen und fachlichen Aspekte des Trainings zu konzentrieren und die Interaktion und damit die Teilnehmer/innen auf der Strecke bleiben.

Planung meines Moodle Kurses

Beim Einstieg in den Bereich des Online-Lernens gibt es eine ganze Reihe von Legenden. Zwei davon, die sich hartnäckig halten sind „Alles wird einfacher" und „Alles wird schneller". Beide sind falsch. Richtig ist nach unserer Meinung:
„Planen Sie sorgfältig. Online-Lernangebote benötigen eine mindestens genauso gute Planung und Vorbereitung wie jede Form von Präsenzkursen. In den meisten Fällen ist eher eine intensivere Vorbereitung erforderlich."

Als Trainer/in muss ich sehr genau das ganze Seminar durchdenken, planen und vorbereiten. Gerade Trainer/innen mit viel Erfahrungen und Routinen im Umgang mit Gruppen müssen nun wieder detailliert vorbereiten.

Warum (1)? Online Lernen ist für die meisten Menschen noch immer ungewohnt. Die Mitteilung von Meinungen, Eindrücken und Feedback ist für viele ungewohnt. Die schriftliche Kommunikation ist für viele Menschen aufwendiger (das Tippen benötigt mehr Zeit als das Reden) und mit einer Endgültigkeit versehen. Es gibt den Spruch „Wer schreibt, der bleibt". Was einmal geschrieben wurde, ist auf Dauer in der Welt und kann nicht mehr zurückgenommen werden. Beim Schreiben überlegen viele Menschen daher dreimal, was sie schreiben. Bereits dies ist Grund genug dafür, genau zu überlegen, wie man die Teilnehmer/innen an das Medium heranführt.

Ungewohnte Kommunikationsform

Warum (2)? Es gibt immer noch viele technische Probleme beim Zugang zu einer online-Lernplattform. Teilnehmer/innen, die mit technischen Problemen zu kämp-

Technischer Zugang

fen haben, kommen kaum im Kurs mit und können sich nicht auf die Inhalte konzentrieren.

Zeit

Warum (3)? Zeitmanagement wird zu einer unerwarteten Hürde. Vielen Teilnehmer/innen fällt es schwer, den Zeitaufwand realistisch einzuschätzen und sich Zeit fürs Online lernen zu organisieren.

Anonymität

Warum (4)? Anonymität. „Ich will mich hier doch nicht mit dummen Fragen vor wildfremden Menschen blamieren. Was sollen die denn von mir denken?“

Orientierung

Warum (5)? Orientierung. Vielen Menschen fällt es schwer, sich auf Webseiten zu orientieren. Wo steht was? Was ist wichtig? In welcher Reihenfolge muss ich vorgehen? Denken Sie daran, wie viele Rückfragen schriftliche Arbeitsblätter in Präsenzseminaren auslösen. Das gleiche passiert natürlich auch bei Online-Kursen.

Das sind Gründe genug, sich genau mit den Lernzielen und den Lernern auseinander zu setzen, bevor ein Kurs erstellt wird.

Vorbereitung Teilnehmer/innen

Teilnehmer/innen

- Wer werden meine Teilnehmer/innen sein?
- Kennen die Teilnehmer/innen sich bereits untereinander?
- Sind Konflikte in der Gruppe vorprogrammiert?
  - Ist in der Gruppe ein offener Austausch, z.B. in Foren, möglich? Oder sitzt der/die
  - Personalchef/in/Vorgesetzte auch im Kurs?
- Welchen Bezug zum Thema haben die Teilnehmer/innen?
- Welche thematischen Vorkenntnisse haben sie?
- In welcher Weise sollen/wollen sie den inhaltlichen Stoff nach dem Kurs in ihrem Alltag anwenden?
- In welchen Arbeitssituationen bzw. unter welchen zeitlichen Rahmenbedingungen werden sie den Online-Kurs nutzen?
- Welche EDV-technischen Rahmenbedingungen bestehen?
  - Sind Word, Powerpoint, Acrobat Reader verfügbar?
  - Welche anderen Programme stehen den Teilnehmer/innen zur Verfügung (wichtig bei der Bereitstellung von Dateien zum Download)?
  - Können Flash-Dateien genutzt werden?
  - Internetverbindung über Modem, ISDN, TDSL?
  - Flatrate oder zeitabhängige Abrechnung?
  - Lautsprecher am PC oder Kopfhörer vorhanden?
- Wie viel EDV-Erfahrungen bestehen?
- Wie viel Interneterfahrung besteht?
  - Aufruf und Suche von Webseiten,
  - Beteiligung an Foren und Chats,
  - Nutzung von Wikis.

- Wie wird in der Teilnehmergruppe die Teilnahme an einem online-Lernangebot bewertet? Wird es als „Lernen zweiter Klasse" bewertet? „Die anderen dürfen immer in ein schickes Seminarhotel."
- Kann die Kursdauer und der Zeitbedarf für die Teilnehmer/innen schon benannt werden oder ist dieser vorgegeben?

Thema des Kurses

Thema des Kurses

- Was ist Thema des Kurses?
- Welche Teilbereiche deckt der Kurs ab?
- Was ist das Ziel des Kurses? Was sind Teilziele?
- Welche Fähigkeiten/Kenntnisse erwerben die Teilnehmer/innen durch die Teilnahme?
- Ist am Ende des Kurses eine Prüfung oder ein Test abzulegen?
- Welche Vorkenntnisse sind zur Teilnahme erforderlich?
- Ist für jede Lerneinheit ein klarer Arbeitsauftrag formuliert?
- Ist Gruppenarbeit gewünscht im Kursverlauf?
- Welchen Stellenwert hat die Zusammenarbeit der Teilnehmer/innen für die erfolgreiche Aneignung des Lerninhalts und die Nutzung des Lernstoffs im Arbeitsalltag?

Strukturierung des Kurses

Strukturierung des Kurses

- Gibt es Präsenzphasen im Kurs? An welchen Stellen im Kursverlauf finden diese statt? Was muss bis zu diesen Stellen erarbeitet/bearbeitet sein?
- Welche Informationen über Lerninhalt, Teilnehmerkreis, Zeitbedarf, technischen Zugang (Anmeldung, Kennwörter, Anmeldeverfahren), Prüfungen und Abschlüsse erhalten die Teilnehmer/innen vor dem Kurs?
- Gibt es eine Erste-Schritte-Checkliste für Teilnehmer/innen?
- Was ist in der Startphase wichtig?
    - Begrüßungs-E-Mail mit Zugangsdaten
    - Welche Informationen müssen am Anfang sichtbar sein?
    - Was dient der einfachen und schnellen Orientierung im Kursraum?
    - Wie präsentiert sich der/die Teilnehmer/in im Kursraum (persönliches Profil)?
    - Wie wird der/die Teilnehmer/in zur ersten kommunikativen Aktivität aufgefordert?
    - Wie wird das Kennenlernen gestaltet?
    - Wie wird der/die Teilnehmer/in zur ersten inhaltlichen Aktivität geführt?
- Welche Teilthemen und Inhalte werden in welcher Reihenfolge im Kurs bearbeitet?
- Welche Arten von Lernaktivitäten sind dazu geeignet?
- Welcher Zeitbedarf ist für die Bearbeitung jeweils veranschlagt?

- Welche Formen von Feedback und Kommunikation sind erforderlich?
- In welcher Weise und an welchen Stellen ist es erforderlich, evtl. im Verlauf prozessorientiert Anpassungen oder alternative Lernwege vorzusehen?

Mit diesen Fragen sind Sie bereits gut präpariert bei der Planung des Kurses. Je mehr Sie die Inhalte an den beruflichen Fragestellungen der Teilnehmer/innen ausrichten, desto besser können Sie den Lernerfolg positiv beeinflussen. Dies findet nicht nur in der Vorbereitungsphase statt, sondern auch in der Lernbegleitung während des Kurses.

Lernziele und Lernvoraussetzungen der Teilnehmer/innen

In jedem Lernprozess treffen drei Faktoren zusammen.

Ziele

1. Ziele
   Welche Ziele definiert der Auftraggeber/Veranstalter des Kurses?
   Welche Lernziele setzte ich?
   Welche Ziele haben die Teilnehmer/innen?

Erwartungen

2. Erwartungen jedes einzelnen Teilnehmers. Wie will jede/r einzelne Teilnehmer/in lernen? Welche Fragen und Anliegen bringt er/sie mit? Mit welchen Vorerfahrungen betritt er/sie den Kurs? Welche Vorstellungen von der Umsetzung hat er/sie? Genau nach diesen Punkten wird er/sie im Kurs suchen, denn diese Anliegen bilden den Kern des eigenen Engagements und der Aufmerksamkeit des Teilnehmers innerhalb des Kurses. Hier entsteht Motivation.

Voraussetzungen

3. Lernvoraussetzungen des Teilnehmers. Zu viele Online-Lernangebote werden heute noch an den realen Lernbedingungen der Teilnehmer/innen vorbei geplant und realisiert.

Ein erfolgreicher Kurs wird dann zustande kommen, wenn das Lernangebot und die didaktische Gestaltung diese Faktoren berücksichtigen. Fragen Sie daher an diesen Punkten nach: was ist gewünscht? Gehen Sie auf diese Bedürfnisse ein. Fragen Sie auch im Kursverlauf immer wieder nach, wo die Teilnehmer/innen stehen, was sie bei der Arbeit empfinden und in welcher Weise sie die Kursinhalte in den Alltag integrieren können.

Jede Form von Bildung und Weiterbildung ist nur dann hilfreich, wenn sie in den Arbeits- und Lebensalltag umgesetzt wird.

Emotionen und Spannungsbögen

Lernen ist keine rein sachliche Angelegenheit. Lernen ist verbunden mit Neugier auf das Neue, Sorgen, ob man mitkommt und alles versteht, Verwirrung bei der Verknüpfung neuer Inhalte mit alten Erfahrungen, Mut, Neues auszuprobieren, Stolz, Bestätigung für bekannte Erfahrungen zu erhalten, Ärger und Freude über sich selbst, andere Teilnehmer/innen, das Lernumfeld und das Lernmedium Computer und die Trainer/innen. Dies alles liefert die Grundlage für wichtige Lernimpulse. Wir lernen, wenn wir innerlich in Bewegung sind: e-<u>motio</u>-nal.

Greifen Sie emotionale Aspekte in der Online Kommunikation aktiv auf. Geben Sie persönliches Feedback, fragen Sie aktiv nach Einschätzungen, Eindrücken und Empfindungen. Nur wenn der Mensch als Person mit allen Facetten auch beim

Online lernen aktiviert und berücksichtigt wird, wird Lernen erfolgreich. Moodle unterstützt diesen Gedankenansatz über die Kommunikationsmöglichkeiten und das Feedback an vielen Stellen.

Tipp: Wenn Sie einer Teilnehmer/in zustimmen, sagen Sie das auch innerhalb des Kurses. Machen Sie sich den Unterschied zwischen dem Seminar im Präsenzkursraum und dem virtuellen Seminarraum immer wieder klar. Das zustimmende Nicken am Bildschirm beim Lesen eines Beitrages kann niemand sehen. Jede/r Teilnehmer/in erwartet jedoch eine Reaktion. Wie kommt mein Textbeitrag an. Hat ihn überhaupt jemand gelesen? Was halten andere davon?

Im Seminarraum erhält man direkt Resonanz von den anderen. Das geht in Sekundenschnelle. Online kann es Tage dauern, bis ich von anderen etwas „höre". Achten Sie darauf, dass das Feedback kommt und jede/r eine Antwort erhält. Achten Sie besonders auf die Gefahr kommunikativer Missverständnisse.

In der Startphase des Seminars ist es wichtig, dass dieses Feedback von der Trainerin kommt und andere Teilnehmer/innen auch zur Resonanz aufgefordert werden. Ihr Stil der Beantwortung prägt den Stil der anderen Teilnehmer/innen bei ihren eigenen Antworten. Zu Anfang ist in jedem Seminar die große Frage: welcher Umgangsstil ist angemessen? Sprechen wir uns mit Du oder Sie an? Wie persönlich darf es sein? Womit blamiert man sich? Setzen Sie zu Beginn durch ihr eigenes Verhalten als Trainer/in die Maßstäbe.

Tipps im Buch „E-tivities"

Schaffen Sie im Verlauf des Seminars Reflexionsmöglichkeiten. Moodle bietet mit der Lernaktivität Umfrage ein Evaluationsinstrument an. In diesem Buch stellen wir Ihnen das Zusatzmodul Feedback vor, das unserer Ansicht nach besser geeignet ist. Sie können genau so gut jedoch ein Forum dazu nutzen, Feedback und Stimmungslagen einzuholen. Dabei erfahren nicht nur Sie als Trainer/in etwas über die Teilnehmer/innen. Auch die Teilnehmer/innen erhalten untereinander eine Vielzahl von Informationen. Gilly Salmon hat in Ihrem Buch „E-tivities" (Orell Füssli Verlag 2004) eine Vielzahl von Anregungen und praxiserprobte Ideen zusammengestellt, um Teilnehmer/innen ins Seminar zu „ziehen", zu aktivieren und Feedback zu geben.

Jedes Seminar hat Höhepunkte und „Flachwasserbereiche". Der Aufbau einer Spannungskurve ist wichtig. Gespannte Erwartung auf das Kommende und Herausforderung der eigenen Möglichkeiten sind wichtige Lerndimensionen. Achten Sie darauf, dass Ihr Kurs nicht einfach so dahin plätschert.

Gruppendynamik

Entwicklung der Gruppe

Bei der Planung der Spannungskurve im Kurs treffen zwei Kriterien aufeinander: die gruppendynamische Entwicklung und der Inhalt des Kurses. Die gruppendynamische Entwicklung erfolgt grob über die Phasen: vorsichtige Orientierung, Auseinandersetzung, strukturierte Arbeitsphase, intuitives miteinander Arbeiten und Auseinandergehen (forming, storming, norming, performing).

Diese Phasen gibt es auch in Online-Kursen. Die vorsichtige Orientierung (forming) dient zunächst dem Zurechtfinden im Kursraum und dem „Beschnuppern" der Teilnehmer untereinander. In der Auseinandersetzung (storming) prallen unterschiedliche Meinungen aufeinander und es geht um die Verfahrensweisen und Regeln im Kurs. Hier wird u.U. darüber debattiert, wie wichtig schnelle Reaktionen und Pünktlichkeit sind, welches Engagement die Teilnehmer voneinander erwarten oder wie korrekt Texte verfasst werden müssen. Es zeigt sich aber auch, welche Teilnehmer in die Kursgruppe integriert werden und wer sich evtl. entscheidet aus dem Kurs auszusteigen. Hohe Abbruchquoten bei Online Lernangeboten haben hier eine Ursache.

Nach der Klärung der Handlungsprinzipien (norming) können auch komplexere Gruppenaufgaben bewältigt werden. Das gegenseitige Feedback wird konstruktiv verlaufen. In der Phase der konstruktiven Zusammenarbeit (performing) kann der Trainer sich, sofern er nicht fachlich gefragt ist, durchaus in den Hintergrund stellen und beobachten. Die Teilnehmergruppe wird viele Diskussionen und Entscheidungen autonom in die Hand nehmen und gestalten.

Zum Ende des Kurses ist ein bewusstes Abschließen, Bilanzierung und sich voneinander Verabschieden gefragt. Gerade in Kursen mit starker Interaktion ist dies wichtig. Es kann sinnvoll sein, den Kursraum für Diskussionen noch einige Wochen offen zu halten. Nach vier bis sechs Wochen klingt die Diskussion meist deutlich ab. Viele Teilnehmer schauen noch einmal nach, was diskutiert wurde und stellen die ein oder andere Frage oder Erfahrung zur Verfügung.

Besonderheiten beim Formulieren von Texten in Online Foren und Chats

Zum Grausen aller Deutschlehrer hat sich in der Online-Kommunikation eine gewisse Lockerheit beim Umgang mit den Regeln der deutschen Rechtschreibung entwickelt. Über Rechtschreibfehler wird tolerant hinweg gesehen. Bei E-Mails wird mittlerweile wieder verstärkt gebeten, diese vor dem Versenden noch einmal durchzusehen und Fehler zu korrigieren, weil es dem Lesefluss dient. In Online Kursen sollte man zunächst einmal keine Hürden aufbauen. Die schriftliche Kommunikation ist für viele Teilnehmer/innen schwierig genug. Wenn jetzt auch noch auf Korrektheit bei der Schreibweise großer Wert gelegt wird, kann das viele Teilnehmer/innen hemmen, sich überhaupt zu beteiligen. Das ist nicht erwünscht. (Anders ist das natürlich bei einem Deutsch-Kurs zu bewerten.)

In Foren werden vielfach Texte sehr schnell und auch ein wenig unbedacht geschrieben und veröffentlicht. Dies kann zu Verwirrung und Verärgerung bei anderen Teilnehmer/innen führen. Neben dem Eingabefeld finden Sie drei Links mit Hinweisen zum Verfassen von Texten. Diese geben einige wichtige Anregungen. Hier unsere Tipps:

- Lesen Sie den Beitrag sorgfältig, auf den Sie antworten. So vermeiden Sie Missver ständnisse.
- Überlegen Sie sich genau, was Sie mitteilen wollen, bevor Sie schreiben.
- Formulieren Sie Ihre Ideen sorgfältig.
- Denken Sie darüber nach, wer die anderen Personen sind, die mitlesen und welchen Wissensstand diese haben. Ihren Beitrag liest nicht nur die Person, an die er adressiert ist, sondern auch die anderen Mitglieder Ihres Kurses.
- Legen Sie Ihre Ideen klar und einfach dar, um Missverständnisse zu vermeiden.
- Vermeiden Sie lange Wörter und Schachtelsätze. Fassen Sie sich kurz. In den Foren hilft es, Ihre gesamten Texte kurz und prägnant zu halten. Ein oder zwei Absätze reichen meist völlig aus. Im Präsenzseminar halten Sie auch keine Monologe. Anstelle von langen abschweifenden Beiträgen zu verschiedensten Punkten ist es besser, einzelne kurze Texte zu verfassen.
- Vermeiden Sie langwieriges Zitieren aus anderen Texten. Wenn Sie auf einen anderen Text oder eine Quelle verweisen, können Sie einen Link einfügen.
- Machen Sie auch deutlich, dass Sie einem Textbeitrag anderer Mitglieder zustimmen. Begründen Sie, warum Sie zustimmen. Die Teilnehmer/innen bekommen

dadurch einen guten Eindruck von Ihren Einschätzungen und Meinungen. Als Trainer/in erfahren Sie etwas darüber, wie die Gruppe sich mit dem Inhalt des Seminars auseinandersetzt. Die Diskussion in den Foren ersetzt die mündliche Beteiligung im Präsenzseminar.

- Seien Sie vorsichtig mit der Art und Weise, wie Sie formulieren. Zynismus und Sarkasmus werden häufig missverstanden, wenn die Mitglieder des Kurses sich nicht sehr gut kennen. Die Leser/innen haben dann Probleme, Ihren Beitrag richtig zu interpretieren. Aber auch sonst wäre das kein guter Stil.
- Bearbeiten Sie Ihren Text soviel wie notwendig, bis Sie ihn für gut erachten.
- Wenn Sie anderen antworten, versuchen Sie ihnen möglichst interessante Fragen zu stellen. Das hilft Ihnen und der anderen Person über das Diskussionsthema besser nachzudenken (und besser zu lernen). Stellen Sie Ihre Frage in einen Zusammenhang, z.B. schreiben Sie Ihre Meinung zum „Diskussionsthema". Schreiben Sie warum Sie genau diese Frage stellen, sonst wirken Fragen schnell wie ein Interview oder gar wie ein Verhör.
- Machen Sie deutlich, wem Sie eine Frage stellen. Sprechen Sie die Person direkt an.
- Ein guter Weg, anderen Leuten zu helfen ist, ihnen dazu Fragen zu stellen. Wenn uns eine gute Frage gestellt wird, kann uns das helfen, Informationen zusammenzufügen, unsere Ideen auszuwerten und neue Ideen zu produzieren.

Im Chat gibt es nach unserer Auffassung eher eine sehr schnelle Kommunikation. Es ist sicher hilfreich, geschriebene Texte vor dem Versand noch einmal durch zu sehen. Der Schwerpunkte sollte hier jedoch auf Vollständigkeit der Wörter und Verständlichkeit liegen. Eine korrekte Zeichensetzung ist hier unserer Meinung nach durchaus verzichtbar.

Wo finde ich weitere Informationen über Moodle?

www.moodle.de

Im deutschsprachigen Raum finden Sie auf der Seite www.moodle.de eine Vielzahl weiterer Informationen über den praktischen Einsatz von Moodle. Diese Serviceseite der DIALOGE Beratungsgesellschaft wendet sich vorwiegend an Unternehmen, Bildungsanbieter und Trainer/innen, die Moodle in ihrer Praxis einsetzen.

Teilnehmerhandbuch

Handbuch Installation und Administration

Moodle-CD und USB-Stick Moodle für unterwegs

6,5 Stunden Videotraining

In Ergänzung zu diesem Tainerhandbuch liegt ein umfassendes **Teilnehmerhandbuch** und das **Handbuch zur Installation und Administration** vor. Das Teilnehmerhandbuch beschreibt die Nutzung von Moodle aus Teilnehmersicht. Es kann bei der

DIALOGE Beratungsgesellschaft bestellt werden (9,50 Euro zzgl. Versandkosten). Das Administrationshandbuch erläutert alle Installationsschritte und die gesamte System- und Teilnehmerverwaltung (30,- Euro zzgl. Versand). Zum Testen von Moodle und zur Vorbereitung von Kursen steht eine **Moodle-CD** für Windows und ein **USB-Stick** zur Verfügung. Sie enthalten einen vollständigen Server und ein fertig installiertes Moodle. (15 Euro (CD) bzw 30,- € (USB-Stick) zzgl. Versand). Ein andere Art Moodle kennen zu lernen ist das **Video** mit 6.5 Stunden Trainingsmaterial (39,95 €).

DIALOGE berät und trainiert für den Einsatz von Moodle.

Technischer Support und Hosting gemeinsam mit Partnern.

Die DIALOGE Beratungsgesellschaft berät Organisationen beim Einsatz von Moodle. Sie berät und trainiert die Trainer/innen in Moodle-Schulungen. Weitere Informationen über die Arbeit der DIALOGE Beratungsgesellschaft finden Sie unter www.dialoge.net. Gemeinsam mit unseren Partnern bieten wir auch technische Hilfen (Installation, Hosting, Support, visuelle Anpassung) und Contententwicklung an.

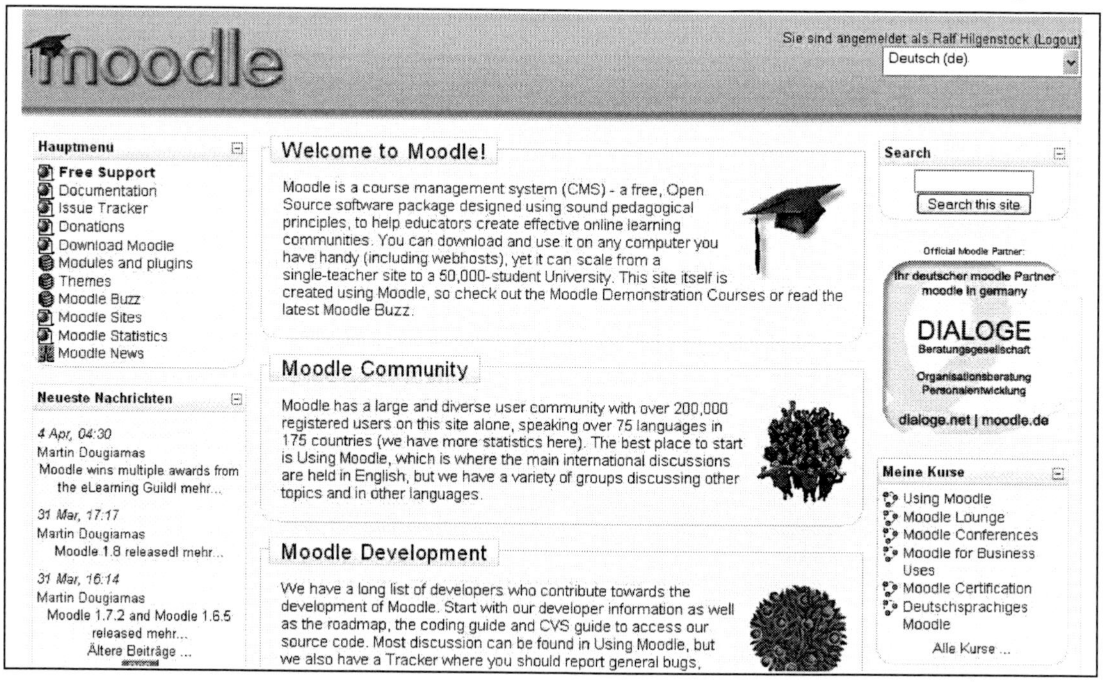

www.moodle.org

Die englischsprachige Entwicklergruppe finden Sie unter www.moodle.org. Administrator/innen finden hier die umfassendste Basis mit Informationen zur Lösung von technischen Detailfragen.